普通高等教育金融学精品系列教材
江苏省高等学校重点教材（2021-2-071）
教育部产学合作协同育人项目（202102512003）
江苏省一流本科专业建设点（金融学）

金融科技理论与实践

陈庭强　庄　雷　余乐安　主编

科学出版社
北　京

内 容 简 介

以区块链、大数据、人工智能等为基础的金融科技是当前社会关注热点。适应高校新文科建设与金融教学改革的需要，本书以习近平新时代中国特色社会主义思想及党的二十大精神为指南，以"金融理论、创新模式、典型案例、仿真实践"为主线，培养新时代大学生金融科技创新意识与应用能力。在内容设计上及时准确吸收习近平新时代中国特色社会主义思想及党的二十大精神中蕴含的中国金融科技特色理论与实践成果，将理论与实操紧密结合，寓理论于案例，融理论讲述于问题解决，最大限度地引起学生的兴趣，达到培根铸魂、启智增慧的新局面。在结构设计上，吸收中国特色社会主义建设历程中金融理论创新的经典案例和实践经验，并将其与国内外金融科技创新案例和理论经验有机融合，以金融创新理论导入，以问题解析理论，以对策方法作答，以实践案例为载体，以创新竞赛为舞台，紧贴学生思维方式和思考方法，使知识更容易吸收、理解和消化。

本书既可作为普通高等院校经济管理类专业学生的金融类教材，也可作为广大金融实务工作者了解金融科技的参考用书。

图书在版编目（CIP）数据

金融科技理论与实践 / 陈庭强，庄雷，余乐安主编. —北京：科学出版社，2023.3

普通高等教育金融学精品系列教材　江苏省高等学校重点教材

ISBN 978-7-03-071707-8

Ⅰ. ①金⋯　Ⅱ. ①陈⋯　②庄⋯　③余⋯　Ⅲ. 金融—科学技术—高等学校—教材　Ⅳ. ①F830

中国版本图书馆 CIP 数据核字（2022）第 034205 号

责任编辑：方小丽 / 责任校对：贾娜娜
责任印制：赵　博 / 封面设计：蓝正设计

科 学 出 版 社 出版
北京东黄城根北街 16 号
邮政编码：100717
http://www.sciencep.com

天津市新科印刷有限公司印刷
科学出版社发行　各地新华书店经销

*

2023 年 3 月第　一　版　　开本：787×1092　1/16
2025 年 2 月第四次印刷　　印张：18
字数：424 000

定价：48.00 元
（如有印装质量问题，我社负责调换）

主 编 简 介

陈庭强，南京工业大学经济与管理学院副院长、知识产权学院院长、国家知识产权培训（江苏）基地常务副主任，江苏工业碳达峰碳中和研究基地常委副主任、教授、博士生导师，国家社科基金重大项目首席专家、江苏省"紫金文化人才培养工程"社科优青、江苏高校"青蓝工程"中青年学术带头人，兼任管理科学与工程学会金融计量与风险管理分会副理事长、全国工业统计学教学研究会金融科技与大数据技术分会副理事长等，主要从事金融工程与风险管理等研究。主持国家社科基金重大项目（22&ZD122）、国家自然科学基金项目（71871115、71501094）等国家及省部级课题 10 余项。曾以第一作者或通讯作者在 *Technological and Economic Development of Economy*（SSCI（social sciences citation index，社会科学引文索引）一区）、*International Journal of Finance & Economics*（SSCI、ABS（the Association of Business School，商学院协会）三星）、《系统工程理论与实践》、《中国管理科学》等 SSCI、SCI（science citation index，科学引文索引）、EI（engineering index，工程索引）、CSSCI（Chinese social sciences citation index，中文社会科学引文索引）等重要期刊发表学术论文 100 余篇，出版专著 2 部（其中，1 部入选 2019 年国家哲学社会科学成果文库）。获得 2022 年第八届中国国际"互联网+"大学生创新创业大赛优秀创新创业导师、2022 年第八届中国国际"互联网+"大学生创新创业大赛"金奖"指导老师、2018 年"创青春"浙大双创杯全国大学生创业大赛创业实践挑战赛"金奖"指导老师、2020 年中国国际"互联网＋"大学生创新创业大赛"铜奖"指导老师、2020 年度江苏省优秀硕士学位论文指导教师、2018 年和 2019 年江苏省普通高校本专科优秀毕业设计（论文）指导教师、江苏高校"青蓝工程"优秀青年骨干教师、江苏高校哲学社会科学研究成果奖一等奖、江苏省社科应用研究精品工程奖一等奖等荣誉奖励 20 余项。成果被学习强国、《经济日报》、《新华日报》、人民网、光明网、法治网等媒体广泛报道与转载。

庄雷，南京工业大学经济与管理学院金融学系主任、副教授、硕士研究生导师，江苏高校"青蓝工程"优秀青年骨干教师，兼任全国工业统计学教学研究会金融科技与大数据技术分会副秘书长等，主要从事金融科技创新与风险管理等研究。主持国家社科基金、江苏省社科基金等各类项目 10 多项，在国内外核心期刊发表论文 30 多篇，主编教材 1 部，获得江苏省社科应用研究精品工程优秀成果一等奖等各类奖励 5 项。

余乐安，四川大学商学院特聘教授、博士生导师，国际系统与控制科学院院士，国家杰出青年科学基金获得者，首届"万人计划"和中国科学院"百人计划"获得者，主要从事商务智能、大数据挖掘、经济预测与金融管理等研究。主持国家自然科学基金重点项目、国家自然科学基金重大研究计划培育项目、国家自然科学基金青年科学基金项目等多项国家重大课题。出版专著 5 部，发表 SCI、SSCI 论文 90 余篇。获得爱思唯尔（Elsevier）"中国高被引学者"、中国青年科技奖、教育部自然科学奖一等奖和北京市科学技术奖一等奖等称号和荣誉。

本书编委会

主　　编　　陈庭强　　庄　雷　　余乐安

编委成员　　刘　睿　　刘　梦　　王　磊　　王冀宁　　陈红喜

　　　　　　蒋海玲　　叶彩霞　　陈笑雪　　慕　佩　　沈嘉贤

　　　　　　石丽丽　　施添文　　王雯熠　　徐　勇　　杨青浩

　　　　　　侯　涛　　何　雯　　陈　容

前　言

党的二十大报告提出，"加快发展数字经济，促进数字经济和实体经济深度融合"①。金融科技服务是赋能实体经济高质量发展的重要力量，以区块链、大数据人工智能等为基础的金融科技是当前社会热点。正如摩尔定律一样，互联网好像始终有一个一千天规则，每一千天行业会历经一个"颠覆"，所以金融与科技结合后每隔一段时间都会达到一个新的高度。目前金融科技发展可划分为三个阶段：第一个阶段为金融 IT（information technology，信息技术）阶段，或者说是金融科技 1.0 阶段，金融行业通过传统 IT 的软硬件的应用来实现办公和业务的电子化自动化，提高经营效率。第二个阶段为互联网金融阶段，或者说金融科技 2.0 阶段，互联网公司搭建在线业务平台，利用互联网或者移动终端的渠道来汇集海量的用户和信息，实现金融业务中的资产端、交易端、支付端、资金端任意组合的互联互通，实现信息共享和业务融合。第三个阶段为金融科技 3.0 阶段，金融业通过大数据、云计算、人工智能、区块链等新的技术来改变传统的金融信息采集来源、风险定价模型、投资决策的过程、信用中介的角色。

本书以习近平新时代中国特色社会主义思想及党的二十大精神为理论指南，以金融理论为起点，以中国特色社会主义建设与发展中形成的金融科技创新案例和经验为基础，以培养学生创新应用能力为落脚点，通过增加案例教学、仿真实验等内容，增强教材知识点的可理解性和中国实践的易认知性，重点提升新时代大学生对各类金融科技业务的理解，从而增强学生对金融创新发展的适应性与抗风险能力，使学生敢于进行金融创新，让学生充满"增强金融服务实体经济能力"的责任感和使命感。本书也是经济与管理学院推进金融学一流本科专业建设和新文科建设所急需的教学教材。因此，本书补充并推广了最近几年中国特色社会主义建设中金融科技应用的优秀案例，以便更好地指导广大学生进行金融科技理论学习与实践活动。

本书是教研团队多年的教学与研究成果的总结，集针对性、创新性、政策性、系统性于一体，及时准确吸纳习近平新时代中国特色社会主义思想及党的二十大精神的核心与精髓，紧跟新时代国家发展的政策要求，理论与实践紧密结合，主要定位于"产学研金介用"。本书是 2021 年江苏省高等学校重点教材（2021-2-071）、2021 年教育部产学合

---

① 《习近平：高举中国特色社会主义伟大旗帜 为全面建设社会主义现代化国家而团结奋斗——在中国共产党第二十次全国代表大会上的报告》，http://www.gov.cn/xinwen/2022-10/25/content_5721685.htm[2023-03-24]。

作协同育人项目（"金融科技理论与实践"课程与教材建设，202102512003）、江苏省一流本科专业建设点（金融学）、江苏省特色专业建设项目（金融学）、国家社科基金重大项目（22&ZD122）、国家自然科学基金面上项目（71871115）、国家社科基金一般项目（23BJY066）、江苏省高等教育教改研究一般课题（2021JSJG387）、江苏省教育科学"十四五"规划重点课题（c-b/2021/01/08）等相关课题的阶段性成果。

　　金融科技是一个复杂的前沿问题，涉及的领域非常广泛，本书编写的难度很大。在本书编写过程中，由陈庭强负责总协调与框架设计，庄雷负责部分金融科技案例与实践，余乐安提供理论支撑与思路指导，中青年教师和研究生等在收集资料和参与讨论研究方面也做了不少的工作，其他编委均履行了相应的职责。本书汲取了习近平新时代中国特色社会主义思想及党的二十大精神，有机融合了新时代大学生金融科技创新与应用的理论和实践成果，是全体编委会成员集体智慧的结晶，但是由于水平有限和时间原因，书中难免存在不足之处，敬请广大读者和同行批评指正，以便做进一步修改、补充和完善。

编　者

2023 年 2 月

目 录

第四篇　分　析　篇

第五篇　风　险　篇

第 13 章

金融科技风险概述 ……………………………………………… 181

第 14 章

移动支付风险 …………………………………………………… 190

第 15 章

数字货币风险 …………………………………………………… 200

第 16 章

关键技术风险 …………………………………………………… 210

第一篇 基 础 篇

金融科技基础

【学习目标】

了解金融科技的起源背景

掌握金融科技的基本概念与特征

掌握金融科技的主要模式、分类和区别

理解金融科技的发展现状和未来趋势

第 1 章

金融科技概述

【本章提要】

在金融与科技快速融合的背景下，以人工智能、区块链、云计算和大数据技术等为核心的金融科技快速发展，并深刻影响当代金融发展实践和理论。金融科技主要是指技术发展带来的金融创新发展，金融科技创造了新的业务模式、应用、流程和产品，并对金融市场、金融机构和金融服务的提供方式造成重大影响。本章将介绍金融科技相关概念与理论的发展，梳理金融科技的演化过程与现状。结合金融科技发展现实背景，侧重分析金融科技的发展趋势与前景，剖析金融科技发展中存在的问题，并从风险预防、监管制度、人才教育等方面阐述如何促进金融科技的健康发展。

1.1 金融科技的内涵

21 世纪初，随着区块链、人工智能、大数据、云计算等新技术的不断涌现，高科技手段也更多地应用到金融行业，金融和科技的不断融合及政策的有力支持，使金融科技迎来进一步深度发展的新机遇。科技创新和金融之间的推动作用是相互的，科技的进步提升了金融服务实体经济的能力，金融的发展也为科技的发展提供了资金支持。依托于移动互联网、人工智能、大数据、云计算、区块链、搜索引擎等，金融科技高速发展，资金需求者与资金提供者可以更便捷紧密地互相联系，不断生产出新的金融业态，金融科技正以前所未有的速度推动着金融行业的发展。金融科技的发展一方面改变了投融资门槛高、小额投融资渠道匮乏的状况，实现了普惠金融，助力供给侧结构性改革；另一方面金融科技在快速发展过程中也积累了不少问题和风险，对传统的金融防范与监管提出了新的挑战。

1.1.1 什么是金融科技

"金融科技"英文译为 FinTech，是 finance 和 technology 的合成词。金融科技来源于 20 世纪 90 年代花旗银行发起的一个发展项目"金融服务技术联盟"（Financial

Services Technology Consortium），后被简称为"Financial Technology"，即 FinTech。在国际层面，作为全球金融治理的核心机构，金融稳定理事会（Financial Stability Board，FSB）于 2016 年 3 月首次发布了关于金融科技的专题报告，将金融科技定义为技术带动的金融创新，是对金融市场、金融机构以及金融服务供给产生重大影响的新业务模式、新技术应用、新产品服务。

1.1.2 金融科技的来源

金融科技泛指技术进步驱动的金融创新，与之相关的概念先后有数字经济、互联网金融和数字普惠金融，其起点可以追溯到 20 世纪 90 年代美国出现的以信息技术驱动的"新经济"。在"新经济"的发展背景下，唐·泰普斯科特率先提出"数字经济"的概念，通过大量商业实例分析信息技术广泛应用过程中市场、管理、社会等方面的变化和对策，指出数字经济时代是一切信息数字化和以指数为基础的时代，认为电子商务的发展决定数字经济的未来（Tapscott，1995）。1998 年，美国商务部发布的《浮现中的数字经济》阐述了信息技术带来的社会变革，掀起了数字经济的研究浪潮。数字经济是由数字技术不断创新主导的经济革命，包括社会生产潜力、知识储备本质、实现生产潜力的组织这三个经济系统的重要组成部分的本质变化。2000 年后，我国学者在研究"新经济"和数字经济时，重点关注技术或制度在经济发展中的作用，并用规范的经济学分析法将数字化现象理论化，根据熊彼特的"技术创新论"将"新经济"定义为"由信息技术革命所推动的经济增长与发展"。这一阶段数字技术与金融业的融合还在萌芽阶段，金融科技没有从"数字经济"的概念中独立出来。

数字经济的发展离不开数字金融的发展。在欧美金融领域，Paypal 等互联网支付产品的诞生实现了互联网金融的破冰之旅。以 Zopa、Prosper 为代表的网络借贷和互联网货币基金紧随其后，并通过阿里巴巴、宜人贷等网络金融平台传入中国。从 20 世纪初美国的"新经济"到 2012 年中国的互联网金融，金融的数字化先后被冠以"网络金融""互联网金融""金融科技""数字普惠金融"之名。互联网金融是一种以互联网为代表的现代信息科技，会对金融模式产生颠覆性影响，是既不同于商业银行间接融资，也不同于资本市场直接融资的第三种金融融资模式，即互联网金融模式。互联网金融的具体形态有第三方支付、网络融资、网络投资和网络货币等。在国外，类似的区块链、大数据、云计算等信息技术的出现及其与金融业的融合被称作"金融科技"。

随着数字技术对金融业产品、组织、业态的影响的加深，金融科技的范畴由创新型金融科技公司拓展到整个金融业。金融科技通常被业界理解为金融和科技的融合，即把科技应用到金融领域，通过技术工具的变革推动金融体系的创新。根据金融稳定理事会的定义，互联网金融也属于金融科技的范畴。因为与我国金融业结合紧密的、成熟的技术是互联网、大数据、云计算三种信息技术，"互联网金融"相比于"金融科技"更符合我国当前的金融数字化发展的阶段性特征，而"金融科技"则更具有一般性。2017 年，中国人民银行成立金融科技委员会，在《金融科技（FinTech）发展规划

（2019—2021 年）》中提出"金融科技的核心是利用现代科技成果优化或创新金融产品、经营模式和业务流程"。

1.2　金融科技的演化

自现代金融业诞生以来，科技领域每一次重大的技术变革都少不了金融业的身影，技术变革深深影响了金融的业态。从不同的维度去看金融发展，有不同的金融阶段划分方法。结合长期的信息技术发展历史，金融与科技的融合主要经历了金融电子化、金融网络化、金融科技化等三大阶段。具体来说，金融电子化是指 19 世纪末到 20 世纪中期金融行业通过传统的电子信息技术软硬件实现办公和业务的电子化，开启了金融服务的初步信息化。金融网络化是指 20 世纪中后期金融业利用互联网或者移动终端渠道开展业务，加快了金融服务的信息化。金融科技化是指 21 世纪后金融行业通过大数据、人工智能、区块链等最新 IT 技术，全面实现金融的智能化。

1.2.1　金融电子化

1866 年第一条跨大西洋电缆的成功铺设不但开启了人类电报时代，而且预示着金融电子化的实现。19 世纪末到 20 世纪中期电报、电子交易等技术的广泛应用，从很大程度上促进了金融业的发展。

在银行领域，1918 年开始，电报逐渐成为美国联邦资金转账系统的重要基础设备。联邦资金转账系统是一个专用通信系统，旨在为美国联邦储备银行处理 12 个储备银行间的资金转账服务，一直到 20 世纪 70 年代早期，该系统一直利用电报处理银行转账业务。20 世纪 50 年代，信用卡的出现代表着电子交易技术在金融领域的首次应用，和纸币的发行有异曲同工之妙，其目的都是提供方便快捷的金融交易服务。1966 年，全球用户电报网络建立，为未来金融技术的全球化发展提供了框架，随后建立的跨银行支付清算系统允许世界上活跃的银行以美元结算付款。20 世纪 60 年代，银行通过自助取款机替代了部分柜员和出纳员的工作，进一步提高了金融服务的效率并降低了人工成本。

在证券领域，金融科技最早的应用案例可以追溯到 1969 年，全球第一个金融交易系统——奥特斯，其旨在处理机构投资者的大宗交易，通过电话线进行连接。奥特斯平均每天可以处理 15 笔大宗交易，总值达 520 万美元。20 世纪 70 年代开始，电子股票交易在交易所交易大厅进行。最具有代表性的是纳斯达克证券交易所的电子交易系统，1971 年正式投入运营，800 多家交易商与之签订了协议，可以提供 2400 种证券的信息。1975 年，美国为了将美国证券交易所、波士顿证券交易所、纽约证券交易所、芝加哥期权交易所以及纳斯达克证券交易所等 9 个市场相互连接在一起，开发了跨市场交易系统（intermarket trading system，ITS）。一直到 20 世纪 80 年代末期，美国只剩下两个证券交易市场：纽约证券交易所和纳斯达克证券交易所。

1.2.2　金融网络化

20 世纪 80 年代大型计算机、超复杂数据处理电子系统开始崛起。因特网（Internet）始于 1969 年的美国，1989 年第一个检索互联网出现，并提出了一个分类互联网信息的协议，1991 年后称为万维网。20 世纪 90 年代后，随着因特网的商业化，其在通信、信息检索、客户服务等方面的巨大潜力被挖掘出来，互联网有了质的飞跃，并最终走向全球，也对全球金融发展产生了深远的影响。

金融科技真正意义上见诸公众得益于电子商务的发展。电子商务和网络支付使得电子交易系统对个人投资者开放。到了 20 世纪 90 年代中后期，网络技术的高速发展使网络证券经纪业务、网上银行业务的开展成为现实，网上银行、网络券商等大获成功。而网上银行、网络券商业务是由金融科技服务提供商精心打造的别具匠心的个人投资者服务，它们的出现逐渐替代了以电话、柜台驱动的传统零售银行和券商业务模式。

1.2.3　金融科技化

21 世纪信息技术的高速发展表明全球进入金融科技时代。在前沿科技整合服务方面，诸如 VR（virtual reality，虚拟现实）、AR（augmented reality，增强现实）、区块链和人工智能等科技被整合进金融服务，尝试与传统金融服务进行融合。日新月异的金融科技领域还拥有仅被非银行金融机构掌握和利用的独特技术，互联网的互联互通特性已为许多新兴金融科技公司铺平了道路，使其能够创造出更多面向机构和个人消费者的解决方案。

金融物理网点式的服务模式已经逐步变成金融机构的痛点之一。金融机构采用自行研发、投资研发、共同研发三种方式，利用金融科技建设金融基础设施，创新金融商业模式，使其能够对更为繁复的风险系统进行风险管理、交易管理和现金管理。具体而言，在金融科技时代，金融行业在支付、网络借贷、筹资、金融基础设施、金融大数据服务、互联网金融门户、前沿科技整合服务七个创新层面有巨大的突破。金融科技解决方案的提出让金融有效地与科技融合，金融科技市场的爆发也使 IT 建设服务提供商犹如雨后春笋一般涌现，金融机构企业信息管理系统、结算系统、风控系统等金融基础设施建设服务效率的提升也指日可待。现阶段的金融基础设施供应商主要为 IT 基础供应商，如东软集团、中软国际、神州数码集团等。

在金融大数据服务方面，大数据服务提供商旨在集合海量非结构化数据，结合金融企业结构化交易数据进行实时分析，对客户进行全方位 360 度画像，使金融机构和金融服务平台在精准营销及风险控制方面有的放矢。对金融机构来说，用户和员工画像与其他模式是相辅相成的。画像为精准营销、风险控制和精细化运营提供了目标客户及运营对象，从源头上提高了营销、运营和风险控制的精确度。代表企业主要有腾讯开放平台、聚效广告平台、中国电信股份有限公司北京研究院的灯塔大数据、芝麻信用等。另外，近几年出现了新兴的 SaaS（software as a service，软件即服务）和云服务，如阿里云、Amazon 等。

互联网金融门户的核心是搜索比价模式，利用互联网平台对金融产品提供第三方销售服务，投资者通过对比挑选合适的金融产品。互联网金融门户多元化创新发展，提供基金、保险产品咨询、比价、购买等服务。在互联网金融门户领域，针对理财、信贷、保险等细分行业的有融 360、91 金融超市、格上理财等。

CB Insights 数据显示，2013 年全球在金融科技领域的融资规模为 40.5 亿美元，2014 年为 122.1 亿美元，较上年约增长了 2 倍，其中 11%的资金为 A 轮投资。根据毕马威《金融科技脉搏》，2015～2019 年，全球金融科技投融资金额从 649 亿美元增至 1503 亿美元。融资规模呈几何级数增长的现象从一定程度上表明了金融科技将会和 2000 年的互联网一样呈现爆炸式发展。然而，金融科技虽然获得了光明的前景，但是也必然要解决信用欺诈、产业优化等问题。因此，金融科技将在优化整合的基础上持续创新。

1.2.4　中国金融科技演化历程

中国在金融科技领域相比于国外起步较晚，在国外很多国家发展金融科技多年后，我国才开始接触和发展金融科技，并且主要为与互联网金融相关的金融科技。当然互联网金融是金融科技中极其重要的一部分，近年来中国在互联网金融方面发展十分迅猛，主要有三个原因。第一，由于传统金融服务供给相对不足，人们开始着力于创新和发展互联网；第二，国家政策环境的鼓励与近几年经济环境的优化为互联网金融提供了合适且有益的支付和信贷市场；第三，日益增长的科学技术强有力地支撑了互联网金融的发展。这些因素的叠加共同助推了我国金融科技的快速发展。

从 1993 年开始中国正式进入金融科技时代，具体而言分三个阶段。

1. 金融科技 1.0 阶段

将 1993 年至 2008 年称为金融科技 1.0 阶段，具体表现为金融触网，即简单的传统金融业务线上化，通过 IT 应用实现办公和业务的电子化自动化，从而提高业务效率。典型代表为网上银行，将线下柜台业务转移至 PC（personal computer，个人计算机）端。

2. 金融科技 2.0 阶段

将 2008 年至 2015 年称为金融科技 2.0 阶段。移动互联网时代，智能手机的普及使得人们随时随地沟通成为可能，极大提高了网络利用的效率。这一阶段具体表现为传统金融类机构搭建在线业务平台，通过传统金融渠道的变革，实现信息共享和业务融合。同时互联网公司的金融化应运而生，使得移动支付成为可能。中国金融科技产业发展迅速，涌现出一批在全球产业生态中占据重要地位的金融科技企业，以移动支付为代表的新金融应用更是成为中国的"国家名片"，被世界所熟知，如支付宝（Alipay）和微信支付（WeChat Pay）。

3. 金融科技 3.0 阶段

在从 2016 开始至今的金融科技 3.0 阶段，云计算、大数据、区块链、人工智能等关键技术日益成熟，未来科技将与金融深度融合并帮助市场释放产能。从科技在金融行业的应用深度和变革影响来看，我国的金融科技应用已经进入 3.0 阶段，相比金融电子化阶段强调 IT 技术在后台的应用、互联网金融阶段关注前端服务渠道的互联网化，金融科技 3.0 阶段更加侧重业务前、中、后台的全流程科技应用变革，这一阶段主要利用前沿技术变革业务流程，推动业务创新，突出在大规模场景下的自动化和精细化运行。

■ 1.3 金融科技的分类

根据金融科技的研究和实践，主要可以从两个角度来定义金融科技。一是将金融科技定义为金融和科技相融合后所形成的业务模式，具体包括数字支付、网络借贷、数字货币以及智能投顾等。金融科技行业以信息技术为基础，将大数据、人工智能、云计算、生物识别、区块链等技术，用于银行、保险、证券、基金、消费金融、金融监管等领域，从而形成了多种生态。金融科技重塑了传统金融业，产生了一系列新兴金融生态，包括零售银行、网络借贷与融资、云计算平台、数字货币、资产管理、互联网保险、监管科技等。二是将金融科技定义为一种科学技术。《牛津英语词典》将金融科技定义为用来支持银行业和其他金融服务的电脑程序和其他科技，包括互联网、大数据、云计算、区块链以及人工智能等，投资百科（Investopedia）称之为 21 世纪运用于金融领域的所有科技的集合。具体而言，金融科技的关键技术包括互联网技术（互联网、移动互联网、物联网）、大数据、人工智能、分布式技术（区块链、云计算）、安全技术（生物识别技术）等。

近几年中国的金融科技发展很快，很多互联网应用场景相关数据和金融平台数据是相通的，目前中国的金融科技活动主要集中在五类机构六大业态九大领域。五类机构包括传统金融业、互联网机构、新兴互联网金融、通信机构和基础设施。六大业态包括互联网支付、网络借贷、众筹融资、互联网基金销售、互联网保险，互联网消费金融。九大领域包括网络借贷、众筹、支付、互联网理财、互联网保险、大数据征信、区块链金融、智能投顾和金融信息安全，其中以支付、网络借贷、众筹为主。

在支付方面，主要是第三方支付。2018 年中国银行业金融机构共处理电子支付业务 1751.92 亿笔，金额 2539.70 万亿元。其中，网上支付业务 570.13 亿笔，金额 2126.30 万亿元，同比分别增长 17.36% 和 2.47%；移动支付业务 605.31 亿笔，金额 277.39 万亿元，同比分别增长 61.19% 和 36.69%。到 2020 年，中国银行业金融机构共处理电子支付业务 2352.25 亿笔，同比增长 5.30%，电子支付业务金额 2711.81 万亿元，同比增长 4.02%。其中，网上支付业务 879.31 亿笔，占电子支付业务的 37.38%，同比增长 2.38 个百分点。而在第三方支付方面，据不完全统计，2018 年中国第三方移动支付交易规模达到 190.5 万亿元，第一梯队的支付宝、财付通分别占据了 54.3% 和 39.2% 的市场份额。主流厂商的业务模式逐渐向"支付 + 营销""支付 + 金融""支付 + 财务管理"等"支付 + 增值个性化定制服务"拓展。

在筹资方面，主要是众筹融资。众筹是指用团购和预购的形式，向互联网投资者募集项目资金的模式。据不完全统计，2018 年中国上线众筹平台 854 家，知名的众筹平台有京东众筹、苏宁众筹、轻松筹、人人天使、创客星球等。2015 年全年的成功项目数和融资总额分别为 15 218 个和 88.68 亿元；2016 年全年的成功项目数和融资总额分别为 48 437 个和 217.43 亿元；2017 年全年的成功项目数和融资总额分别为 69 637 个和 260 亿元。

■ 1.4　金融科技的发展趋势

近几年全球各国在金融科技方面的发展，逐渐呈现出自己的特色，并积累了相关经验。展望未来，金融科技公司、传统银行、金融监管机构、信息技术公司都将根据以往经验及市场需求做出积极调整，并呈现出一些明显的金融科技发展趋势。

1.4.1　全球金融科技融资规模将持续提升，资本加速整合

1. 金融科技融资规模继续攀升

目前，全球主要发达国家和新兴国家对金融科技的发展态度都较为积极，传统金融机构、金融科技企业的布局速度较快。在各方浪潮推动下，全球金融科技融资规模将继续攀升。从区域融资趋势来看，亚洲地区作为全球金融科技布局的后起之秀，随着金融基础设施的大规模建设、新兴模式的快速成长以及传统金融机构的加速跟进，将引领全球金融科技融资规模增长。

2. 东南亚有望成为全球金融科技资本输入地

一是东南亚具有良好的客户基础。2017 年，在东南亚地区 6 亿多人口中，有 4.2 亿 40 岁以下的年轻人，他们对于金融科技的接受程度较高。同时，东南亚的"中产阶级"正在快速崛起，会带来巨大的消费潜力。二是东南亚互联网普及率快速提升。以泰国为例，该国 2017 年移动互联网用户数超过 66%，智能手机普及率超过 60%。三是东南亚普惠金融需求较大。从个人业务来看，由于征信体系较为薄弱，东南亚信用卡、网络支付等渗透率较低。从对公业务来看，中小企业难以获得金融服务。在上述背景下，支付机构资本率先出动，在东南亚地区快速占领市场。随着东南亚地区金融科技市场逐渐被打开，预计全球更多的金融科技资本将以支付、风险控制、大数据等技术为依托，掀起占据东南亚市场的热潮。

1.4.2　区块链与人工智能将引领金融科技突破，实现应用升级

在众多新兴技术的应用中，云计算和大数据等基础设施为金融应用打下了良好基础。区块链、人工智能等新兴技术在金融行业不断开发创新应用，从而带来金融科技行业溢价。

1. "区块链＋"创造投资机会，新兴项目有望引领全球

2015 年来区块链技术受到广泛关注，其具有技术公开、不可篡改和去中心化的技术属性，拥有在金融领域应用的先天优势。区块链是一种新型经济模式，主要解决非信任网络的记账问题，如果说其他技术主要是生产力变革，区块链更像是生产关系变革。

目前，各行业领域都在尝试区块链创新应用，出现了"区块链＋"的势头。例如，通过区块链与物联网的技术结合，将物理资产数字化，从而实现能源、交通、物流、农业生产制造等各个行业直接或间接地去中心化，改变行业传统运行逻辑，提升行业发展效率。据测算，2024 年全球区块链市场规模将达到 759 亿美元。

良好的顶层设计及活跃的市场需求给中国区块链的快速发展提供了条件。《中国区块链企业发展普查报告（2020）》显示，2016～2018 年区块链项目融资数量和金额均呈明显上升趋势，从 2016 年的 3.56 亿元上升到 2018 年的 147.98 亿元，到 2019 年区块链产业回归"理性"。随着资本的积极进入及各类市场主体的踊跃参与，预计中国的区块链项目在这场全球变革中将发挥举足轻重的作用。

2. 人工智能应用升级，智能投顾有望成为新风口

近年来，人工智能的各项应用场景加速被开发与推广。2018 年，基于人工智能的深度学习技术及强大的数据处理能力，加之图像、视频和语音等交互技术的不断迭代，人工智能应用快速升级。其中，智能投顾、智能投研和金融知识图谱等应用场景逐渐崭露头角。人工智能一般分为计算智能、感知智能和认知智能三个层次。目前从人工智能在金融领域的应用趋势来看，计算智能通过与大数据技术的结合应用，已经覆盖营销、风险控制、支付、投顾、客服等各大金融应用场景。人工智能最重要的就是"AI in all"[①]，很多传统金融业务是"知道型"的业务，按规则、经验办事，很多简单重复性工作已被证明完全可以被人工智能取代（如客服），认知型的业务目前看机器可能不会比人差（如智能投顾、智能营销）。

那么，金融业最重要的是最大限度地发挥人的认知价值，智能投顾是一大重要应用场景。然而，目前智能投顾仍存在不少限制：一是风险防范，人工智能算法不能完全准确地在样本特征准备或审核阶段进行全面风险预测；二是金融创新，创新是门艺术，目前没有证据表明人工智能在创新上有什么独到之处，而人的创新价值则非常重要；三是发挥领域知识的价值，人工智能目前最大的缺陷就是它没有常识是不行的，知识会成为重要的竞争力分水岭，知识图谱、业务规则补充、业务数据标注都是产生知识的手段。

1.4.3　金融科技与经济周期有效结合，服务实体经济发展

金融是顺应经济活动的需要而产生的，金融的功能和价值体现在为经济发展提供资

---

① AI（artificial intelligence，人工智能）。

金融通、支付结算、风险管理、价格发现等服务。作为领衔金融创新浪潮的金融科技，需与经济发展特征有效结合，立足于服务实体经济发展，才能更具发展活力。

1. 金融科技回归服务实体经济发展本源

从全球经济发展阶段来看，以美国、德国为代表的发达国家正大力重振实体经济建设。从中国经济发展阶段来看，无论是"一带一路""大众创业、万众创新"等的深入推进，还是党的十九大、二十大对于发展实体经济的明确指示，都对金融服务实体经济提出了更高的要求。未来全球金融科技创新将更加回归服务实体经济的本源，把为实体经济服务作为出发点和落脚点，全面提升服务效率和水平，把更多金融资源配置到实体经济发展需要的重点领域和薄弱环节，为实体经济发展注入动力。

2. 大力发展普惠金融，扩充服务范围

对于经济发展不平衡、不充分的国家，发展普惠金融尤为迫切。目前，商业银行与互联网公司正通过大数据、人工智能、机器学习等新兴技术，精准分类客户，分析海量数据，审慎控制风险，深耕长尾客户资源，发展数字普惠金融。未来，商业银行与金融科技公司将进一步推进移动互联网、物联网、大数据、区块链等金融科技与普惠金融业务的深度融合，加快简化业务流程、降低运营成本，提升普惠金融服务的便利性、易得性，增强对小微企业、各类个人客户的金融服务力度，进一步拓展普惠金融服务的广度与深度，提高金融服务的覆盖率、可得性和满意度。

3. 重视产融结合，发展供应链金融

产业资本与金融资本有效结合是促进实体经济发展的有效模式。发展供应链金融是产融结合最直接的方式之一。近十年来，中国的供应链金融从 1.0 时代的"1 + N"模式，发展到 2.0 时代"全流程在线"模式，再到 3.0 时代"供应链生态圈"模式，实现了迅速迭代。2017 年，国家多部委发布多项支持供应链金融发展的政策。其中，国务院办公厅印发《关于积极推进供应链创新与应用的指导意见》，指出"以供应链与互联网、物联网深度融合为路径""创新发展供应链新理念、新技术、新模式""打造大数据支撑、网络化共享、智能化协作的智慧供应链体系"。在充足的政策支持下，预计各路产业资本和金融资本将踊跃投入到供应链金融发展之中。尤其是随着金融科技的快速发展，有望借助大数据解决供应链金融的开放性问题，借助区块链解决链式信任关系，推动供应链金融业务的纵深发展。2020 年，中国供应链金融市场规模已突破 25 万亿元。

4. 助力消费需求增长，发力消费金融

当前，我国已进入消费需求持续增长、消费结构加快升级、消费拉动经济作用明显增强的重要阶段，消费已成为经济增长的重要引擎，消费金融也将迎来历史性发展机遇。同时，以大数据、云计算为代表的金融科技支撑个人信用评价体系发展，不断完善消费金融基础设施，推动我国消费金融发展环境持续向好。2020 年，中国消费金融行业规模达 15.7 万亿元，同比增长 12.14%。同时，消费金融市场格局将出现新秩序。随着对放贷

主体资质、信息披露、校园贷、现金贷等监管的不断趋严，预计点对点网络借款、小贷等主体在消费金融市场的份额将逐步下降，而具有牌照优势、早已纳入正规监管体系的持牌消费金融公司和商业银行将迎来弯道超车机会。

1.4.4　各方合作更加紧密，金融科技生态圈将更加完善

从欧美等发达国家情况来看，商业银行与科技公司、初创公司的合作十分紧密，并且合作方式多样化。未来，因其开放包容的创新文化、活跃成熟的资本市场及长期合作的经验积累，发达国家的金融科技合作体系将更加完善。除了目前已较为成熟的收购、投资、战略合作、项目孵化等形式外，未来商业银行有望通过行业协会及机构参与的方式，加大各方合作。

从国内情况来看，商业银行与互联网公司通过近几年在金融科技方面的布局，各自的优势已经逐渐显现。商业银行在资金规模、客户基础、市场可信度、金融牌照、风险控制等方面具有绝对优势；互联网公司在应用场景、细分前瞻技术、用户体验、科技资源、人才储备等方面的优势日益彰显。在对各自优势有了充分认识之后，商业银行与互联网公司将进一步探索合作共赢的新局面。

此外，中国在政策层面也积极支持金融科技多方合作。中国人民银行等十部委发布的《关于促进互联网金融健康发展的指导意见》指出，支持各类金融机构与互联网企业开展合作，建立良好的互联网金融生态环境和产业链。未来，除了商业银行与互联网公司以外，具备敏锐市场洞察力和高效资本配置能力的风险投资机构也将加快金融科技合作的步伐。随着各类型机构取长补短、深入合作，金融科技生态圈将得到更加有效的充实。

1.4.5　行业监管将趋于平衡化，监管科技布局将加速

1. 全球金融科技监管将趋于创新与风险控制的平衡化发展

基于金融科技具有新兴技术快速迭代、新兴模式快速创新的特有属性，各国对于金融科技的监管趋势从紧盯风险开始走向鼓励创新与风险管理的平衡化发展。目前全球在金融科技平衡化监管方面做得较好的模式主要有欧美国家的监管沙盒、创新中心、创新加速器三种模式。这类监管模式旨在针对创新企业提供一个"缩小版"的真实市场和"宽松版"的监管环境。未来，金融科技的平衡化监管模式将辐射更多国家，进一步推动金融科技创新、安全发展。

2. 全球监管科技布局将加速

监管科技因可以持续监督，提供实时洞察，通过深度学习和人工智能过滤，观察全球市场的功能，而更具前瞻性。在此背景下，全球监管科技布局将加速，且将形成更加完善的生态圈。金融科技公司运用新兴技术提供相应的解决方案，共同建立健全兼顾创新和安全的金融科技创新管理机制及风险防控体系。

3. 多举措创新金融科技监管模式

近年来，国家不同层面频频提及金融科技风险防控问题，明确了未来的金融科技监管方向。二十大报告要求，"加强和完善现代金融监管，强化金融稳定保障体系，依法将各类金融活动全部纳入监管，守住不发生系统性风险底线"[①]。近年来中国政府工作报告对于互联网金融的表述方式从"促进"到"高度警惕风险"，再到 2018 年"推动重大风险防范化解取得明显进展"[②]；中国人民银行将按照十九大报告、二十大报告的相关要求，以防范系统性金融风险为底线，逐步建立互联网金融的行为监管体系、审慎监管体系和市场准入体系，引导金融科技回归服务实体经济本源。

■ 1.5　金融科技的发展挑战

1.5.1　金融科技的发展加速了全球风险传播

金融科技的飞速发展使金融行业面临的风险越发复杂。金融服务行业的许多传统交易方式发生了改变，许多线下业务转至线上，创造了股权众筹、数字货币等互联网金融产品，导致了新的金融风险的诞生。一是业务风险。金融科技增加了各相关机构之间的关联性和金融体系的复杂性，加剧了信用风险、操作风险等传统金融风险的外溢，提高了金融业务交叉风险的聚集度并扩大了波及面；在提升金融服务效率的同时，很可能强化羊群效应和市场共振，增强金融风险的顺周期性，提高风险传导速度。二是系统性风险。例如，智能投顾平台可以通过算法和模型定制风险资产组合，更准确地把握前瞻性风险，使投资决策更加合理、科学，但它们大部分都是基于几个较为成功的模型算法，从而大部分的时间里可能会提出趋同性、类似性的建议和交易，这种运行方式可能会带来某种程度的一致性预期和操作。当市场比较乐观的时候，市场估值过高；当市场开始出现悲观情绪时，又出现大幅度下跌，成为明显的市场助涨助跌力量，容易引发系统的脆弱性。三是操作风险。金融科技企业运营涉及环节众多，在业务外包、业务运营、网络维护、技术管理等任何环节出现漏洞，都可能引发系统瘫痪，影响机构正常运营。

1.5.2　金融数据信息安全问题更加突出

金融科技最主要的就是大数据的应用搜集与计算。金融科技的发展便利了金融机构信息的获取，同时也很容易产生信息泄露问题。部分从业者在利益驱动下，选择应用一些没有经过充分安全性验证的新技术，为企业及消费者带来支付敏感信息泄露、数据滥用等潜在风险隐患，造成相应的金融风险。网络自身还存在固有风险，若遭受黑客恶意攻击，金融交易的数据安全会受到威胁，让消费者受到损失，也会让金融科技行业的信

---

① 《习近平：高举中国特色社会主义伟大旗帜　为全面建设社会主义现代化国家而团结奋斗——在中国共产党第二十次全国代表大会上的报告》，http://www.gov.cn/xinwen/2022-10/25/content_5721685.htm[2023-03-10]。

② 《2018 年政府工作报告全文》，http://www.mod.gov.cn/topnews/2018-03/05/content_4805962_5.htm?yikikata=df6f8c1a-aafe6942295eba93e1f266b93ca0fad7[2022-05-12]。

用受到重创。同时，信息的不对称会影响消费者在投资过程中的判断，使其无法有效保护自身的利益，很容易处于弱势地位。

1.5.3 相关的法律法规与监管体制仍不完善

金融科技创造了新的金融业态，传统的相关的法律法规已经不能进行有效的监管，大数据、区块链等技术的发展，使金融行业的许多方面都进行了重构，固有的法律法规也难以有效地界定，从而在一定程度上带来潜在的风险。对金融科技的监管，既要保证金融体系的稳定运行，又需要有效地引导金融科技行业的发展，是一项巨大的挑战。除了金融科技的"破坏式创新"与法律的完善步调不一致外，金融科技的发展涉及多个行业，增加了不同行业之间不同规则的摩擦，现有的监管体制中还存在一定的空白，监管体制的不完善也在一定程度上制约着金融科技的发展。

1.5.4 高素质复合型金融科技人才的紧缺

金融科技本身是科技与金融的一次交融，对当今社会的发展产生了深远的影响，如何利用好这些科技使之为金融服务成为一个问题。党的二十大报告指出，教育、科技、人才是全面建设社会主义现代化国家的基础性、战略性支撑。要持续深入实施新时代人才强国战略，加快建设世界重要人才中心和创新高地。面向教育、科技、人才"三位一体"发展，金融行业需要更多高层次复合型的专业人才。金融机构尤其金融科技公司所需要的是高素质复合型人才——那些既懂数字创新、技术研发，又熟悉相关风险管理知识，对经济金融和国家宏观政策具备敏锐洞察力的高端人才，这样才能保证金融科技研究与实际应用的有效结合与发展。而就目前情况来看，金融科技人才的紧缺是金融行业发展过程中亟须解决的问题。

1.5.5 金融科技理论研究滞后

关于金融科技的理论认识是逐步递进的。首先是技术进步，特别是信息技术进步对金融结构带来的影响。促进金融结构演变的根本动力是信息不对称和交易成本，一方面，技术进步使信息不对称的情况得到改善，方便金融中介从更多原本不知情的投资人那里得到更多融资机会，增强金融市场的流动性；另一方面，技术进步还会降低交易成本，不断涌现新的金融服务，市场容量得到扩展。改善信息不对称情况和降低交易成本，会逐步提高金融系统的效率。其次是形成了金融科技的概念性理解。从产业组织的角度把金融科技定义为向正规金融机构提供技术支持、产品研发、创新和服务的初创型科技企业和高增长的中小科技企业，使其从金融服务中分离，只负责金融机构的技术输出、运行及维护，并帮助金融机构提升产品和营销业绩、管理和风控等能力。进而，提出金融科技可以使资源配置效率提高、风险管理能力增强、风险分散，稳定金融体系等。

金融科技理论研究相对滞后于实践发展，表现为技术进步会使金融系统中的监管部门面临更严峻的挑战，对如何对待金融科技并防范风险缺乏系统研究。依据产品种类和地理位置定义金融机构的传统做法可能会不利于金融创新的发展，降低市场效率；不断涌现的新型服务活动和金融混业现象，要求金融机构创造出更新的风险管理办法来稳定金融系统。值得注意的是，传统金融风险在金融科技业务中变得更加隐蔽，操作风险与信息科技风险会更突出，潜在的系统性、周期性风险不容忽视。

案例阅读

每个年代都有自己的热词，而在 2016 年金融科技无疑是炙手可热的时代概念，许多脑洞大开的金融科技应用无疑会令人眼前一亮。2017 年被称为金融科技元年、区块链元年、智能金融元年，人工智能、大数据、云计算、区块链等新兴技术相继在金融行业喷发，云计算、智能金融、科技与银行联袂等成为不可忽视的关键词。

从金融科技模式来看：第一类，因商业模式创新，淡化金融业中介模式；第二类，因技术创新诞生的金融商品服务；第三类，因交易流程创新产生的新服务。结合全球金融科技发展现实，可概括为六大金融科技模式。

金融科技模式 1：债权众筹

概念丨有闲置资金的人，通过第三方网络平台的媒合，将钱借给有资金需求的人，以获得报酬。

现况丨2016 年，中国有 300 多家债权众筹平台总成交量破兆元人民币，但因征信风控与监管不善，1/3 的平台可能倒闭。2020 年底，Lending Club 关闭旗下借贷平台，2021 年收购了一家波士顿在线银行 Radius，逐渐成为一家全方位金融科技市场银行。

案例丨Lending Club、拍拍贷、Zopa、Kiva

金融科技模式 2：数字货币

概念丨由特定虚拟社群开发与控制，并被特定虚拟社群成员使用的货币，如魔兽游戏币与 Facebook Credits，或依靠网络点对点产生的协议信任，不由任何机构发行与控制的数位货币，如比特币。

现况丨基于区块链技术的数字货币倍受金融业瞩目，如瑞士银行、巴克莱银行等 25 家银行与 R3 公司合作形成 R3 区块链联盟，探索数字货币标准。

案例丨比特币、Facebook Credits、Linden Dollar、魔兽游戏币

金融科技模式 3：第三方支付

概念丨买方及卖方间建立一个中立的支付平台，为买卖双方提供资金代收代付，让交易更有保障、更令人安心。

现况丨欧付宝、乐点、PChome pay、支付宝、ezPay 等五家企业，已经进入停车、购物、打车等生活场景。主要业务为线上储值、代收代付及账户转移。

案例丨PayPal、支付宝、PChome pay、轻松付、欧付宝、丰掌柜

金融科技模式 4：实物众筹

概念丨利用网络平台快速散播计划内容或创意作品信息，获得众多支持者的资金，最后得以实践计划或完成作品。

现况丨实物众筹为创意创新产品提供了新的经营模式。2013～2015 年众筹平台数量高速增长，2016 年众筹平台进入规范整顿阶段，形成良性发展。

案例丨Kickstarter、FlyingV、追梦网

金融科技模式 5：点对点转账技术汇兑

概念丨利用比银行还要低的兑换利率，让手上有货币兑换需求的人通过平台找到兑换货币。

现况丨TransferWise 是英国一家为企业提供在线国际汇款转账服务的点对点平台。2021 年 TransferWise 更名为 Wise，估值 50 亿美元。

案例丨Azimo、Currency Fair、Peer Transfer

金融科技模式 6：智能理财

概念丨利用机器人帮客户制订出低成本的投资组合计划，能够提高收益，且不会收取高昂费用。

现况丨美国采用自动化咨询和理财专用辅助咨询两大模式，由机器人提供较简单的理财资讯。

案例丨Mint、Betterment、Wealth Front、Personal Capital

本 章 小 结

金融科技被界定为金融与科技的融合创新，是目前金融发展的趋势，金融稳定理事会给出了金融科技的明确定义。从演化发展的角度来看，金融与科技的融合主要经历了金融电子化、金融网络化、金融科技化等三大阶段。金融科技呈现出一些发展趋势与前景：一是全球金融科技融资规模将持续提升，资本加速整合；二是区块链与人工智能将引领金融科技突破，实现应用升级；三是金融科技与经济周期有效结合，服务实体经济发展；四是各方合作更加紧密，金融科技生态圈将更加完善；五是行业监管将趋于平衡化，监管科技布局将加速。同时，金融科技快速发展过程中仍然面临不少问题和困境。

思考与练习

1. 金融科技的内涵是什么？其与传统金融之间的区别与联系？
2. 金融科技的历史发展如何？前景如何？
3. 金融科技会不会是金融发展过程中的昙花一现？

课程思政小思考

金融是现代经济的核心，是实体经济的血脉。党的二十大报告指出：坚持把发展经济的着力点放在实体经济上，同时要加快发展数字经济，促进数字经济和实体经济深度融合。站在新的发展阶段上，应如何利用金融科技赋能实体经济，促进数字普惠金融与实体经济融合发展？

第二篇 技 术 篇

金融科技的技术支撑

【学习目标】
了解金融科技的主要技术基础
了解云计算的概念与模式
理解大数据技术的概念与分析基础
掌握区块链技术的主要特征与应用场景
理解人工智能的主要模式与发展趋势

第2章

信息技术在金融中的应用——基于大数据与云计算

【本章提要】

大数据和云计算作为当前金融科技发展的基础，在现代金融服务方式和工具方面发挥重要作用。在金融方面，借助大数据技术，将分散在金融企业服务网络与IT系统中的海量信息及基于业务驱动的外部数据源融合，并结合金融行业的特点，以金融业务为核心，提升客户体验和客户服务水平，优化运营，预测风险，提升经营管理水平，使大数据在金融领域发挥更大的作用，让金融行业发展得更快更好。同时，云计算能够为金融机构提供统一平台，有效整合金融结构的多个信息系统，消除信息孤岛，在充分考虑信息安全、监管合规、数据隔离和中立性等要求的情况下，为机构满足突发业务需求，部署业务快速上线，实现业务创新改革提供有力支持。

■ 2.1 信息技术的金融应用概述

随着云计算、大数据和区块链等新兴信息技术在金融行业的深入应用，科技对于金融的作用不断强化，创新性的金融解决方案层出不穷，金融科技发展进入新阶段。众所周知，现在的我们正处于大数据快速增长的时代，大数据与云计算已经在社会、经济、政治生活等诸多方面产生影响，对大数据的数据控制能力正面临新一轮的机遇和挑战。

信息技术促进了市场主体的高度信息互联互通。21世纪电子商务平台、第三方支付系统、互联网投融资平台的扩张，移动支付、社交网络、搜索引擎、大数据、云计算的普及，深刻地改变了市场参与者的商业习惯，同时其他行业借助互联网技术推广的契机申请金融牌照，提供金融服务，传统的金融行业迫于竞争压力，也纷纷进行互联网金融改革，金融服务与方式发生了翻天覆地的变化。

以第三方支付、数字货币、网络借贷、互联网理财、区块链金融等为代表的各种互联网金融创新飞速发展，满足了社会大众的金融需求，但同时也产生了诸多风险。阿里巴巴以支付宝、淘宝、阿里金融三大板块，为大众提供现代化的互联网金融服务，而这一切都是以互联网为载体，以大数据、云计算等信息技术为核心的业务。

2.2 大数据的金融应用

2.2.1 大数据的内涵

大数据是一个宽泛的概念，业界没有统一的定义，大数据概念的兴起可以追溯到 2000 年前后，最初理解为一类海量数据的集合。2011 年，美国麦肯锡在研究报告《大数据的下一个前沿：创新、竞争和生产力》中给出了大数据的定义：大数据是指大小超出典型数据库软件工具收集、存储、管理和分析能力的数据集。根据 Gartner[①]的定义，大数据是需要新处理模式才能具有更强的决策力、洞察发现力和流程优化能力的海量、高增长率和多样化的信息资产。

大数据在通信、金融、教育等各个领域存在已有时日，近年来随着互联网和信息行业的发展进入了快速推广阶段。

2.2.2 大数据的类型

大数据从数据类型上进行划分，大致可以分为结构化数据、半结构化数据与非结构化数据三大类。第一，结构化数据。结构化数据来自金融企业运营数据仓储（operational data store，ODS）和企业数据仓库（enterprise data warehouse，EDW）。企业数据仓库为企业提供分析决策服务，运营数据仓储主要实现企业数据整合、共享和准实时运营监控等功能。而通过 Hadoop 等组件的应用可以将数月前甚至几年前的历史数据进行迁移保存。在分布式存储结构下，结构化数据的存储计算可以得到巨大的改善，可对海量离线数据进行离线分析，将离线数据优势最大化，为金融企业打造立体用户画像提供全面的数据支撑。第二，半结构化数据。半结构化数据的整合在数据整合中是最为复杂的。金融企业可对接来源于外部单位所提供的不同类型数据库或 Excel 等的数据。打通多源异构的数据是项目中遇到的最困难的部分，数据整合完毕可快速进行建模分析。第三，非结构化数据。金融行业对于非结构化的处理方法还是比较原始的。非结构化数据涵盖的范围比较广泛，有新闻、视频、图片以及社交网络等数据。

金融数据一般具有流数据的特征，需要在短时间内快速处理。与其他行业相比，金融具有逻辑关系紧密、处理实时性要求高、可展示性需求强等特点。具体的大数据技术及其应用包括如下内容。

（1）数据分析技术，包括数据挖掘、机器学习等人工智能技术，主要应用在用户信用分析、用户聚类分析、用户特征分析、产品关联分析、营销分析等方面。金融系统安全性、稳定性和实时性要求比较高，对大数据计算处理能力也要求非常高。

---

① 美国一家信息技术研究分析公司。

（2）数据管理技术，包括关系型和非关系型数据管理技术、数据融合和集成技术、数据抽取技术、数据清洗和转换技术等。金融行业对数据的实时处理能力要求非常高，需要灵活地进行数据转换配置和任务配置。

（3）数据处理技术，包括分布式计算、内存计算技术、流处理技术等。通过新型数据处理技术可以更有效地利用软硬件资源，在降低 IT 投入、维护成本和物理能耗的同时，提供更为稳定、强大的数据处理能力。

（4）数据展现技术，包括可视化技术、历史流展示技术、空间信息流展示技术等。主要用于金融产品健康度监视、产品发展趋势监视、客户价值监视、反洗钱反欺诈预警等方面。

2.2.3　大数据的金融应用方向

在金融企业中，从投资结构上来看，银行是金融企业中的重要部分，证券和保险分列第二位和第三位。接下来，将分别介绍银行、证券和保险行业的大数据应用情况。

1. 银行

国内不少银行已经开始尝试通过大数据来驱动业务运营，如中信银行信用卡中心使用大数据技术实现了实时营销，中国光大银行建立了社交网络信息数据库，招商银行则利用大数据发展小微贷款。总的来看，银行大数据应用可以分为三大方面。

第一，客户个人信息采集。银行面对的是整个客户群体，而客户的种类也是多种多样的。但是值得注意的是，银行拥有的客户信息并不全面，基于银行自身拥有的数据有时候难以得出理想的结果甚至可能得出错误的结论。所以在一定程度上还需要引入外部数据源，包括运营商数据、主流电商网站数据、上网痕迹数据、SNS（social network service，社交网络服务）软件、生活圈子、网络应用等，从而丰富用户标签，构建全面的客户画像。银行不仅仅要考虑银行自身业务所采集到的数据，更应考虑整合外部更多的数据，以扩展对客户的了解，降低信用客户的风险，同时可以获得更多高品质客户。

第二，风险管控。风险管控包括中小企业贷款风险评估、欺诈交易识别和反洗钱等手段。中小企业贷款风险评估通过企业的产品流通、销售、财务等信息结合大数据挖掘方法进行贷款风险分析，从而对企业的价值有一定的了解，进而预测企业可能的风险状况。欺诈交易识别和反洗钱利用持卡人基本信息、交易模式、行为模式等，结合智能规则进行交易反欺诈分析。同时银行可以进行舆情分析，通过爬虫技术，抓取社区、论坛和微博上关于银行及银行产品和服务的相关信息，并通过自然语言处理技术进行正负面判断。

第三，产品服务优化。通过大数据，金融企业可监控各种市场推广运作情况，银行可以将客户行为转化为信息流，并从中分析客户的个性特征和风险偏好，更深层次地理解客户的习惯，智能化分析和预测客户需求，从而进行产品创新和服务优化，将精准营销扩展至服务的创新与优化。通过大数据资料库，可对下辖分子机构服务柜台及摆设、理财区装饰，甚至座位的设计，依照资料库中机构所在地的人口特征、年龄及交易量复杂度等数据，以及客户在网站、手机银行、微信银行等软件的使用习惯进行分析，为客户提供个性化的服务。例如，针对高龄客户比例偏高的机构，即考虑新增矮柜服务窗口并提供大屏幕显示器提醒；利用顾客对网银、手机银行的使用习惯，将浏览率高的栏目与浏览率低的栏目重新进行排版设计，以提升顾客使用率。同时，银行可以做到数据及时更新。数据源更新后周期性地进行模型学习更新，同步更新用户画像数据，将个性化服务用户画像结果应用到精准营销中，实现智能个性化推荐，向用户进行理财产品定向推荐等。

2. 证券

大数据时代，券商已意识到大数据的重要性，券商对于大数据的研究与应用正在处于起步阶段，相对于银行和保险业，证券行业的大数据应用起步相对较晚。目前国内外证券行业的大数据应用大致有以下三个方向。

第一，股价预测。比传统量化投资更为强大的是，大数据分析在原有金融结构化数据基础上，采用更多非结构化数据，全面把握市场情绪等各类信息。2011 年 5 月，英国对冲基金 Derwent Capital Markets 建立了规模为 4000 万美金的对冲基金，该基金是首家基于社交网络的对冲基金，该基金通过分析 Twitter 的数据内容来感知市场情绪，从而指导投资，并在首月的交易中获得了 1.85% 的收益率，让平均收益率只有 0.76% 的其他对冲基金相形见绌。2014 年高盛向 Kensho 投资 1500 万美元，以支持该公司的大数据平台建设，使其能够快速整合海量数据并进行金融问题分析。

第二，客户关系分析。与银行类似，在证券市场中，大数据可以帮助我们了解客户的账户状态或交易习惯等，从而进行客户聚类和细分，找出有价值和盈利潜力的客户群。与此同时，我们还可以进行流失客户的预测。券商可根据客户历史交易行为和流失情况来建模量化分析，从而预测客户流失的概率。

第三，投资风险。例如，2012 年国泰君安推出了"个人投资者投资景气指数"，通过一个独特的视角传递个人投资者对市场的预期、当期的风险偏好等信息。国泰君安研究所对海量个人投资者样本进行持续性跟踪监测，对账本投资收益率、持仓率、资金流动情况等一系列指标进行统计、加权汇总后得到综合性个人投资者投资景气指数。用户可以从中发现证券的投资价值，从而精准地挑选相关证券，同时，对于不景气的证券，可以进行有效规避，达到避免投资陷阱和风险的目的。

3. 保险

大数据时代，保险公司也意识到大数据的重要性，精准营销、产品设计、风险控制、企业内部运营精细化管理都是保险机构在新生态上着手提升综合适应力的环节。长期以来，保险行业其实已经积累了大量的高价值的数据，这些数据是保险行业的天然优势。目前保险大数据在以下方面逐步开展应用。

第一，欺诈行为分析。基于企业内外部交易和历史数据，实时或准实时预测和分析欺诈等非法行为，包括医疗保险欺诈与滥用分析及车险欺诈分析等。对于医疗保险欺诈与滥用分析，保险公司能够利用过去数据，寻找影响保险欺诈最为显著的因素及这些因素的取值区间，快速将理赔案件依照欺诈可能性进行分类处理。对于车险欺诈分析，保险公司能够利用过去的欺诈事件建立预测模型，将理赔申请分级处理，可以在很大程度上解决车险欺诈问题。在交易欺诈防控中，可以利用持卡人基本信息、卡基本信息、交易历史、客户历史行为模式、正在发生行为模式（如转账）等，结合智能规则引擎（如从一个不经常出现的国家为一个特有用户转账或从一个不熟悉的位置进行在线交易）进行实时的交易反欺诈分析。

第二，客户营销。借助大数据分析平台，通过对形式多样的用户数据（消费数据、浏览记录、购买路径）进行挖掘、追踪、分析，以提升精准营销水平。基于保险大数据的客户画像及精准营销主要应用于潜在客户挖掘和既得客户维护上。

第三，运营分析。基于企业内外部运营、管理和交互数据分析，借助大数据，全方位统计和预测企业经营与管理绩效。同时，保险公司可以通过自有数据及客户在社交网络的数据，解决现有的风险控制问题，为客户制定个性化的保单，进行产品的优化。

第四，人才培养。利用大数据可以进行代理人（保险销售人员）的甄选。根据代理人员业绩数据、性别、年龄、入司前工作年限、代理人员思维性向测试等，找出销售业绩相对较好的销售人员的特征，优选高潜力销售人员，从而更好地为客户服务。

■ 2.3　云计算的金融应用

2.3.1　云计算的内涵

云计算是基于互联网的相关服务的增加、使用和交互模式，通常涉及通过互联网来提供动态易扩展且经常是虚拟化的资源。美国国家标准与技术研究院给的定义是：云计算是一种按使用量付费的模式，通过云计算，用户可以随时随地按需从可配置的计算资源共享池中获取网络、服务器、存储器、应用程序等资源。这些资源可以被快速供给和释放，将管理的工作量和服务提供者的介入降至最低。

最早的云计算以 SaaS 的形式出现于 20 世纪 90 年代末。直到 2006 年，Amazon 推出的 AWS（Amazon Web Service，亚马逊云科技）开始以 Web 服务的形式向企业提供云计算服务，业界才真正开始重视这种新的 IT 服务模式。随后，IBM（International Business Machines，国际商业机器）公司、Google、Microsoft 等企业也加入云计算服务领域，促进行业进入发展快车道。政府、行政管理部门、企业逐渐接受云服务理念，并进一步进行应用，云服务真正进入产业的成熟期。据 Gartner 统计，2018 年全球公有云服务市场规模达 1363 亿美元，增速 23.01%。自 2010 年以来，中国云计算政策持续利好，云计算市场总体保持快速发展态势。据中国信息通信研究院报告，2018 年我国云计算市场规模达 962.8 亿元，增速 39.2%，其中公有云市场规模达 437 亿元，较 2017 年增长 65.2%。2020 年我国经济稳步回升，云计算市场呈爆发式增长，整体规模到 2091 亿元，增速 56.6%。

2.3.2　云计算的类型

云计算包括以下几个层次的服务：基础设施即服务（infrastructure as a service，IaaS），平台即服务（platform as a service，PaaS）和 SaaS。

1. IaaS

消费者通过互联网可以从完善的计算机基础设施中获得服务。例如，硬件服务器租用。

2. PaaS

PaaS 实际上是指将软件研发的平台作为一种服务，以 SaaS 的模式提交给用户。因此，PaaS 也是 SaaS 模式的一种应用。但是，PaaS 的出现可以加快 SaaS 的发展，尤其是加快 SaaS 应用的开发速度。例如，软件的个性化定制开发。

3. SaaS

它是一种通过互联网提供软件的模式，用户无须购买软件，而是向提供商租用基于 Web 的软件来管理企业经营活动。例如，阳光云服务器。

云计算作为推动信息资源实现按需供给、促进信息技术和数据资源充分利用的技术手段，与金融领域进行深度结合，是互联网时代下金融行业可持续发展的必然选择。云计算的数据存储技术具有高吞吐率和高传输率的特点。对于金融行业中的大型商业银行来说，未来云计算平台可采用企业私有云模式，由企业自身建设几个区域性的大型计算机服务器等云存储基础设施、平台以及软件而形成云计算服务；对于中小型商业银行，在保证云计算数据安全的前提下，未来云计算平台可采用公有云模式。同时，通过计算能力扩充和业务应用的逐步集中，云存储中心将支持金融信息系统的集约化管理。

2.3.3　云计算在金融中的应用

伴随着金融行业数据大集中的实现，对于大型商业银行来说，其数据中心已接近私有云的概念，而对于中小型商业银行来说，有很多信息系统是托管在某些专业机构进行运营的，这就为云计算的应用提供了基本的架构模式。同时，金融信息系统每天所产生的海量信息数据都需要进行分析和处理。

金融行业典型的应用是基于云计算的数据存储，即将用户的大量金融信息等大容量数据包存储在网络的数据中心，用户端设备不必安装大容量的硬盘，这使设备造价大幅降低。而用户在需要时通过安全认证后可提取数据。为保证利用云计算平台对金融行业数据存储的高可用、高可靠和经济性，云计算一般采用分布式存储的方式来存储数据，同时采用冗余存储的方式来保证存储的金融信息数据的可靠性，即同一份数据存储多个副本。

为了保护对各级金融机构数据中心的建设投资，通过广泛应用云计算技术，使云存储中心与相近的各级金融机构数据中心有机结合，建设总部信息系统资源池，有效利用各级金融机构数据中心的存储计算能力，实现建设一级多地云计算数据中心。

银行新兴的云服务的目的是通过促进实时协作提高生产力，提供无所不在的虚拟化的服务。基于云的服务通过社会网络接口了解人与人之间的关系和财务管理的重点，帮助银行了解客户的喜好，从而留住客户和吸引新的消费者。前端银行办事处连接到后端基于云的计算和分析许可，节省了大量的能源、空间和成本。云电子发票会在价格最有利的时候提供发票，并使银行网络不断从邮政和电信公司获取相关信息，从而提高交易效率和客户满意度。

2.4　新技术的金融应用分析

2.4.1　大数据和云计算的金融应用优势

1. 降低了金融机构的信息资源获取成本

传统模式下，实力强劲的大型金融机构自己购买硬件基础设施，通过机构的信息部门搭建符合业务需求的软硬件环境，开发各类业务软件，或者向外部供应商购买相关软硬件设备及人力服务，内部技术团队在此基础上进行集成运维和二次开发等工作。而大多数中小金融机构只能采取后一种方式获取科技信息资源，有的甚至因为内部科技实力薄弱，只能完全依赖外包形式支持其开展各项业务服务。传统模式下这种信息资源的获取方式耗费的人力、物力、财力巨大，对金融机构而言是一项沉重的负担。

云计算大大地降低了金融机构的资源获取和应用成本。一方面，出于规模效应和专业化分工，云提供者能以更低廉的价格向金融机构提供服务，安排专业人员对基础设施进行维护，金融机构无须为此耗费人力、物力、财力；另一方面，金融机构根据实际需求使用云上的 IT 资源，并按实际使用量进行付费，减少了为闲置资源付出的不必要成本。

2. 减小了金融机构的资源配置风险

传统信息模式下，一方面，金融机构很容易出现过度配置（IT 资源利用率不足）和配置不足（IT 资源过度使用）问题。当金融市场波动引发突发性的用户需求暴增时，传统金融机构内部 IT 资源可能会配置不足，从而导致系统无法响应用户的所有需求，甚至导致系统崩溃，而过度的配置又会带来资源浪费。另一方面，当内部 IT 资源出现故障时，金融机构可能永久性地丢失部分交易数据，严重影响其正常运营。

IT 资源池及相关工具和技术，使得金融机构能够随时随地、动态地获取所需的 IT 资源，由此金融机构可以根据实际需求的波动自动或手动调整其云上的 IT 资源，既不会造成资源闲置，又避免了使用需求达到阈值时可能出现的损失。云计算也能提高金融数据的可靠性。在不同物理位置布置 IT 资源，当云中的某个设备出现异常时，数据能够在极短时间内被拷贝到其他设备上，这使金融灾备问题得到很好的解决。

3. 提高了金融机构的 IT 运营效率

云计算使金融机构信息共享速度得到加快，服务质量得到提高。同时，云计算大大提高了金融机构的数据处理能力，它能在短时间内从海量数据中快速提取有用信息，为金融机构的各类分析或商业决策提供依据。

云计算极大地简化了金融机构的 IT 运营管理。云服务提供商将信息资源打包，直接为金融机构提供现成的解决方案，使金融机构对信息资源进行开发管理的时间大大缩短。

云计算的升级方式非常灵活，完全可以支持业务的动态变化，金融机构也不会因为兼容问题而被迫使用一个厂商的软件、硬件。云系统是一个开放的生态环境，互联网上的各种云服务资源，都能够方便地进行整合扩充。

2.4.2 大数据和云计算的金融应用趋势

1. 延伸与各行业领域的融合

随着大数据与云计算的普及应用，2018 政府工作报告提出，"发展壮大新动能。做大做强新兴产业集群，实施大数据发展行动，加强新一代人工智能研发应用，在医疗、养老、教育、文化、体育等多领域推进'互联网＋'"[①]。伴随着"互联网＋"及"中国制造 2025"进程的推进，各个行业开始着手转型升级。未来，云计算将不断加深与各行业领域的融合，依托超大体量的云生态系统构建来支撑传统企业的转型，推动行业转型升级的发展。互联网、物联网在各个行业得到了广泛应用，行业应用所产生了大量数据，这些数据的存储和管理已成为"互联网＋"企业争夺的战略高地，云计算的市场规模随之扩大。同时，相关部门不断推出云计算的相关政策，云计算的应用延伸到更为广泛的行业，给 IT 行业的转型升级提供了良好的契机，从而促进了国内云计算市场的发展。

2. 关注安全稳定与风险防控

云计算技术发展已经进入成熟期，金融云的应用也正在向更加核心和关键的"深水区"迈进。据中国信息通信研究院的调研，已有过半数的金融机构使用 OpenStack 等开源云计算技术。而金融行业的业务特性决定了其对于云计算应用的稳定性、安全性和业务连续性有更加严格的要求，金融企业在未来云计算的应用过程中，将更加需要建立完善的灾难备份和灾难恢复体系。同时，专门针对云计算技术应用风险管理的"云保险"业务也正处于快速发展阶段，金融行业将是重要的需求方。

3. 推进监管合规，发展监管科技

目前关于云计算在金融行业中应用的相关监管合规要求尚不明确。传统金融机构 IT 系统无法适应现有云计算架构，原来的监管要求还存在，同样约束现在的云计算系统，相关的监管机构必将调整对云计算架构的合规要求。

国家高度重视金融风险防控和安全监管，党的十九大报告中明确指出要"健全金融监管体系，守住不发生系统性金融风险的底线"[②]。党的二十大报告中强调要"深化金融体制改革，建设现代中央银行制度，加强和完善现代金融监管，强化金融稳定保障体系，依法将各类金融活动全部纳入监管，守住不发生系统性风险底线"[③]。这是对十九大报告

---

① 《2018 年政府工作报告全文》，http://www.mod.gov.cn/topnews/2018-03/05/content_4805962_4.htm?yikikata=df6f8c37-0fc23f59a53ab6e8a31bb9c937316849[2022-05-12]。

② 《习近平：决胜全面建成小康社会 夺取新时代中国特色社会主义伟大胜利——在中国共产党第十九次全国代表大会上的报告》，http://www.gov.cn/zhuanti/2017-10/27/content_5234876.htm[2022-05-12]。

③ 《习近平：高举中国特色社会主义伟大旗帜 为全面建设社会主义现代化国家而团结奋斗——在中国共产党第二十次全国代表大会上的报告》，https://www.gov.cn/xinwen/2022-10/25/content_5721685.htm。

中金融工作要求的深化和补充，为新征程下金融风险防控与安全监管提供了根本遵循与行动指南。随着金融科技的广泛应用，金融产业生态发生深刻变革，以互联网金融为代表的金融服务模式创新层出不穷。传统模式下事后的、手动的、基于传统结构性数据的监管范式已不能满足金融科技新业态的监管需求，以降低合规成本、有效防范金融风险为目标的监管科技正在成为金融科技的重要组成部分。利用监管科技，一方面，金融监管机构能够更加精准、快捷和高效地完成合规性审核，减少人力支出，实现对于金融市场变化的实时把控，进行监管政策和风险防范的动态匹配调整；另一方面，金融从业机构能够无缝对接监管政策，及时自测与核查经营行为，完成风险的主动识别与控制，有效降低合规成本，增强合规能力。可以预见，监管科技将依托于监管机构的管理需求和从业结构的合规需求，进入快速发展阶段，成为金融科技应用的爆发点。

4. 规划研究金融行业使用云计算的可行性及实施路径

金融行业现在使用云计算多用于开发环境，而关键系统并没有迁移到云上，一方面，这使云计算的效率大打折扣，因此必须研究金融行业使用云计算的可行性，鼓励金融行业逐步将核心系统迁移到云上。另一方面，银行采用云计算试错风险比较高，金融行业对 IT 系统稳定性有着相当高的要求，一旦出现宕机，会对人民的生产生活造成较大影响，所以它们对系统的迁移比较谨慎，不会一步将原来的系统迁移到云上。针对金融机构使用云计算存在的试错风险，各方需制订有效的风险解决方案。

融合是架构管理比较重要的方面，现在金融行业使用云计算需要实现从外围系统到核心系统的逐步迁移，对原来广泛依赖于传统集中式的 IT 架构的金融机构而言，未来很长一段时间内将处于集中式、分布式两种架构并存的时期。对于金融机构来说最大的挑战就是如何管理好融合式架构，金融机构应该进行相应的研究，做好分布式架构的规划和实施。

5. 行业应用需求不断扩展，反向驱动金融科技持续创新发展

技术满足需求的同时，也将在需求的驱动下不断发展创新。金融科技应用在推动金融行业转型发展的同时，金融业务发展变革也在不断衍生出新的技术应用需求，实现对金融科技创新发展的反向驱动。这种驱动可以在发展和监管两条主线上得到显著体现。

一是发展层面。新技术应用推动金融行业向普惠金融、小微金融和智能金融等方向转型发展，而新金融模式又衍生出在营销、风险控制和客服等多个领域的一系列新需求，要求新的技术创新来满足。

二是监管层面。互联网与金融的结合带来了一系列创新的金融业务模式，但同时互联网金融业务的快速发展也带来了一系列的监管问题，同样对金融监管提出了新的要求，需要监管科技创新来实现和支撑。从未来的发展趋势看，随着金融与科技的结合更加紧密，技术与需求的相互驱动作用将更加明显，金融科技的技术创新与应用发展有望进入更加良性的循环互动阶段。

6. 新一代信息技术形成融合生态，推动金融科技发展进入新阶段

云计算、大数据、人工智能和区块链等新兴技术并非彼此孤立，而是相互关联、相

辅相成、相互促进的。大数据是基础资源，云计算是基础设施，人工智能依托于云计算和大数据，推动金融科技发展走向智能化时代。区块链为金融业务基础架构和交易机制的变革创造了条件，金融业务基础架构和交易机制变革的实现离不开数据资源和计算分析能力的支撑。

案例阅读

云计算数据仓库是一项收集、组织和存储供组织用于不同活动（包括数据分析和监视）数据的服务。在企业使用云计算数据仓库时，物理硬件方面全部由云计算供应商负责。对于只看到大量数据和可供处理的大型仓库或数据仓库的最终用户来说，它们是抽象的。近年来，随着越来越多的企业开始利用云计算的优势，减少物理数据中心，云计算数据仓库的市场不断增长。云计算数据仓库通常包括一个或多个指向数据库集合的指针，在这些集合中收集生产数据，这是云计算数据仓库的一个核心元素。云计算数据仓库的另一个核心元素是某种形式的集成查询引擎，使用户能够搜索和分析数据，有助于数据挖掘。

在选择云计算数据仓库服务时，企业应考虑许多标准。①现有的云部署。每个主要的公共云提供商都拥有自己的数据仓库，该仓库提供与现有资源的集成，这可以使云计算数据仓库用户更轻松地进行部署和使用。②迁移数据的能力。考虑组织拥有的不同类型的数据及其存储位置，有效地将数据迁移到新数据仓库中的能力至关重要。③存储选项。虽然数据仓库解决方案可以用于存储数据，但访问商品化的云存储服务是成本更低的选择。

在行业媒体 Datamation 列出的公司列表中，重点介绍了可以提供云计算数据仓库服务的供应商（表 2-1）。

表 2-1 云计算数据仓库对比表

类型	特点	关键区别
Amazon Redshift	高性能和大规模并行处理功能；网络隔离安全性	与 S3（simple storage service，简单存储服务）云存储直接集成
Google BigQuery	Google Cloud 的一部分；全面的 SQL（structured query language，结构化查询语言）查询支持	与 BigQuery ML 集成以实现机器学习工作负载
IBM Db2 Warehouse	包括内存中的列式数据库；云部署选项包括 IBM Cloud 和 AWS	对 Apache Spark 数据分析的集成支持
Microsoft Azure SQL 数据仓库	数据仓库数据屏蔽安全功能；与更广泛的 Azure 云服务集成	Microsoft SQL Server 支持
Oracle 自主数据仓库	基于最新的 Oracle 自主数据仓库版本；对其他数据库向云计算数据仓库服务的迁移支持	由专用的 Oracle Exadata 硬件提供
SAP 数据仓库云	预先构建的业务模板；与现有 SAP 应用程序和服务集成	基于 SAP HANA 数据库
Snowflake	基于 SQL 的分析查询；支持 JSON（Java Script Object Notation，JS 对象简谱）、XML（extensible markup language，可扩展标记语言）以及结构化数据	多云部署选项

1. Amazon Redshift

随着 Amazon 进入云计算数据仓库市场，对于那些已经在 AWS 工具和部署方面进行投资的组织来说，Amazon Redshift 是一个理想的解决方案。

Amazon Redshift 的关键价值/差异如下所述。

（1）Amazon Redshift 的关键价值在于，凭借其 Spectrum 功能，组织可以直接与 AWS S3 云数据存储服务中的数据存储连接，从而减少了启动所需的时间和成本。

（2）用户强调的优势之一是 Amazon Redshift 的性能，它得益于 AWS 基础设施和大型并行处理数据仓库架构的分布查询与数据分析。

（3）对于 AWS S3 或现有数据湖之外的数据，Amazon Redshift 可以与 AWS Glue 集成，AWS Glue 是一种抽取、转换、装载工具，可将数据导入数据仓库。

（4）数据仓库的存储和操作通过 AWS 网络隔离策略及工具（包括虚拟私有云）进行保护。

2. Google BigQuery

对于希望使用标准 SQL 查询来分析云中的大型数据集的用户而言，Google BigQuery 是一个合理的选择。

Google BigQuery 的关键价值/差异如下所述。

（1）作为完全托管的云计算服务，数据仓库的设置和资源供应均由 Google 使用无服务器技术来处理。

（2）通过 SQL 或通过开放数据库连接轻松查询数据的能力是 Google BigQuery 的关键价值，它让用户能够使用现有的工具和技能。

（3）Google BigQuery 中的逻辑数据仓库功能使用户可以与其他数据源（包括数据库甚至电子表格）连接以分析数据。

（4）与 BigQuery ML 的集成是一个关键的区别因素，它将数据仓库和机器学习的世界融合在一起。使用 BigQuery ML，可以在数据仓库中的数据上训练机器学习工作负载。

3. IBM Db2 Warehouse

对于处理分析工作负载的组织来说，IBM Db2 Warehouse 是一个很好的选择，它可以从平台的集成内存数据库引擎和 Apache Spark 分析引擎中获益。

IBM Db2 Warehouse 的关键价值/差异如下所述。

（1）集成了 Db2 内存中的列式数据库引擎，对于正在寻找包含高性能数据库的数据仓库的组织而言，这可能是一个很大的好处。

（2）Apache Spark 引擎也与 Db2 集成在一起，这意味着用户可以针对数据仓库使用 SQL 查询和 Apache Spark 查询，以获取数据。

（3）Db2 Warehouse 受益于 IBM 的 Netezza 技术及高级数据查找功能。

（4）可以在 IBM 云平台或 AWS 云平台中完成云部署，并且还有本地版本的 Db2 Warehouse，这对于有混合云部署需求的组织很有用。

4. Microsoft Azure SQL 数据仓库

Microsoft Azure SQL 数据仓库适合任意规模的组织，这要归功于与 Microsoft SQL Server 的集成，其可以轻松地将基于云计算的数据仓库技术引入。

Microsoft Azure SQL 的关键价值/差异如下所述。

（1）Microsoft 在 2019 年 7 月发布了 Azure SQL 数据仓库的主要更新，其中包括 Gen2 更新，提供了更多的 SQL Server 功能和高级安全选项。

（2）动态数据屏蔽提供了非常精细的安全控制级别，使敏感数据可以在进行查询时即时隐藏。

（3）现有的微软用户可能会从 Azure SQL 数据仓库中获得最大的收益，因为它跨 Microsoft Azure 公共云，更重要的是用于数据库的 SQL Server 具有多种集成。

（4）与仅在本地运行的 SQL Server 相比，Microsoft 建立在庞大的并行处理体系结构上，该体系结构可使用户同时运行一百多个并发查询。

5. Oracle 自主数据仓库

对于 Oracle 自主数据仓库的现有用户而言，Oracle 自主数据仓库可能是最简单的选择，它提供了一个连接到云端的入口。

Oracle 自主数据仓库的关键价值/差异如下所述。

（1）Oracle 的主要特点在于，它在优化的云计算服务中运行自主数据仓库，该服务运行 Oracle Exadata 硬件系统，该系统专门针对 Oracle 自主数据仓库而构建。

（2）该服务集成了基于 Web 的笔记本和报告服务，以共享数据分析并实现轻松的协作。

（3）虽然支持 Oracle 自己的同名数据库，但用户还可以从其他数据库、云平台（包括 Amazon Redshift）以及本地对象数据存储中迁移数据。

（4）Oracle 的 SQL Developer 功能是另一个关键功能，它集成了数据加载向导和数据库开发环境。

6. SAP 数据仓库云

SAP 数据仓库云可能非常适合那些希望通过预先构建的模板寻求更多交钥匙方法来充分利用数据仓库的组织。

SAP 数据仓库云的关键价值/差异如下所述。

（1）SAP 数据仓库云是该领域相对较新的参与者，它是在 2019 年 5 月的 SAP 全球蓝宝石大会上首次发布的。

（2）SAP HANA 云服务和数据库是 SAP 数据仓库云的核心，其辅以数据治理的最佳实践，并与 SQL 查询引擎集成。

（3）该平台的主要优势在于集成了预先构建的业务模板，这些模板可以帮助提供特定行业和业务线的通用数据仓库和分析用例。

（4）对于现有的 SAP 用户，与其他 SAP 应用程序的集成意味着可以更轻松地访问本地以及云计算数据集。

7. Snowflake

对于需要为数据仓库功能选择不同的公共云提供商的任何行业的组织而言，Snowflake 是一个很好的选择。

Snowflake 的关键价值/差异如下所述。

（1）Snowflake 的列式数据库引擎功能可以处理 JSON 和 XML 等结构化和半结构化数据。

（2）解耦的 Snowflake 架构允许计算和存储分别扩展，并在用户选择的云提供商上提供数据存储。

（3）系统创建的 Snowflake 虚拟数据仓库中不同的工作负载共享相同的数据，但可以独立运行。

（4）通过标准 SQL 进行查询、分析，并与 R 和 Python 编程语言集成。

■ 本 章 小 结

从未来发展趋势看，云计算、大数据、人工智能和区块链等新兴技术，在实际应用过程变得越来越紧密，彼此的技术边界在不断削弱，未来的技术创新将越来越多地集中在技术交叉和融合区域。尤其是在金融行业的具体应用落地方面，金融云和金融大数据平台一般都是集中一体化建设，人工智能的相关应用也会依托集中化平台来部署实现。新一代信息技术的发展正在形成融合生态，并推动金融科技发展进入新阶段。

思考与练习

1. 试分析重大信息技术进步对金融的影响。
2. 简述大数据的内涵及其在金融领域的应用。
3. 简述云计算的内涵及其在金融领域的应用。

第3章

区块链技术及应用

【本章提要】

作为新型数字货币的底层技术，区块链技术自 2015 年来迅猛发展。其具有的去中心化、不可篡改、共识算法及智能合约等特点促进了众多行业的发展，尤其是金融、数据安全等依赖高新技术的行业的发展。本章在介绍区块链技术概念和特征的基础上，重点讲述了目前区块链技术在金融行业的应用方式，并对其未来在金融业的应用发展趋势和潜在发展问题进行了讨论并提出了解决方法。

■ 3.1　区块链技术的内涵

2015 年以来，区块链是互联网在线世界中最热门的话题之一。区块链技术被认为是继蒸汽机、电力和互联网之后的下一代颠覆性核心技术。蒸汽引擎释放了生产力，电力满足了人们的生活需求，互联网改变了信息传输的方式，区块链可以彻底改变人类价值观在整个社会传播的方式。2018 年以来，各大公司相继对区块链进行投资和开发，各个互联网公司也相继发布了区块链产品，如阿里巴巴的麻吉宝、百度的莱茨狗、腾讯的 TrustSQL 等。本章阐述了区块链的概念、技术、发展、影响等各方面知识，分析了区块链作为一种新兴金融模式的发展方向和前景。

区块链是一种新的计算机技术应用模式，如分布式数据存储、点对点传输、共识机制和加密算法。共识机制是用于在区块链系统中的不同节点之间实现信任和获取权限的数学算法。

2008 年中本聪在《比特币白皮书》中第一次提出了区块链的概念，并指出它是比特币的底层技术。作为科学技术产业的最新成果，2015 年以来，区块链技术在全球经济、金融、数据安全以及机制监测等方面发挥了重要的作用，引起了各行业的广泛关注。

3.1.1　本质

区块链是一种特殊的分布式数据库。首先，区块链的主要作用是存储信息。需要保存的任何信息都可以从区块链写入和读取，所以它是一个数据库。其次，任何人都可以设置服务器，加入区块链网络，并成为一个节点。在区块链的世界中，没有中心节点，每个节点都是相等的，并拥有整个数据库。任何人都可以写入数据或者读取节点，因为所有节点最终都将被同步，从而保持区块链的一致性。

区块链技术主要分为四个部分：一是账户与储存模型；二是非对称加密和授权技术；三是共识机制；四是点对点网络协议，并且以加密技术和共识机制为核心，其中哈希（Hash）算法是加密和授权技术中非常重要的一块。

3.1.2　区块

为了确保数据是可信的，有必要说起区块链的区块（block）。每个区块都由两个部分组成。①区块头：记录当前区块的特征值。②区块体：实际的数据链由区块体组成。区块很像数据库的记录，每次写入数据时，都会创建一个区块。

区块头包含当前区块的多项特征值：生成时间、实际数据的哈希和前一个区块的哈希等。

哈希是指计算机可以对任何内容计算出相同长度的特征值。区块链的哈希长度是 256 位，这意味着无论原始内容是什么，最后都会计算出一个 256 位二进制数。而且可以肯定，原始内容不同，哈希就会不同。

推论 1：每个区块的哈希都不同，可以通过哈希来标识区块。

推论 2：如果一个区块的内容改变，其哈希值也必须改变。

3.1.3　算法

哈希算法是区块链中常用的一种算法。哈希算法又称散列算法，可将任意长度的字符串映射为较短的固定长度的字符串，每个区块包括区块头和区块体。区块和哈希一一对应，每个区块的哈希是为区块头计算的。SHA256 是区块链的哈希算法。

如前所述，区块头包括实际数据的哈希和前一个区块的哈希。这意味着，如果更改了当前区块的内容，或者更改了前一个区块的哈希，则必须更改当前区块的哈希。这对区块链有很大的影响。如果有人修改了一个区块，那么这个区块的哈希值就会改变。为了让下一个区块能够连接到它（因为下一个区块包含前一个区块的哈希），必须依次更改所有后续区块，否则更改后的区块将从区块链中删除。由于后面提到的原因，哈希的计算非常耗时，并且几乎不可能在短时间内修改多个区块，除非有人掌握了整个网络 51% 以上的计算能力。

正是通过这种链接机制，区块链保证了自身的可靠性，一旦写入数据，就不能对其进行篡改。这就像历史一样，过去发生的就是发生了，从现在起是无法改变的。每个区块都会连接到一个区块，这就是术语"区块链"的由来。

3.1.4　挖矿

生成一个区块，链入区块链的过程，就是挖矿。因为在每个区块之后，只有一个区块，而且总是只能在最新的区块之后生成下一个区块。因此必须保证节点之间的同步，不能过快地添加新区块。如果刚刚同步了一个区块，并且准备根据它生成下一个区块，但是另一个区块是由另一个节点生成的，那么就必须放弃一半的计算并再次去同步。

区块链设计原理使得新区块的产生变得越来越困难。基本设计：平均每 10 分钟整个网络就可产生一个新的区块，即每小时产生 6 个区块。这种输出速率不是通过命令来实现的，而是通过刻意设置的计算量来实现的。换句话说，只有经过非常大量的计算，当前区块才能成为一个有效的哈希，从而向区块链添加一个新的区块。越到后面计算量越大，越快不起来。

3.1.5 难度系数

区块头包含一定程度的难度，这决定了计算哈希的难度。区块链协议规定，通过将难度因子除以一个常数就可以得到目标值。显然，难度越大，目标越小。哈希的有效性与目标值密切相关，只有小于目标值的哈希才是有效的，否则哈希无效，必须重新计算。因为目标值很小，所以哈希值小于目标值的概率很小，可能被计算十亿次，才出一次。这是挖矿如此缓慢的根本原因。

如前所述，当前区块的哈希值完全由区块头决定。如果你想一遍又一遍地哈希同一个区块，这意味着区块头必须不断变化，否则就不可能以不同的方式哈希。区块头中的所有特征值都是固定的。为了改变区块头，中本聪故意添加了一个随机值——Nonce。Nonce 是一个随机值，矿工的任务是猜测 Nonce，这样区块头的哈希值就可以小于目标值，并可以写入区块链。Nonce 难以猜测，目前只能通过穷举法进行反复试验。根据协议，Nonce 是一个 32 位二进制值，最高可达 21.47 亿。简单地说，平均需要数亿次计算才能得到满足哈希条件的有效 Nonce。

挖矿是随机的，不能保证恰好在 10 分钟内生成一个区块。一般来说，随着硬件设备的改进，以及挖矿机数量的增长，计算速度会越来越快。为了使输出速度保持 10 分钟不变，中本聪还设计了难度系数的动态调节机制。他规定难度系数每两周调整一次（2016 块）。如果在两周的过程中，平均每 9 分钟就生成一个区块，这意味着它比法定速度快 10%，因此难度系数就要调高 10%。如果平均构建时间为 11 分钟，则意味着比法定速度慢 10%，因此难度系数就要降低 10%。难度系数越大，开采难度越大。

3.1.6 区块链的分叉

两个人同时向区块链写入数据，它们都连接前一个区块，这样就形成了分叉。现在的规则是，新节点总是采用最长的那条区块链。如果区块链有分叉，将查看哪个分支位于分叉点后，先达到 6 个新区块。一个区块在 10 分钟内计算出来，一个小时内就可以确定。创建新区块的速度由计算能力决定，所以规则说计算能力最强的分叉才能说是真正的、正宗的区块链。

因此，区块链作为一个非托管的分布式数据库，自 2009 年以来没有出现什么大问题。这证明了它是有效的。然而，为了保证数据的可靠性，区块链有它自己的成本。第一，效率。将数据写入区块链，至少需要 10 分钟。如果所有节点同步数据，将花费更多时间。第二，能源消耗。区块的生成需要矿工进行无数次无意义的计算，这非常消耗能源。

■ 3.2　区块链技术的应用特征

区块链是一种去中心化的分布式账本数据库，具有去中心化、不可篡改、共识算法、智能合约四大特点。它的开放自治等特性能解决金融、文件存储及教育等很多专业行业领域的难题，并且已经成为技术发展的一种趋势。较之传统的中心数据库网络，由于没有中心节点，利用区块链技术能使成本更低、效率更高。另外，分布式网络环境中的溯源性能够更好地解决双重支付和拜占庭将军问题。还有人认为区块链技术的应用，不仅可以减少中间环节，提高速度并扩大覆盖范围，还能够为实际生活中的诸多大小业务流程提高透明度和可追溯性。从以上观点我们可以看出，去中心化是区块链技术最主要的特点，它的开放性、自治性和匿名性等特征也尤为突出。不仅如此，其所具有的很强的信息不可篡改能力为其在业务程序应用过程中提供了安全保障。

为了解决交易程序中的安全与信任问题，区块链技术利用四种技术创新提出了解决方案。

（1）分布式账本。交易记账由分布在不同地方的多个节点共同完成，而且每一个节点记录的都是完整的账目，因此它们都可以监督交易合法性，同时也可以共同为其作证。它跟传统的分布式储存的差异体现在两个方面。一方面，区块链每个节点都按照块链式结构存储完整的数据，而传统分布式存储一般是将数据按照一定的规则分成多份进行存储。另一方面，区块链每个节点存储都是独立的、地位等同的，依靠共识机制保证存储的一致性，而传统分布式存储一般是通过中心节点跟其他备份节点同步数据。

（2）非对称加密和授权技术。存储在区块链上的交易信息是公开的，但是账户身份信息是高度加密的，只有在数据拥有者授权的情况下才能访问到，这样保证了数据的安全和个人的隐私。

（3）共识机制。所有记账节点之间达成共识，去认定一个记录的有效性，这既是认定的手段，也是防止篡改的手段。区块链提出了四种不同的共识机制，适用于不同的应用场景，在效率和安全性之间取得平衡。区块链的共识机制具备"少数服从多数""人人平等"的特点，其中"少数服从多数"并不完全指节点个数，也可以是计算能力、股权数或者其他的计算机可以比较的特征量。"人人平等"是当节点满足条件时，所有节点都有权优先提出共识结果，被其他节点认同后有可能成为最终共识结果。

（4）智能合约。智能合约基于可信的不可篡改的数据，可以自动化地执行一些预先定义好的规则和条款。

作为产业技术的革新，区块链技术的发展经过了较长的时间。2008 年中本聪第一次提出了区块链的概念，在随后的几年中，区块链技术成为电子货币比特币的核心组成部分，作为所有交易的公共账簿。通过利用点对点网络和分布式时间戳服务器，区块链数据库能够进行自主管理。为比特币而发明的区块链使比特币成为第一个解决重复消费问题的数字货币。比特币的设计已经成为其他应用程序的灵感来源。

到 2014 年，区块链 2.0 成为一个关于去中心化区块链数据库的术语。对这个第二代可编程区块链，经济学家认为它的成就是"它是一种编程语言，可以允许用户写出更精密和智能的协议，因此，当利润达到一定程度的时候，就能够从完成的货运订单或者共享证书的分红中获得收益"。区块链 2.0 技术跳过了交易和"价值交换中担任金钱和信息仲裁的中介机构"。它们被用来使人们远离全球化经济，使隐私得到保护，使人们"将掌握的信息兑换成货币"，并且有能力保证知识产权的所有者得到收益。区块链 2.0 技术使存储个人的永久数字 ID（identity document，身份标识号）和形象成为可能，并且为潜在的社会财富分配不平等提供了解决方案。截至 2016 年，区块链 2.0 链下交易仍旧需要通过 Oracle 使任何"基于时间或市场条件（确实需要）的外部数据或事件与区块链交互"。2015 年被称为世界区块链元年，2016 年则是中国区块链发展元年，2017 年区块链已经从实验室走向了应用，而 2018 年更是区块链应用与研究高速发展和推进的一年。

■ 3.3 区块链技术在金融中广泛应用

许多国家都看到了区块链技术的广泛应用前景，近年来，应用区块链技术的行业也越来越多。总的来说，我们可以看到区块链技术可以被应用于以下行业：艺术行业、区块链法律行业、区块链开发行业、区块链房地产行业、区块链物联网、物流供应链、公共网络服务、区块链保险行业、投保人风险管理、保险公司风险监督、金融行业应用等。

3.3.1 区块链在银行业的应用

第一，数字货币。传统的法定货币不具备可编程的特性，在制造、运输、保存、防伪、溯源等环节耗费了大量的成本。中国人民银行一年花在人民币押运上的成本是 350 亿元，每张百元人民币的印刷和回收成本达到 2 元。互联网及移动互联网的快速发展，为数字货币及互联网金融的发展奠定了良好基础。与传统货币相比，数字货币具有成本低廉、使用便捷、安全可靠、可编程、可溯源等特点，逐渐成为未来货币流通的发展方向。目前，各国中央银行逐渐认识到了数字货币的优势，重视基于区块链技术的数字货币的研究和发展，着力于让支付结算更加快捷方便，使交易更加清晰透明，这一举措还可以有效防止经济犯罪等违法行为，有利于国家实施宏观经济调控。

第二，支付清算。现阶段，各家金融机构均有自己的支付、清算、账务系统，传统的支付、清算交易需要烦琐的处理流程及众多金融中介机构共同协作配合才能完成，导致交易流程过长、交易节点过多、时间消耗较长、交易费用较高。与传统的支付、清算体系相比，基于区块链技术的支付、清算交易是在一个去中心化的交易系统中完成的，交易各方之间直接进行点对点的信息交换，不需要任何中间机构参与，可以大幅降低交易复杂程度、提高交易时效性、减少交易成本。例如，在跨境支付方面，采用传统金融体系完成跨境交易大约需要 6 个工作日，而采用基于区块链技术的跨境支付交易系统只需要几十秒即可完成交易，同时，交易记账可追踪，私密性和安全性均有保障。

第三，数字票据。在传统票据市场中，票据的真实性和划款的及时性均难以保障，同时，票据交易中心担任交易中介机构，交易过程需要进行大量交易信息的转发和管理工作，存在严重的操作风险和运营风险隐患。基于区块链技术的数字票据，具有安全、智能、高效、便捷的优点，打破了传统的票据交易中介束缚，实现了票据价值去中心化传递，既能减少系统开发、维护成本，又能有效降低和防范操作风险、交易风险和市场风险。

第四，资产托管业务。资产托管业务是指投资者委托资产托管方妥善保管其相关财产，并根据其资产经营的特点提供相应的配套金融服务，如清算、监管、会计、评估、对账、信息披露等服务。业务中主要涉及资产托管方、资产管理方、交易所或登记结算公司、监管机构等，其主要步骤包括托管合同的签订、开户、估值核算、资金清算、投资监督、信息披露、和解等。传统资产托管业交易过程复杂，人工参与程度高，存在较大的操作风险、法律风险和声誉风险。采用基于区块链技术的资产托管业务交易系统可以实现多方信息实时共享，托管合同线上化签订，优化信用核验过程，缩短业务交易流程，大大提高价值转换效率。同时，具备保护账户信息安全，提升风险管理水平的优点。

3.3.2　区块链在证券业的应用

第一，发行与交易。传统的证券发行流程较为冗长，要求发行人必须联系券商并签订委托合同后才能公开发行证券，并且传统的证券交易流程较为烦琐，其交易指令需要依次经过代理人、银行等诸多中介的协调才能继续交易。这导致证券发行与交易的过程长、时间慢、效率低，而且信息不对称会引发道德风险。在运用区块链技术后，证券发行和交易业务能够实现完美的去中心化处理。在需要发行证券时，区块链技术通过用于区分的编码程序自动对证券及资产进行快速分类。当进行证券交易时，智能合约可约定交易者满足条件后便自动强制性执行双方的合同条款内容。在上述业务流程里，所有交易者都进行去中心化的点对点交易，减少涉及人为中介的干预环节，缩短发行与交易的时间，提高工作效率。

第二，结算与清算。传统的证券结算与清算交易模式依赖券商、交易所及银行的团结合作，造成交易成本居高不下而工作效率低下的困境。但运用区块链技术后，该系统建立了去中心化的分布式账本和有效的信用机制，用户之间结算与清算能够通过点对点的方式进行，进而能够使价值转移更高效、便捷。借助于区块链技术，10 分钟即可完成交易过程中的结算与清算操作，这样不仅加快了资金的流通速度，还因流程简单、安全而降低了成本与风险。券商利用区块链技术让结算与清算流程公开透明，既提高了交易的安全性，又能够很好地保护交易各方的隐私信息，还可以增强投资者的信心。

3.3.3　区块链在保险业的应用

我国保险行业近年发展较快，但和西方发达国家相比我国的保险行业还有很大的提升空间。目前我国保险行业主要面临以下痛点。①风险定价成本高。保险业本质是成员之间相互帮助，而针对不同的参保人员制定不同的保费一直是行业痛点。现实中往往是高风险人群才愿意参保。②保险不被客户信任。保险不被客户信任的原因是多方面的，诸如理赔慢、保险公司拒赔、信息不对称等。相对而言，客户处于弱势的一方。这种信息的不透明造成了客户对保险的不信任。③理赔困难。由于涉及环节多、流程复杂，甚至很多理赔流程仍然采用人工审核，导致了买保险易理赔难。

区块链去中心化、信息透明、全网共识等特点可以在一定程度上解决保险行业面临的痛点。①实现风险定价。区块链在去中心化的基础上建立了一个全网共识的账本，账本上的数据对全网节点公开且不可篡改。保险公司可以利用区块链上不断丰富的海量数据真正实现对投保个体的差异化定价。②增强保险信任度。传统保险由于信息不对称，客户很难获取保险公司的数据。而区块链去中心化和全网公开的特点可以使普通客户也能获取到保险公司的数据，解决信息不对称的痛点。③提高理赔效率。区块链可以精简保险的销售理赔流程，降低核实管理成本，将部分人工作业转为自动化作业。尤其是区块链的智能合约将极大提高赔付效率。

3.3.4　区块链在公司金融管理方面的应用

公司内部控制和风险控制至关重要，专门的内部控制和风险管理部门存在着一定的滞后性，尽管我国金融公司十分重视内部控制建设，但金融大案要案仍时有发生，这对金融公司内部控制的进一步完善提出了要求。随着金融业务的多样化、金融创新的发展，出现了海量的交易信息和管理信息，公司业务及运营逐渐实现了集中化和远程化处理。在这样的背景下，金融公司中的人为违规操作越来越多样化，隐蔽性越来越强，金融公司的内部控制难度在不断加大。特别是随着互联网金融的发展，金融公司的运营理念和管理机制都将因此发生变化，金融公司的内部控制和风险控制也将面临新的挑战，但也面临着难得的技术革新的机遇。在这种形势下，公司内部审计不能仅仅满足于查错纠弊，而要更加重视审计在改善经营管理、评价和完善内部控制中的作用，体现审计的风险导向，从而实现治理目标。公司内部审计要探索运用先进技术改进审计方法，提高审计效率，降低审计风险，保证审计质量。利用区块链技术的公开透明性，有权限的人员都可对经济记录进行查看，实现相互监督，从源头实时监控各项经济业务的整体流程，在区块链上获取真实原始经济业务数据，结合销售信息、现金流信息、物流信息等各种信息，在共享的基础上进行互相验证，任何一笔违规操作都会马上"现形"；对于隐蔽性较强的违规操作，通过区块链技术和大数据的收集，建立科学的预测监控机制，进行实时掌握和监控，利用分析模型，将区块链技术与大数据技术、云计算等结合使用，识别其内在关联，发现和判断异常，及早地发现问题，适时、精准、有效地对异常问题进行审计，以便金融机构管理层及时做出反应，采取措施予以纠正，从而有效防控金融风险，并提供审计辅助决策。

■ 3.4　区块链技术应用的挑战

尽管区块链技术在金融等领域有很大的应用潜力，但目前技术应用还在起步阶段，在未来的实践应用中仍面临着诸多挑战。

3.4.1　区块链技术的局限

第一，比特币区块链是最初的公有链，但是其采用的 PoW（proof of work，工作量证明）机制共识算法会导致中心化并耗费大量能源。根据比特币区块链的规则，新开发一个区块会有相应的比特币奖励，而能否开发出一个区块则与算力有直接关系，因此产生了矿池（大规模的专业挖矿设备集群），专门去挖比特币，比特币区块链遵从少数服从多数的原则，在极端情况下，矿池如果掌控了 51%以上的算力，则可以在别人开发出一个新区块后故意不认可，51%以上的节点不认可，则这个区块无法接入区块链，从而导致了节点之间的不对等及中心化。此外，矿池的出现会消耗大量算力和电能，如果挖矿成功会有比特币奖励，而如果没有成功则白白消耗大量算力和电能。不过，针对这些问题，开发者已经研究出 PoW、PoS（proof of stake，权益证明）机制、PBFT（practical Byzantine fault tolerance，实用拜占庭容错）等相对节能的共识算法，预期未来在这个方向上会有进一步的突破。

第二，智能合约的去人为干涉使得系统在出现问题时无法及时弥补损失。2016 年 4 月上线的众筹项目 The DAO 在一个月内就募集到价值超过 1.5 亿美元的以太币用于建立该项目，但一个月之后，以太币的创始人之一维塔利克·布特林（Vitalik Buterin）发表了声明表示 The DAO 存在巨大的漏洞，并且有大量的以太币被盗，由于智能合约的去人为干涉特性，该缺陷无法在线上修补，只能眼睁睁看着以太币继续被盗，且区块链一旦写入不可篡改的特性使得失误操作或者错误交易等事件不可回退，需要设计额外追索修正机制，灵活性较差。

第三，虽然点对点方式大大提高了跨国清算效率，但是在日常交易中，区块链的交易与存储效率却不高。以比特币为例，在比特币区块链中，固定地会 10 分钟产生一个大小 1 M 的新区块。这种设计是为了减少数据冲突，最基本的比特币交易大小是 250 B，每秒处理速度为 1 024 000（1 M）/250/600（10 分钟）= 6.6，即每秒可以处理 6.6 个比特币的交易。而目前支付宝、微信等支付结算中心每秒可以处理万笔交易，上海证券交易所、深圳证券交易所、香港证券交易所等都已经具备每秒处理几十万笔交易的能力。相比之下，目前区块链技术的处理能力是无法满足大规模支付场景的需要的。针对这些问题有闪电网络、区块扩容等解决方案，但这些方案的可靠性仍在进一步探索中。

第四，随着数学、密码学和量子技术的发展，非对称加密技术在未来将有可能被破解，从而大大削弱区块链的安全性。不过，密码学家也在研发新的抗量子计算的密码，如格密码。

除了以上几点，还有硬分叉、重放攻击等问题，区块链技术有待进一步完善。

3.4.2 隐私安全有待加强

在隐私层面上，区块链技术的去中心化使得所有参与者都能够获得完整的数据备份，数据库完全透明共享。比特币可以通过密钥隔断交易地址和地址持有人真实身份的关联，达到匿名的效果。但如果区块链需要承载更多的业务，如实名资产，又或者通过智能合约实现具体的借款合同等，就会出现隐私保护和合同验证的矛盾。未来通过合理设计系统链上的数据，安排链外信息交换通道等机制，或许可以规避一些隐私保护的难点。

在安全层面上，由于部分互联网金融行业的准入门槛较低，所有的交易记录全部公开透明，客观上增加了恶意诈骗和信息泄露的风险，因此网络安全认证体系的建设责任更大。此外，区块链消除了中介的角色，通过程序算法建立起信用担保，如客户征信信息被储存在区块链中进行信息共享，只能通过密钥识别，信息的这种不可逆性将增大信息泄露等安全问题的追责难度，一旦密钥丢失可能会造成无法挽回的损失。

3.4.3 金融监管的难度增加

虽然区块链的透明性、不可篡改、信息共享等特性在理论上有利于穿透式监管，但是区块链去中心化的特性使其成为一个分散均衡的节点体系，降低了金融监管的针对性和有效性，并且区块链技术在不同程度上给传统的管理机制、业务流程、交易模式带来了颠覆性的变化。目前区块链领域的学术研究还处于初级阶段，理论研究和准备也并不十分充分，各国的监管机构还处于观察和研究阶段。当创新技术发展速度快于监管出台速度时，容易造成监管短期内的缺失，可能使金融系统性风险上升，而如果在市场起步阶段盲目监管过严又可能会在一定程度上阻碍区块链创新技术的正常发展。不仅是区块链技术，人工智能、大数据等技术亦是如此。为了协调金融的创新发展与有效监管，监管机构应该具有前瞻性的战略眼光与清晰的监管思路。一方面监管分类应该更加细致。基于区块链技术的金融产品日趋多样化，监管机构可以针对监管对象、机构主体和业务范围进行更细致的分类监管。另一方面应该注意协调监管金融科技的跨界性、混业经营与传染性会使得风险外溢，应该建立有效的综合监管机制。

■ 3.5 区块链技术应用的发展趋势

金融与区块链技术相互融合，必然会创造新的业务模式、新的应用、新的流程和新的产品，从而对金融市场、金融机构、金融服务的提供方式产生更大的影响。目前的区块链应用已经可以解决金融业面临的一些痛点并提升传统金融的效率，但是从总体上看，当前区块链技术的应用仍在初级阶段。目前，世界各国政府、金融界和学术界都高度关注区块链的应用发展，从目前的趋势展望，未来区块链技术在金融业的应用具体呈现出以下几个方面的趋势。

一是各金融机构有可能会逐步组建联盟，共同制定区块链技术标准。由于区块链发展处于初级阶段，技术还不够完善，监管法规尚不明晰。金融科技公司、各大金融机构以及监管部门都可能影响区块链的应用和发展。现阶段，国内和国际化标准组织对区块链技术标准化的布局工作已有初步框架，以摩根大通集团、花旗银行为代表的商业银行会同金融科技公司共同组建 R3 区块链联盟，期望在监管部门的参与下，建立符合监管要求及金融业需要的分布式账本体系，制定区块链技术的行业标准，抢占市场先机。超级账本（hyperledger）是由各金融机构、金融科技公司以及其他产业企业共同打造跨行业联盟，建立开放平台，致力于拓展不同行业的应用案例。中国分布式总账基础协议联盟也希望可以结合政策法规、行业逻辑，开发符合国家政策标准和行业逻辑习惯的区块链技术底层协议。

二是各金融机构将继续重点开发核心业务中的区块链应用场景。核心业务是各金融机构的首要创新试点，未来各金融机构将联合科技公司探索可应用于核心业务的区块链技术，且区块链的去中心化、不可篡改等特性有可能对现有金融体系的制度基础和商业模式产生新的冲击。

三是应当理性务实看待和推动区块链技术创新发展，客观认识其发展阶段及市场影响。区块链是当前金融科技共同关注和积极探索的新兴技术，但由于其在起步阶段的内生性的一些技术缺陷，是否能够得到大规模应用还有待于观察，相信随着区块链技术的改进及区块链技术与其他金融科技的结合，用户将逐步适应区块链技术的大规模金融场景的应用。

从风险投资额的增长来看，2015 年是全球区块链技术爆炸式发展的一年，全年与区块链相关的风投资金约 4.69 亿美元，相比于 2012 年增长超过 200 倍，2016 年上半年的投资额几乎接近 2015 年全年。其中，区块链技术在金融行业的应用是现阶段发展的主要方向。根据一份全球 200 家银行的调查报告，从 2017 年开始，全球很多银行（主要是大型银行）会广泛实施区块链技术。同时，IBM 的调研报告也显示，2018～2022 年全球约 66%的银行会拥有颇具规模的、可实现商业化用途的区块链金融技术。全球区块链市场规模保持稳定增长。IDC 数据显示，2020 年全球区块链市场规模达 43.11 亿美元，同比增长 53.96%。中国区块链市场发展迅速。2017 年中国区块链市场规模仅为 0.85 亿美元，到 2020 年产业规模增长至 5.61 亿美元，年均复合增长率为 87.58%。随着各地政府的关注和重视，预计未来我国区块链以及相关衍生产业的市场规模将持续增长。

与国际金融业如火如荼的区块链技术研究和应用相比，我国金融业对区块链的布局相对谨慎。百度指数显示，我国从 2015 年下半年才开始出现区块链初创公司，2016 年发展势头有所提升，整体仍处于早期探索阶段。从目前的应用领域来看，国际大型金融机构主要致力于研发如何运用区块链技术颠覆原有业务架构，构建全新的支付、信用评级、信贷等金融服务体系，而我国传统金融机构对区块链金融的探索，仅限于提升客户金融服务体验与优化系统流程、提高效率等层面。工业和信息化部指导的"中国区块链技术和产业发展论坛"2016 年 10 月发布《中国区块链技术和应用发展白皮书（2016）》，这是区块链技术在我国的第一个指导文件。该白皮书将金融服务定义为区块链技术的第一个应用领域，并建议国内各个企业和组织在区块链国际化标准制定中发挥更积极的作用。随着各地政府的关注和重视，我国区块链及相关衍生产业的市场规模不断持续增长。

2019 年后中国区块链发展方面加速超越。2019 年 10 月中共中央政治局集体学习，强调把区块链作为核心技术自主创新的重要突破口，加快推动区块链技术和产业创新发展[①]。2019 年，IDC 对全球各地区区块链市场规模预测，美国、欧洲和中国在区块链支出方面排名前三。中国区块链市场和全球市场一样总体保持较高增速，尤其是 2020 年并未出现增速明显下滑，IDC 预计 2022 年中国区块链市场规模达到 14.2 亿美元，2017～2022 年复合增速 83.5%，比全球增速高近 10 个百分点。

案例阅读

区块链业务场景

场景一：食品安全

沃尔玛＋IBM：通过食品追踪的可追溯性，提升食品供应链的透明度，保障食品安全。

场景二：全球贸易供应链

马士基＋IBM：旨在构建全球贸易数字化平台，提高运输过程的效率及流程透明度。

场景三：金融行业

中国邮政储蓄银行股份有限公司＋IBM：区块链技术公开应用于银行核心业务实践。

场景四：广告出版

联合利华＋IBM：区块链让用户购买数字广告更放心。

场景五：政府部门

区块链＋政务：探索基于区块链技术的税收信用体系、基于区块链的投票方式等。

场景六：保险行业

区块链网络的透明性、不易篡改性，为涉及多方的保险行业提供了最大的动力——信任。相关具体应用：①理赔追偿流程系统。②多方合作财务系统。③健康保险管理系统。

场景七：物联网等

物联网设备将数据共享到业务网络专用区块链分类账本。通过物联网区块链服务，用户可以使用实时设备数据来实现供应链中交付的流程或产品的合规性、合同验证和协作等，优化了多方合作的信任关系，使合作更高效。

课程思政扩展阅读

随着云计算、区块链和人工智能技术的普及与进步，人类社会正在进入数字化时代。中国作为世界上最大的发展中国家，正以创新引领技术革新，为数字中国建设提供新的动力，不断推进数字中国的建设才能适应新时代的发展需求。

习近平新时代中国特色社会主义思想中明确指出：创新是引领发展的第一动力，创新发展注重的是解决发展动力问题，必须把科技创新摆在国家发展全局的核心位置。同时党的二十大报告中同样也提到"深入实施科教兴国战略、人才强国战略、创新驱动发展战略，开辟发展领域新赛道，不断塑造发展新动能新优势"。不断推进区块链技术、

---

① 《我国必须走在区块链发展前列》，http://politics.people.com.cn/n1/2019/1026/c1001-31421642.html[2022-05-12]。

云计算和大数据技术创新，不断将技术应用于更加广阔的领域，就是在不断为中国经济提供新的发展动力。区块链技术有着众多的优势，当前世界各国都在推进技术创新抢占发展先机。面对百年未有之大变局，中国更要不断推进以区块链为代表的新一代技术创新，培育相关人才，破解关键技术"卡脖子"问题，增强核心竞争力，在全球竞争中抢占新的领地，助力加速构建双循环发展格局。

区块链技术作为数字经济的关键基础设施，不断引领数字经济行稳致远，在数字中国的建设中发挥重要的作用。大数据、云计算、区块链、人工智能等新技术的不断涌现，为数字中国建设提供了强大的技术保障。习近平总书记 2019 年在中央政治局就区块链技术专门进行集体学习时强调："区块链的集成应用在新的技术革新和产业变革中起着重要作用。"数字化的浪潮正在引发新的革命，不断渗透入各种领域，我们要探索更多元的"区块链+金融"模式，赋能传统产业转型升级，引领经济高质量发展，同时为中国式现代化建设添砖加瓦。区块链等数字技术的腾飞正不断赋能于数字中国的建设，数字中国的布局也将非常有助于我国经济社会持续健康发展。

数字中国建设是中国政府提出的一项重大战略，旨在推动中国经济社会的数字化转型，提高国家竞争力和人民生活水平。未来，随着技术的不断进步和政策的不断完善，同时，坚持党对经济工作的统一领导，贯彻落实习近平新时代中国特色社会主义思想，相信数字中国建设将取得更加显著的成效和收获。在这个过程中，应加强技术创新和人才培养，加强政府与企业之间的合作与交流，共同推进数字中国建设进程。

■ 本 章 小 结

区块链技术仍然处于前期探索阶段，概念验证多于应用落地，商业模式有待明晰。其中，底层开发平台中公链市场竞争激烈，联盟链正在崛起，跨链稳步创新向前。通用技术服务发展迅速，智能合约、BaaS（blockchain as a service，区块链即服务）、DApp（decentralized application，去中心化应用程序）呈现良性发展且有爆发趋势。支撑配套服务中挖矿硬件基础设施受资本市场影响较大，且随着更多无币化应用场景的推广，其发展前景有限。中心化交易所与去中心化交易所并存，数字钱包发展将随着数字资产关注度提升与产业生态完善，成为获取用户、应用推广的利器。随着区块链人才、监管、标准等各方面政策的成熟，区块链基于技术独特性构建的共识和信任机制，对提高企业之间协作效率、提升产业之间联动协同效能甚至克服贸易争端与壁垒、推动全球经济社会一体化将发挥重要推动作用。

思考与练习

1. 区块链技术的内涵是什么？对传统金融有何影响？
2. 试分析区块链技术的特点及经济价值。
3. 作为当前的热门金融科技概念，你如何看待区块链技术？

第4章

人工智能技术及金融应用进展

【本章提要】

人工智能技术在金融领域的应用给整个金融业带来巨大的变革，智能投顾、智能信贷与监控预警、智能客服等创新型金融服务应运而生并不断拓展。本章介绍人工智能的基本概念、特征、目前在金融中的应用以及面临的挑战和相应对策、发展前景，以期能了解当前人工智能的金融应用场景和产业生态圈，提升人工智能技术的风险认识与防控水平，实现对人工智能技术在金融领域应用的有效监管，促进我国金融智能化发展。

■ 4.1 人工智能的内涵与特征

21 世纪机器人等人工智能技术在金融领域中的应用前景得到了极为广泛的认可。人工智能在金融领域中的应用是一个渐进的过程，然而人工智能在应用到金融领域之后对金融行业的发展产生了显著影响，金融领域不仅仅是对金融数据进行分析的领域，更是提供金融服务的领域。伴随着人工智能技术的不断成熟与发展，人工智能在金融领域中的应用前景得到了金融领域业内人士的广泛认可，而众多金融服务需求者实际上因享受了人工智能所带来的便利而在态度上有了明显的转变，其由最初的质疑到接受，又从接受转变为一种依赖。越来越多的人看好人工智能在金融领域中的应用前景与价值也是其当前在金融领域中的主要应用现状。

金融领域应用人工智能技术具有先天优势。一方面，金融行业是全球大数据积累最多的行业之一，银行、证券、保险等业务本身就是基于大数据开展的，因此人工智能跨平台、超大规模信息通信和整合技术的特点，有助于其在金融行业的应用和发展；另一方面，在计算机、互联网等技术快速发展的背景下，以数据挖掘、自然语言处理和各种智能识别为主的主流人工智能技术越来越成熟，人工智能、大数据和云计算形成了一个"铁三角"，三者技术齐头并进、不断创新，助推了人工智能在金融领域的应用和发展。

4.1.1　人工智能的概念

人工智能是一门新的研究、开发用于模拟、延伸和扩展人的智能的理论、方法、技术及应用系统的技术科学。人工智能是计算机科学的一个分支，它企图了解智能的实质，并生产出一种新的能以与人类智能相似的方式做出反应的智能机器，该领域的研究包括机器人、语言识别、图像识别、自然语言处理和专家系统等。

人工智能是研究使计算机模拟人的某些思维过程和智能行为（如学习、推理、思考、规划等）的学科，主要包括计算机实现智能的原理、制造类似于人脑智能的计算机，使计算机实现更高层次的应用。人工智能涉及计算机科学、心理学、哲学和语言学等学科，甚至可以说是涉及自然科学和社会科学的所有学科，其范围已远远超出了计算机科学的范畴，人工智能与思维科学的关系是实践和理论的关系，人工智能是处于思维科学的技术应用层次，是思维科学的一个应用分支。从思维观点看，人工智能不仅限于逻辑思维，还要考虑形象思维、灵感思维才能促进人工智能实现突破性发展。数学常被认为是多种学科的基础科学，数学可应用于语言、思维领域，人工智能学科也必须借用数学工具，数学不仅能在标准逻辑、模糊数学等范围发挥作用，数学进入人工智能学科后，还能与其互相促进从而更快地发展。

人工智能是一门极富挑战性的科学，从事这项工作的人必须懂得计算机知识、心理学和哲学。人工智能是内容十分广泛的科学，它由不同的领域组成，如机器学习、计算机视觉等，总的说来，人工智能研究的一个主要目标是使机器能够胜任一些通常需要人类智能才能完成的复杂工作。但不同的时代、不同的人对这种"复杂工作"的理解是不同的。2017 年 12 月，人工智能入选"2017 年度中国媒体十大流行语"。

4.1.2　人工智能的分类

从目前的智能认知和处理能力来看，人工智能有三种类型，分别是弱人工智能（artificial narrow intelligence，ANI）、强人工智能（artificial general intelligence，AGI）、超人工智能（artificial super intelligence，ASI）。

1. 弱人工智能

弱人工智能是擅长于单个方面的人工智能。比如，能战胜围棋世界冠军的人工智能阿尔法狗，但是它只会下围棋，如果我们问它其他的问题，它就不知道怎么回答了。只有单方面能力的人工智能就是弱人工智能。

2. 强人工智能

强人工智能是一种类似于人类的人工智能。强人工智能是指在各方面都能和人类比肩的人工智能，人类能干的脑力活它都能干。创造强人工智能比创造弱人工智能难得多，我们现在还做不到。强人工智能就是一种宽泛的心理能力，能够进行思考、计划、解决问题、抽象思维、理解复杂理念、快速学习和从经验中学习等操作。强人工智能在进行这些操作时应该和人类一样得心应手。

3. 超人工智能

科学家把超人工智能定义为在几乎所有领域都比最聪明的人类大脑聪明很多的人工智能，它拥有科学创新、通识和社交能力。超人工智能可以是各方面都比人类强一点，也可以是各方面都比人类强万亿倍的。超人工智能正是人工智能这个话题这么火热的缘故，同样也是因为超人工智能，永生和灭绝这两个词总是出现在人们的口中。超人工智能的发展还是需要我们好好把控的。

4.1.3 人工智能的研究内容

人工智能的研究内容，具体分为以下几种。

1. 认知建模

一般认为，认知是为了达到一定的目的，在一定的心理结构中进行的信息加工过程。认知科学（思维科学）是研究人类感知和思维信息处理过程的一门学科。认知科学是人工智能的重要理论基础，对人工智能的发展起着根本作用。

2. 机器感知

机器感知，就是要让计算机具有类似于人的感知能力，如视觉、听觉、触觉、嗅觉、味觉等。机器感知是系统获取外部信息的主要的途径，也是机器智能不可缺少的重要组成部分。在对计算机视觉与听觉的研究方面，目前已在人工智能中形成了一些专门的研究领域，如计算机视觉、模式识别、自然语言理解等。

3. 机器思维

机器思维是指机器模仿人类大脑，如同人类一般进行思考。人类智能主要来自大脑的思维活动，因此机器的智能也应该主要通过机器的思维功能来实现。机器思维是机器智能的重要组成部分。

总之，目前的计算机系统的结构和工作方式与人脑组织结构和思维功能有很大差别。要缩小这种差别，需要依靠人工智能技术。从长远来看，需要彻底改变计算机的体系结构，研制智能计算机，但目前主要靠程序系统来提高现有计算机的智能化程度。智能系统与传统的程序系统相比有如下特点：重视知识、重视推理、采用启发式搜索、采用数据驱动方式、用人工智能语言建造系统。

4.1.4 人工智能技术的应用分类

从概述和技术原理角度具体介绍人工智能技术的一些基本应用。

1. 深度学习

深度学习是人工智能领域的一个重要应用领域。说到深度学习，大家第一个想到的肯定是阿尔法狗，通过一次又一次地学习、更新算法，最终在人机大战中打败围棋大师。对于一个智能系统来讲，深度学习的能力大小，决定着它在多大程度上能达到用户对它的期待。

深度学习的技术原理：①构建一个网络并且随机初始化所有连接的权重；②将大量的数据情况输出到这个网络中；③网络处理这些动作并且进行学习；④如果这个动作符合指定的动作，将会增强权重，如果不符合，将会降低权重；⑤系统通过如上过程调整权重；⑥在成千上万次的学习之后，超过人类的表现。

2. 计算机视觉

计算机视觉是指计算机从图像中识别出物体、场景和活动的能力。计算机视觉有着广泛的细分应用，其中包括医疗领域成像分析、人脸识别、公关安全、安防监控等。

计算机视觉的技术原理：计算机视觉技术运用由图像处理操作及其他技术所组成的序列将图像分析任务分解为便于管理的小块任务。

3. 语音识别

语音识别是把语音转化为文字，并对其进行识别、认知和处理。语音识别的主要应用包括电话外呼、医疗领域听写、语音书写、电脑系统声控、电话客服等。

语音识别的技术原理：①对声音进行处理，使用移动函数对声音进行分帧，分帧后声音会变为很多波形；②对波形做声学体征提取；③声音特征提取之后，声音就成了一个矩阵，然后通过音素组合成单词。

4. 虚拟个人助理

苹果手机的 Siri 及小米手机上的小爱，都算是虚拟个人助理的应用。

虚拟个人助理的技术原理（以小爱为例）：①用户对着小爱说话后，语音将立即被编码，并转换成一个压缩数字文件，该文件包含了用户语音的相关信息；②用户手机处于开机状态，语音信号将被转入用户所使用移动运营商的基站当中，再通过一系列固定电线发送至用户的互联网服务供应商（Internet service provider，ISP）；③该互联网服务供应商拥有云计算服务器，该服务器中的内置系列模块将通过技术手段来识别用户刚才说过的内容。

5. 自然语言处理

自然语言处理和计算机视觉技术一样，将有助于实现目标的多种技术进行了融合，实现人机间自然语言的通信。

自然语言处理的技术原理：①汉字编码词法分析；②句法分析；③语义分析；④文本生成；⑤语音识别。

6. 智能机器人

智能机器人在生活中随处可见，扫地机器人、陪伴机器人……这些机器人不管是跟人语音聊天，还是自主定位导航行走、安防监控等，都离不开人工智能技术的支持。

智能机器人的技术原理：人工智能技术把机器视觉、自动规划等认知技术、各种传感器整合到机器人身上，使得机器人拥有判断、决策的能力，能在各种不同的环境中处理不同的任务。智能穿戴设备、智能家电、智能出行或者无人机设备其实都是类似的原理。

7. 引擎推荐

淘宝、京东等商城及 36 氪等资讯网站，会根据用户之前浏览过的商品、页面，搜索过的关键字推送一些相关的产品或网站内容。这其实就是引擎推荐技术的一种表现。Google 为什么会做免费搜索引擎，目的就是搜集大量的自然搜索数据，丰富大数据数据库，为后面的人工智能数据库做准备。

■ 4.2 人工智能的金融应用方向

人工智能技术在我国金融领域应用具有特殊优势。我国有着全球最大的网民人数规模，为移动互联网技术和人工智能技术融合打下了坚实的用户基础。随着网民人数尤其是手机网民人数规模的不断扩大，基于移动互联网的人工智能产品和服务将迎来广阔的市场空间，也为人工智能技术在金融领域的应用带来前所未有的机遇。目前，人工智能在我国金融业中的应用主要在以下几个领域。

4.2.1 智能投顾

1. 智能投顾的概念与特点

智能投顾主要是指根据个人投资者提供的风险偏好、投资收益要求以及投资风格等信息，运用智能算法技术、投资组合优化理论模型，为用户提供投资决策信息参考，并随着金融市场动态变化对资产组合及配置提供改进的建议。智能投顾是传统投顾和人工智能、大数据等技术结合的产物。传统投资顾问是以投资顾问的专业素养和从业经验为基础，结合投资者的资产状况、风险偏好、预期收益等，为投资者提供专业的投资建议。智能投顾将人工智能等技术引入投资顾问领域，运用智能算法及组合投资后的自动化管理技术，帮助用户实现主动、被动投资策略相结合的定制化投顾服务，提升投顾效率，推动投顾行业智能升级。

目前，数据、算法和模型是智能投顾的三大支点。其中，数据是智能投顾产品的基础，算法和模型是核心竞争力所在。智能投顾以客户画像为起点，需要利用用户的风险偏好、收益目标和财务数据，投资组合再平衡也需要以实时数据为基础，动态调整资产配置。并且，海量有效的金融数据是机器学习的依据，没有数据就没有人工智能，也就没有智能投顾。算法、模型是智能投顾核心组成部分，算法决定了投资分析方法，模型决定了资产配置比例。现阶段智能投顾更多的是解决效率问题，利用算法来寻找最优调仓方式，提升效率。在智能投顾领域，结合自身优势，提供差异化产品，模型和算法的优化非常重要。

2. 智能投顾的发展阶段

智能投顾最早起源于美国，发展历程大致可分为三个阶段。

第一，在线投顾阶段：20 世纪 90 年代末期，可供投资者选择应用的投资分析工具的技术水平和规模开始扩大。2005 年，美国证券交易商协会颁布投资分析工具使用要求相关规章，允许证券自营商直接让投资者使用投资分析工具，投资者可以利用投资分析工具进行不同投资策略的投资收益分析，从而对收益和风险有更好的把控。此后，在线资产管理服务规模迅速增长，更多长尾客户在此阶段受益。此阶段的特点是机器智能应用比较有限，主要应用领域是投资组合分析。

第二，机器人投顾阶段：2008～2015 年，大量新兴科技企业开始为客户直接提供各类基于机器学习的数字化投顾工具，机器人投顾商业模式开始发展。这些公司开发的面向客户的投顾工具提供的功能之前只被金融从业者应用，目前已经广泛被客户直接应用。在这个阶段的很多实际应用案例中，证券公司对它们的数字化投顾工具提供的投资策略负责。

第三，人工智能投顾阶段：2015 年至今，以大数据为基础的深度学习被广泛应用，人工智能技术取得突破性进展。智能投顾服务商和科技企业开始尝试开发能够完全消除人类参与投资管理价值链的人工智能系统。目前国外的 Bridge Water、Wealth Front，国内的弥财等都已经实现了这样的系统开发和商业化运营。通常采用"人工智能 + 云计算"体系结构的服务商，在计算设备和软件开发方面投资巨大（少则 1 亿～2 亿美元，多则几十亿美元），能够同时服务千万、亿级别的海量用户。

3. 智能投顾的现状与趋势

智能投顾不仅在投资配置和交易执行能力上可以超越人类，还可以帮助投资者克服情绪上的弱点。花旗银行一份研究报告指出，从 2012～2015 年，全球智能投顾管理的资产规模从无到有扩大至 190 亿美元，其管理的财产规模还将呈现几何级数的增长速度，预计到 2025 年智能投顾管理的资产总规模将会高达 5 万亿美元。

美国智能投顾发展时间已有十几年，管理的资产在 2019 年达到 7497.03 亿美元。美国智能投顾的特色是已经建立完善的行业监管体系，格局相对明晰。竞争格局演变如下，首先以 Betterment、Wealth Front 为代表的新兴公司，凭借技术、差异化及开放合作发展迅速，成长为美国目前第三大、第四大的智能投顾公司，此后，以先锋基金、嘉信理财为代表的传统金融机构，凭借客户、产品等优势后来居上，分别位居美国第一大和第二大智能投顾公司。

近几年中国智能投顾市场发展迅速，主要参与者可分为：传统金融机构、互联网公司、金融 IT 公司三类。传统金融机构包括银行、券商、基金，具有强大的客户资源和产品资源优势。2016 年 6 月，广发证券股份有限公司在"易淘金"品牌下推出了智能投顾服务——"贝塔牛"。该智能投顾服务运用金融工程领域的重要模型及生命周期等金融经济学经典理论，针对国内证券市场中投资者的风险偏好、投资风格等特征进行深度机器学习，结合证券市场发展动态，为投资者及时提供"i 股票""i 配置"等功能服务，满足不同层次投资者证券投资、财富管理的需求。2016 年 12 月 6 日，招商银行宣布推出智能投顾服务——摩羯智投。这是国内银行业首项智能投顾服务，2017 年的资产规模突破 50 亿元，到 2018 年资产规模已达 122.33 亿元，到 2021 年 12 月累计服务客户超过 20 万人。

4.2.2 智能信贷

人工智能技术在信贷融资、授信决策方面的应用发展较快。金融机构通过人工智能等现代科技手段对目标用户进行画像，清晰地了解每个目标用户的经济状况、消费能力和需求情况，建立用户标签库，寻找潜在产品的目标客户，为融资授信提供参考依据。在金融创新方面，运用用户画像可以为客户开发新产品。比如，人工智能程序可以通过提取企业和个人的工商、税务、社保、用水、用电等信用信息并加以分析、处理，进行信用评级和融资授信；对已经发放贷款的企业和个人，根据税务、社保、用水、用电数据变化情况，开展风险评估分析和跟踪，进而推测融资的风险点。运用上述基于人工智能技术的融资授信方法，根据某些可能影响借款人还贷能力的行为特征的先验概率推算出后验概率，金融机构能够对借款人还贷能力进行实时监控，以减少坏账损失。

近年来，随着互联网金融的快速发展，不少金融机构和互联网金融公司大力发展智能信贷服务，金融服务智能化水平越来越高。比如，依靠电商平台的京东金融，可以根据京东用户数据、商户数据、物流数据、产品数据，运用人工智能技术对客户进行精准画像，推出一系列诸如"京东白条"等消费信贷产品。"京东白条"在京东商城积累了大量的用户后，逐步走向线下，向租房、旅游、装修、教育、婚庆等各种场景拓展，还与商业银行合作推出联名电子账户——白条闪付，赋予白条"闪付"的功能，让白条在线下所有银联云闪付 POS（point of sale，电子付款机）上都能使用。

4.2.3 智能客服

人工智能技术的快速迭代发展，使得机器在模拟人的功能方面越来越成熟，可以逐步实现通过批量方式向客户提供人性化、个性化的服务。对于处在服务业价值链高端的金融业而言，人工智能技术将给金融领域中的服务渠道、服务方式、风险管理、授信融资、投资决策等各个方面带来深刻的变革式影响，成为银行沟通客户、发现客户金融需求的重要决定因素。在金融服务的前端，人工智能技术可以为客户提供更加精细化、人性化、专业化、智能化的金融服务。在金融服务的中台，人工智能技术可以为银行授信、金融交易、金融分析等领域提供决策支持。在金融服务的后台，人工智能技术可以为风险防控和监督等提供技术支持。

目前，部分金融机构和互联网金融公司已经开始运用人工智能技术开展自然语言处理、语音识别、声纹识别，为远程客户服务、业务咨询和办理等提供有效的技术支持，这不仅可以让用户及时得到满意的答复，还可以减少人工的投入，有效降低从事金融服务的各类机构的运营成本。

4.3　人工智能技术在金融领域应用的挑战与对策

人工智能技术在金融领域的应用，为我国金融业创新发展带来了新机遇，有助于提升金融业服务实体经济、服务百姓生活的综合效能。但不可否认的是，人工智能和金融业的结合，也给金融业的未来发展带来了巨大的挑战，具体有如下几个方面。

4.3.1　对信息安全和质量提出更高的要求

2010～2016 年乌云漏洞报告平台的"白帽子"黑客发现和报告了数万个漏洞。其中披露京东、支付宝等著名互联网金融企业存在高危漏洞，支付宝 2500 万用户资料泄露、携程用户银行卡信息泄露、腾讯 7000 万 QQ 群用户数据泄露等一系列安全问题。2019 年 7 月，美国第一资本投资国际集团顾客个人基本信息被窃取。据该公司披露，大约有 1 亿美国用户个人信息被窃取。2019 年 7 月俄罗斯联邦安全局服务器遭到黑客入侵，7.5 TB 数据被盗，包括俄罗斯有关社交网络用户登录信息等重要数据。在大数据的环境下，金融机构掌握着涉及用户隐私的各种数据，一旦泄露很可能对用户财产安全造成严重威胁。特别是现在智能手机普及，我们的一举一动完全暴露在人工智能的分析面前，几乎没有隐私可言，所以人工智能进行数据采集的合法性问题及是否会造成隐私泄露的问题都值得考虑。也正因此，不少人开始反对人工智能和大数据应用。

与此同时，数据是人工智能时代重要的生产资料，数据的数量和质量都要符合更高的要求。我国的数据架构模式是按照产品和业务种类区别存储和使用的，成本控制和标准的不统一限制了数据整合和调用的能力，导致历史数据存在质量参差不齐、单位不尽统一、部分数据缺失有误等问题。与此同时，除却公开的金融市场交易数据外，各家金融机构出于金融数据安全考虑，很难主动向外公布大量私密数据，由此形成了"数据孤岛"，阻碍了人工智能技术在金融领域的广泛、深入应用。因此，建立健全的数据信息生态供应系统等就显得尤为重要。

具体来看，需要在以下两个方面着力改进和完善。

一是加强对金融业数据的有效运用。为了使这些数据对人工智能技术在金融领域的应用更有价值，建议对金融领域数据进行有效整理，为人工智能提供跨部门、跨区域、跨领域获取信息和深度学习打下数据资源基础。

二是加强对政府等公共部门数据资源的规范、有效运用。政府部门及拥有数据的行业协会在安全可控的前提下可以开放公共数据资源，构建一个更为完善的数据生态系统。数据标准的建立是进行广泛数据分享和实现系统间交互操作的重要前提，有助于提升公共部门数字资源的使用价值。对于特定行业信息监管部门、行业协会可制定统一格式，以便于实现数据共享。同时，制定数据脱敏的相关标准和规范，确保人工智能技术开发者在收集、加工、使用数据过程中的数据安全，且必须经过个人授权才能使用个人信息。此外，采取相应的智能监测技术手段和制度管理措施，防止没有经过授权的个人信息被不法分子检索、泄露、损毁、篡改等，确保个人信息安全，为人工智能技术在金融领域安全应用提供保障。

4.3.2　加强人工智能技术研究人才队伍建设，提升核心研发能力和水平

金融行业是智力密集型行业，人工智能在金融行业的模型算法非常复杂，数据训练工作量很大。总的来看，主流的深度神经网络算法要求计算机具备先进的半导体、微处理器和高性能计算技术，能够并发处理超大规模数据，但应付复杂的人工智能应用仍有待提高。由于我国人工智能技术研究比美国等西方发达国家起步晚，研究基础水平较低，虽然在某些技术上已经达到甚至超过西方发达国家的水平，但是在 CPU（central processing unit，中央处理器）、GPU（graphics processing unit，图形处理单元）等核心技术上对外依赖程度还比较高，自主研发能力有待进一步提升。

我国人工智能研究的基础设施建设需要加强，与人工智能技术相关的专业人才培养也有待加强。目前，我国高校人工智能等相关专业建设基础薄弱，很多高校开设人工智能专业，但相关课程体系与培养资源不足。教育部历年《普通高等学校本科专业备案和审批结果》数据显示，数据科学与大数据技术是 2016～2020 年高校新增数量最多的专业，共有 600 多所高校新增了该专业。大数据企业对大数据高端人才和复合人需求旺盛，各企业除了追求大数据人才数量之外，为提高自身技术壁垒和竞争才实力，企业对大数据人才的质量提出了更高的期待，高层次大数据人才市场供不应求。全国从事人工智能相关研究和应用的专业人才紧缺，既懂人工智能技术又懂金融的复合型人才更是稀少，这是制约我国人工智能技术基础性研究能力提升及人工智能技术在金融领域广泛、深入应用的瓶颈因素。

为此，要加大对人工智能技术研究人才队伍建设的扶持力度，鼓励国内高校增设人工智能专业，培养人工智能相关领域更多的专业、高技能人才；建立更多的国家级、省级人工智能实验室，推动国内金融机构、高科技企业、高等院校、科研院所等组建协同攻关、开放共享的人工智能技术创新研发平台，在人工智能基础技术研发上集中发力，力争相关技术及早取得突破；建立健全激励机制，重点培育一批人工智能技术领域的领军人才，深入研究人工智能关键性技术，降低核心技术的对外依赖程度；将与人工智能相关的技术研发列入国家自然科学基金等重点资助的课题研究范围，尽快组织相关研究力量联合攻关，为人工智能技术在金融领域应用、创新和发展提供智力支持。

4.3.3　建立和完善多重安全风险防范机制，提升人工智能技术的风险防控水平

人工智能也不是绝对准确无误的，一旦人工智能程序发生错误，那么基于人工智能所做的数据分析就会产生错误的结果，但若过度拟合，则无法从大量相关数据中剔除非

相关部分。对于金融风险管理而言，其预测和管理风险都是基于对大量数据分析的结果，一旦程序错误，金融机构就难以根据数据分析结果做出准确的风险管理决策，进而影响接下来的经营活动，并且可能会因此而遭受损失。此外，即使发生的概率相对较低，但在金融风险管理领域，内部技术失误或是外部因素刺激都可能会使人工智能失控，并且无法彻底消除，本章案例中的蚁盾风险大脑智能风控系统就存在判断失误导致错误攻击用户账户的情况。

金融安全是金融业平稳健康发展的重要基础。人工智能技术在金融领域应用，在系统设计方面一定要确保安全并且要有应急预案，只有做到风险可控才能上线运行。为了防范系统设计的缺陷带来的风险，要尽可能地对系统进行全方位测试。为了防控人工智能技术应用之中机器深度学习不够带来的安全风险，需要仔细查找深度学习框架及其依赖库中的各种软件漏洞，一旦发现漏洞必须及时解决，避免这些漏洞被不法分子利用，提升人工智能的安全系数。此外，针对人工智能技术在金融领域应用的特殊方面，要有针对性地采取多重安全防范措施。

4.3.4　建立健全金融监管机制，实现对人工智能技术在金融领域应用的监管全覆盖

目前，人工智能技术在金融领域的应用，并未改变金融业原有风险属性和类型，反而使风险特征更加复杂和难以识别，加大了金融监管难度。随着金融业变革，新产品、新业务、新模式层出不穷，增加了金融风险的复杂程度，使得金融风险交叉成为常态。风险传播将以更快的速度传播，以更广的范围覆盖金融市场，金融监管机构进行救市和风险隔离的难度增加。

而我国目前还缺乏较为完善的监管机制，一旦出现业务或者服务纠纷就会面临一系列监管难题。例如，在现实中，人工智能终端产品涉及多种技术和硬件设备，当出现故障并造成损失时，该如何处理？运用人工智能技术管理账户造成账户差错或财产损失甚至造成金融市场异常波动，该如何处罚？在某些情况下智能投顾基于人工智能技术向投资者提供的只是服务的部分内容，还有部分是由人工操作完成的。如果投资者因接受智能投顾服务而出现投资差错，如何分清是智能投顾自身设计缺陷的问题，还是人工操作不当、出现差错的责任？此外，智能投顾业务包括投资咨询、资产管理、理财顾问、证券委托交易等方面，涉及我国金融领域不同行业的监管，但是，在目前分业监管的格局下，各类金融业务均在各自领域内适用不同的法律法规和部门规章制度。智能投顾适用法律法规和部门规章制度的分散性，意味着在实际操作过程中监管部门难以把握监管的边界，这就使得智能投顾平台容易超越主营业务范围，超越中介平台定位，从事涉嫌虚假推介、变相吸金、非法集资、证券传销、非法经营等违法违规行为。

为了有序推进人工智能技术在金融领域的应用，提出以下建议：一是制定人工智能技术在金融领域应用的相关法律法规与监管规则，重点保障用户的个人信息和隐私安全；二是完善人工智能技术在金融领域应用的责任追究机制，制定和完善人工智能技术的检测方法，为人工智能技术在金融领域的应用和推广扫除障碍。此外，考虑到深度学习具

备主动学习能力，开发者控制程度较低，一般不会主观恶意制造差错，通常而言计算机也是准确可靠的，也不会犯主观过错，因此，针对人工智能由于深度学习不够而出现的判断错误，可设定一定的免责范围，为人工智能技术在金融领域应用、创新和发展营造适宜的监管环境。

4.3.5　加大就业扶持力度，多举措并进保障金融系统就业稳定性

人工智能在金融风险管理领域的应用，逐步取代了原本的投资顾问、信贷风险分析、信用评级等岗位，改变了金融风险管理领域的就业结构，使得用户对从业人员的需求逐步减少。虽然人工智能的应用也会创造一些新的工作机会，但是技术抢夺的工作岗位可能远远超过其创造的工作岗位，这将会给金融系统的人力资源配置格局和就业稳定性带来巨大的影响。

为此，从金融从业人员自身来说，需要努力加强自身的职业技能，提升自身的就业创业能力，从政府来说，需要加大金融从业人员的就业扶持力度，多举措并进保障就业稳定性。

■ 4.4　人工智能的金融应用前景

4.4.1　促进金融服务更加主动，改善客户体验

金融行业属于服务行业，其通过与客户沟通和交流，做到及时满足客户需求，挖掘客户潜在金融价值。一直以来，传统金融服务集中于服务网点，通过与客户面对面交流，挖掘客户潜在需求，寻求客户金融价值。传统金融服务是由客户发起的，客户要主动来到网点接受金融服务，此时，金融机构提供的服务处于被动状态。与此同时，网点的分布距离及现场等候等因素，容易造成客户时间的大量浪费，导致金融服务效率不高，客户体验较差。

随着人工智能的发展，传统金融服务方式发生改变，诸多金融机构利用人工智能技术主动出击。2015年，交通银行在国内银行业中率先推出智能网点机器人——"娇娇"，优化客户的服务体验，引发了社会的广泛关注。"娇娇"是实体机器人，主要采用语音识别、人脸识别等人工智能技术，既可以进行人机互动语音交流，又可以准确识别熟悉的客户，在营业网点为客户提供路线指引、银行介绍等服务。在人机互动语音交流过程中，"娇娇"能够回答客户提出的各种问题，不仅有助于缓解等待办理银行业务客户的各种负面情绪，还有助于分担大堂经理的工作压力，起到分流客户、节省客户办理业务时间的作用。

4.4.2　提高金融数据处理效率，实现量化交易

作为百业之基，金融行业与其他行业保持着密切联系，金融机构在长期经营过程中

需要积累大量数据信息，包括各项交易数据、客户信息、市场前景分析数据等，单纯依靠人工已经无法完全利用这些数据，从而更好地指导金融活动。不仅如此，在传统的金融服务中，金融顾问可以通过一对一地分析处理数据，更好地让投资者了解当前市场的情况，并且专门为其制定与其风险偏好特征相符的产品，然而在此过程中，会让财富管理服务的门槛提高，效率降低，耗费大量的人力与时间。

随着人工智能的运用，大数据技术应运而生，利用大数据技术读取、分析和处理海量数据信息，从而实现对金融机构数据的应用，让数据成为金融机构开展业务的重要参考，提高了数据处理的效率与准确度，避免了人工可能出现的疲劳性错误。人工智能基于大数据分析，不存在人为主观因素的影响，能够更加客观地提供金融服务。以阿里小额贷款为例，阿里小额贷款通过对商户最近 100 天的数据进行分析，即可了解哪些商户存在资金问题，阿里小额贷款主动出击，积极与商户沟通，在短短数小时内为商户提供金融贷款服务，可见，人工智能能够有效提高金融数据的处理效率，从而提升金融服务效率。

4.4.3　提升金融风险控制能力

金融业在发展过程中面临着诸多风险因素，如操作风险、信用风险、市场风险等，因此，如何有效规避金融风险是金融发展的重要前提和基础。

一直以来，传统金融机构风险控制的主要方式就是聘请经验丰富的风险评估师，并成立风险控制部门，利用主观经验和团队协作来规避风险。但是，在实践之中，这些风险控制的效果十分有限，并不足以确保金融机构稳定发展。

随着人工智能时代来临，人工智能、大数据技术开启了风险控制的新篇章，金融机构不再单纯利用经验控制风险，而是通过全面的数据分析、构建模型，预估风险来源和风险系数，并制定相应的预防措施。人工智能在风险控制领域的应用，不仅提高了金融机构风险控制的能力，还降低了风险控制的成本，有效提升了金融机构的安全度和稳定性。

由此可见，人工智能技术与金融的深度融合是这两个领域深化发展、探索创新的必然结果。人工智能在前端可以使金融服务更加个性化，营销更加精准化，改善客户体验；在中端可以学习和分析历史数据，支持各类交易的决策，使金融服务更加智能化；在终端可以用于风险识别和防控，使管理流程更加自动化。人工智能既能在客户端优化资产配置，又能在商户端提高工作效率，便于打造全流程的智慧金融。

案例阅读

蚁盾风险大脑智能风控系统

随着移动支付的快速发展，路边的煎饼摊、菜市场的小摊主以及街边的小吃店不需要购置扫码枪等工具，只要一张"二维码"就拿到了移动支付的金融服务入场券，而普通用户也能通过"扫一扫"，便捷地进行结账和转账等操作。"促进科技金融产品和服务创新"早已被明确纳入国务院发布的《"十三五"国家科技创新规划》之中，加大普惠金融服务能力和创新已成普遍趋势。

1. 简介

以蚂蚁金服为例，在智能风控管理方面，蚂蚁金服开发了蚁盾风险大脑智能风控系统。在支付宝每日上亿笔交易量的背后，有着一套精密的智能风控系统，在 0.1 秒之内，完成 8 重安全扫描，进行风险预警、检测和拦截等各种复杂的工作。它支持最高 25.6 万笔/秒并发交易（2017 年"双 11"数据），交易资损率低于百万分之 0.5，全面保护用户资金安全，而这一强大运算能力则依靠着 2800 台以上服务器和高达 1000 名的安全风控人员的努力。安全一直是支付宝发展的生命线。蚂蚁金服作为新金融的领军企业，在此领域已深耕多年，并有许多创新与实践。据悉，2021 年支付宝的资损率为千万分之 0.42，而用户打扰率在万分之一以下，实现了风险管理与用户体验的高度平衡与统一。风险控制是实现普惠金融、构建新金融生态的核心驱动力。蚂蚁金服目前以蚁盾风险大脑智能风控系统的形式对外赋能，其基于蚂蚁金服技术能力和风险控制经验的立体防控，与合作伙伴协同合作，助力金融安全步入新的境界。

蚁盾风险大脑智能风控系统借助自身在大数据、实时流计算、人工智能等领域的技术优势，结合银行等金融机构的场景和自身数据，通过大数据采集、建模、分析与应用等技术手段，利用机器学习为核心的风险控制技术，从多个维度、多个层次分析客户风险特征，互补运用智能风险决策引擎与人工审核校验，有效控制合作伙伴的潜在风险，从成本、效率和准确性上为金融机构提供有针对性的风险优化方案，拓展金融机构服务的边界和效率。除了帮助金融机构控风险、提效能外，蚁盾风险大脑智能风控系统也在致力于帮助地方金融监管部门实现类金融业务监管和非法金融活动监测防控。蚁盾风险大脑智能风控系统非法金融风险的防控思路已经从传统的"事后"发现方式升级到"事中"和"事前"相结合的智能风险识别预警，在"事前"阶段感知风险，以便监管部门主动采取措施、果断处理，防止风险的蔓延。蚁盾风险大脑智能风控系统通过对金融机构与监管机构的双向连接和服务，助力构建新金融安全生态，为行业的未来创新发展预留空间，也能在防范风险的同时，让风险控制创新更好地促进普惠金融和新经济的发展。

2. 蚁盾风险大脑智能风控系统工作特点

智能和闭环是蚁盾风险大脑智能风控系统的两个关键词。它主要体现在四个方面：智能监控与预警、智能风险识别与决策、智能分析洞察、策略智能优化。

第一是智能监控与预警。传统风险监控方式是系统级监控，如将某个阈值设置在 5% 或者是 10%，属于统一规则设置。蚁盾风险大脑智能风控系统则是将业务经验预警和模型的智能预警相结合，自动监控判断是某个模型有问题，还是某个策略、变量有问题。

第二是智能风险识别与决策。传统专家风控系统是平面网状的系统，非常复杂且容易被攻破，而蚁盾风险大脑智能风控系统是五级分层的防控体系，即 T0、T1、T2、T3、T4。终端层 T0 是在移动设备上作风险识别；T1、T2、T3、T4 是服务器端层，T1 是快速识别层，如认定某个账号在特定 WiFi（wireless fidelity，威发）环境下是安全可信的，就快速放过，可以极大减轻风控系统的压力；T2 是深度识别层，通过大量的风险策略与模型去判断这个交易是不是有风险；T3 是异步识别层，使用复杂算法如深度学习算法，提升整个风控算法的覆盖率和准确率；T4 是离线层，识别出风险后，在风险决策上使用模型驱动的个性化风险决策，给出最终的风险决策操作。

第三是智能分析洞察。蚁盾风险大脑智能风控系统特别强调"人机协同"的理念。计算机擅长的是存储、搜索和比对，这是大量重复性的工作，而人擅长的是洞察分析。蚁盾风险大脑智能风控系统凭借计算机可以快速定位异常，将可能的异常交易和对象缩小在一个相对小得多的范围里，避免大海捞针，然后由人来分析判定是不是风险。

其风险洞察过程我们可以分为三个阶段：一是基于标签的分析，对一个对象"贴"标签，这个标签可以用算法自动生成，也可以由人来生成；二是基于知识图谱的分析，也是基于关系网络的分析，世界万物都是有关系的，任何一个黑产设备一定会和很多设备、人和账号有千丝万缕的关系，如果一个交易与某一个黑产设备有关联，即认为风险很大；三是策略智能推荐，如发生的几十个案件都是盗卡类案件，如果是用人来分析的话，人的主观性会很强，但是通过智能算法很容易发现共性指标，然后拿到这些特征指标，到系统里面去做仿真、研判，很快制定出这个风险的改进策略。

第四是策略智能优化。策略的产生需要经过多维分析、策略推荐、仿真和上线等几个过程，需要投入较多的时间和人力。在策略进行优化方面，蚁盾风险大脑智能风控系统采用机器学习方式，只要案例够多机器就可以自学习。还有一个很重要的概念是迁移学习，迁移学习可以实现同样的模型换了应用场景后，仍然具有较好的效果。

由蚁盾风险大脑智能风控系统可见，人工智能技术基于其先天优势及特殊优势，在未来会与金融行业更加紧密贴合。

■ 本 章 小 结

人工智能技术被应用到了许多领域，而且人们对人工智能技术有着各种看法。了解人工智能的基本概念与分类，认识到将人工智能技术引入到金融行业中能够极大地推动金融行业的发展。当然，任何事物的发展都具有两面性，人工智能技术同样如此，将人工智能技术应用到金融行业中虽然极大地提升了金融行业的发展速度，但也为金融行业的发展增加了许多风险，必须对这些风险进行全面分析，找出有效的处理措施合理规避这些风险，只有这样才能更好地将人工智能技术应用到金融行业中，促进金融行业和人工智能技术共同发展。因此，必须对人工智能技术不断完善，改进人工智能技术在使用过程中存在的种种问题。

思考与练习

1. 人工智能技术的内涵是什么？对传统金融有何影响？
2. 智能金融的前景如何？
3. 谈谈人工智能技术金融应用的伦理问题。

课程思政小思考

　　党的二十大报告中强调，"高质量发展是全面建设社会主义现代化国家的首要任务"。高质量发展是能够很好的满足人民日益增长的美好生活需要的发展，是体现新发展理念的发展，是创新成为第一动力、协调成为内生特点，绿色成为普遍形态、开放成为必由之路、共享成为根本目的的发展。人工智能作为新一代信息的重要代表，正在逐渐成为推动经济高质量发展的重要力量。那么请你从机遇与挑战两方面谈谈人工智能如何助力经济高质量发展？

第三篇 模 式 篇

金融科技的新兴模式

【学习目标】
了解金融科技的各种应用模式
掌握移动支付的特征与发展趋势
掌握数字货币的主要特征和实际影响
掌握众筹融资的主要模式与风险
掌握互联网证券与股权众筹的特征和区别
了解互联网保险与互助众筹的特征和风险

第5章

新兴金融模式概述

【本章提要】

2010年后，以移动支付、社交网络、搜索引擎、云计算、大数据等互联网技术在市场上掀起了一场前所未有的运营模式与思想观念的变革。以"金融线上化"为代表的互联网金融模式日益兴起，并得以蓬勃发展，对传统的金融机构造成了巨大的冲击。本章基于互联网金融模式发展背景，介绍互联网金融模式的特点、现状及存在的问题；具体阐述了我国四大互联网金融发展模式，对互联网金融模式的发展趋势做出预测分析，以期促进互联网金融模式发展。

■ 5.1 互联网金融模式的内涵

以移动支付、众筹等为代表的互联网金融模式能够使更多不同层次的群体得到金融服务，实现数字普惠金融服务。然而互联网金融模式的出现在带来机遇的同时，也带来了巨大的风险，如何监管至今还是一个重大社会问题。对政府而言，虽然互联网金融模式可被用来缓解中小企业面临的融资难问题，促进民间金融的阳光化、规范化，加快金融改革，促进经济发展，但同时也带来了一系列监管难题。对传统金融业而言，互联网金融模式可以带来巨大的商业机会，但也会形成冲击，促成竞争格局的大变化。虽然互联网金融模式自产生之日起就得到了迅速的发展，但是中国的金融市场不完善，征信体系建设不完善，加之互联网金融企业进行掠夺式的扩张而忽略风险控制，又缺乏有效的监管，如此发展下去必然会引发恶劣的风险问题，使投资者的权益得不到保护。如何完善发展环境，如何提高监管效率，互联网金融业和传统银行业该怎样和谐发展都还在探索中。

5.1.1 互联网金融的定义

互联网金融就是互联网技术和金融功能的有机结合，依托大数据和云计算在开放的互联网平台上形成的功能化金融业态及其服务体系,包括基于网络平台的金融市场体系、金融服务体系、金融组织体系、金融产品体系以及互联网金融监管体系等,并具有普惠金融、平台金融、信息金融和碎片金融等相异于传统金融的金融模式。

互联网金融模式是除商业银行间接融资和资本市场直接融资以外的第三种金融融资模式,并且从融资模式角度看,互联网金融模式本质上是一种直接融资模式(谢平和邹传伟,2012)。互联网金融模式是凭借流量获取海量数据,再基于对数据的分析和处理,应用到金融服务领域的模式。互联网金融模式是依托现代信息科学技术进行的金融活动,具有融资、支付和交易中介等功能。互联网金融模式最早由 IT 行业提出,从狭义上可以理解为互联网企业向公众提供金融服务的行为。

5.1.2 互联网金融模式实质

目前各界对互联网金融模式的准确定义还存在较大的分歧,大致分为两类:一类认为互联网金融模式就是金融业务的互联网化,另一类认为互联网金融模式是一种非传统的新的金融模式。本章认为互联网金融模式的范畴是超过上述任何一种的。

从金融的本质来看,金融是为实现供需双方的交易而产生的资金流通,而这一种流通需要产生一定的成本。从广义的金融来看,金融包括货币发行、结算、兑换等一切和资金流通相关的行为,按照资金在出让方与受让方的流通方式可以分为以股票和债券市场为代表的直接融资和以银行借款为代表的间接融资。而当资金出让方与受让方之间需要中介来协调资金流通的相关事宜时,中介机构可以利用两者之间的信息不对称来经营金融业务,并获得收益,如银行的存贷差。

因此,互联网金融模式从事的还是金融业务,而与传统金融不同的是互联网金融模式正在去中介化,以便达到市场充分有效。通过利用互联网技术防止信息不对称,摆脱金融中介在资金流中的导向作用,从而实现资金的直接流通,将流通成本降为零。更为通俗地说,互联网金融模式是传统金融业务的延伸和补充,使以往得不到金融服务的群体能够得到金融服务。具体表现有:在非零售业务领域,互联网金融模式下的各种"宝"类理财产品、基金在线销售等补充了传统银行业的吸储功能,网贷模式、众筹模式等弥补了传统银行业的放贷功能,同时也是银行融资功能的延伸;在零售业务领域,传统银行业也往往是面向大客户,而互联网金融模式下的第三方支付是传统银行业的支付和代理服务的有益补充,网络信用卡的提出也可能对传统银行业的信用卡业务加以延伸。

互联网金融模式有三个核心部分,即支付方式、信息处理和资源配置,这使得互联网金融模式具有支付便捷、交易成本低和资源配置效率高的竞争优势。

5.1.3 互联网金融模式的特点

1. 覆盖面广与发展迅速

互联网金融的快速增长依托于大数据和电子商务的发展。在互联网金融模式下,客户能够突破时间和地域的束缚,在互联网上寻找需要的金融资源,金融服务更直接,客户基础覆盖面更广。此外，小微企业是互联网金融的主要客户，然而传统金融业的服务盲区是小微企业。互联网金融的出现有利于提升社会资源的有效配置，促进实体经济的快速发展。

2. 交易成本低与效率高

互联网金融业务主要由计算机处理，操作流程标准化，客户不需要排队等候，与传统金融机构相比，它减少了线下实体店的费用和人工费用，从而降低了交易成本。互联网金融不像传统金融那么集中化，可以缩短资金融通中的链条，减少不必要的中间成本。例如，债权众筹融资可以直接绕过银行或金融中介将资金需求方的贷款需求与投资方的投资需求进行信息甄选、匹配、定价和交易。交易优点是无传统中介、无交易成本、无垄断利润。

3. 互动性强与透明度高

在信息通信技术不断发展的互联网时代，信息传播具有范围广、速度快等特点，利用互联网可以更容易地获取到全方位的信息。互联网从电脑端向移动端不断渗透，越来越多的移动 App（application，应用程序）出现。移动 App 具有很强的互动性，用户可以通过微博、微信等 App 实现实时沟通交流。大数据技术的应用使得信息处理能力获得极大地提升，互联网金融平台可以综合地分析资金需求方、投资方以及宏观经济的情况，从而提高了风险定价和风险管理效率，显著降低了信息不对称程度，信息变得更为透明化和公开化。互联网金融模式并不是互联网金融企业重新创造了金融功能，而是在开放、平等、协作和分享的互联网精神的影响下，以一种全新的、更高效的方式去实现金融功能。

4. 监管薄弱与风险高

互联网金融在中国处于成长阶段，监管体系和法律约束不健全，进入门槛不高，行业自律差使得企业违约成本较低，容易诱发恶意骗贷、卷款跑路等风险问题。互联网金融的征信体系、信用信息共享机制、风险控制合规和清收机制不完善，监管较薄弱。互联网一旦遭遇黑客攻击，互联网金融的正常运作会受到影响，危及消费者的资金安全和个人信息安全。

■ 5.2　互联网金融模式理论基础

5.2.1　长尾理论

克里斯·安德森（Chris Anderson）提出了长尾理论，认为由于成本和效率的因素，当商品储存流通展示的场地和渠道足够宽广，商品生产成本急剧下降以至于个人都可以生产，并且商品的销售成本急剧下降时，几乎任何以前看似需求极低的产品，只要有卖，都会有人买，这些需求和销量不高的产品所占据的共同市场份额，可以与主流产品的市场份额相当，甚至更大，这些以往需求和销量不高的产品就是长尾市场。

在互联网金融模式下，大数据和云计算使互联网金融产品的研发成本和运作成本变得很低，产品多样化可以满足不同消费者的金融需求，并且互联网强大的搜索功能和快速传播进一步扩大了产品的潜在市场容量。尽管每个小微客户的资金不多，但是互联网企业的成本更低，这使得长尾市场有利可图。

目前已有的长尾市场处理模式主要有用户自助式、数据处理式和批量处理式三种，如表 5-1 所示。

表 5-1　长尾市场处理模式

处理模式	具体做法	案例代表
用户自助式	用户自己设定所需的服务及要出售或购买的产品	电子商务的自助下单、点对点网络借款、众筹、金融产品网销
数据处理式	平台依据用户数据建立相关模型，自动或者半自动地响应客户的请求	阿里小额贷款、自助理财规划网站
批量处理式	集中于长尾细分市场的共性需求，以批发的方式做零售	网上分销、传统金融机构的业务转型

5.2.2　信息经济理论

互联网技术和通信手段的发展，方便了信息的发布、传播和分享，降低了个人与他人建立联系的成本，并促进了一些新的分工协作模式的产生。搜索引擎和社交网络的出现促进了信息的传播。社会化搜索本质是利用社交网络蕴含的关系数据进行信息筛选，进一步提高信息的可靠性。任何金融交易产品实际上都隐含着一种信用违约互换（credit default swap，CDS），而信用违约互换市场机制是与社交网络和搜索引擎类似的机制，通过市场交易来产生时间连续、动态变化的违约概率序列，在这种情况下所有金融产品的风险定价就会非常直观和简易。

信息经济理论在信息传播的研究领域详尽阐释了异质信息下金融市场的分析方法，通过传染病模型研究了市场参与者掌握的信息如何融会到市场信号中，以及信息在社会网络中的传播过程。其主要研究思路是假设每一个参与者的风险厌恶系数及传播的私人信息和公共信息都不变，那么根据传染病模型，给定社交网络联系紧密程度，社交网络联系越紧密，信息传播速率越高，且信息在少数人知情到多数人知情的传播过程中，速度会先逐渐上升，在传播速度接近 50% 时达到最快速度，随后速度逐渐下降。时间足够长后，市场所有参与者都将变成知情者，即私人信息通过网络传播后都将变成公共信息。这意味着在互联网金融模式下，信息通过互联网能够实现自由传播，信息不对称程度降低。

5.2.3　资源配置理论

在资源配置的研究领域，交易可能性集合的定义为一对或多对投资者和储蓄者的集合，每一对融资者和储蓄者中，融资者能承受的最高融资成本高于储蓄者能够接受的最低的融资收益率。资源配置理论的基本思路是首先分析融资者能够承受的最高的融资成本。假设融资者均为风险中性，项目的预期收益率越高、项目成功率越低，融资者能够承受的贷款利率就越高。其次分析储蓄者能接受的最低贷款利率。同样假设储蓄者均为风险中性，再假设由于信息不对称，储蓄者得到融资者的信用评估结果后仍旧会将项目的成功率低估。经模型分析后得出信息不对称程度越低，交易可能性就越大的结论。

由此可见，互联网金融模式下的低成本和低信息不对称可以扩大交易可能性集合，即互联网金融模式的出现可以使得越来越多的融资者和储蓄者之间发生借贷交易。

5.3　互联网金融主要模式

我国互联网金融模式的典型代表主要为第三方支付、债权众筹融资模式、电商贷款模式、股权众筹模式。现阶段，它们的发展势头十分迅猛，而且正在对传统金融业经营模式的变革产生巨大影响。

5.3.1　第三方支付

第三方支付是互联网支付方式中的一种，其运作实质主要依托买卖双方之间的中间过渡账户来实现汇款资金的可控性停顿。这种第三方中介的流程设计，一方面可以有效解决电子商务小额支付下由银行卡开户行不一致导致的货款转账不畅和成本较高问题，另一方面也能够大大降低信息不对称导致的互联网交易欺诈风险，进一步保障消费者的合法权益，促进支付行业的健康发展（图 5-1）。

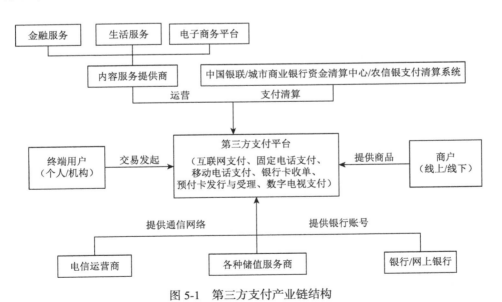

图 5-1　第三方支付产业链结构

据统计，2016 年我国拿到支付牌照的公司已达到 270 家。2018 年第三方支付整体规模已达到 219.6 万亿元，超过整个互联网支付交易规模的三分之一，成为现代金融支付市场的重要组成部分。2018 年第三方支付交易规模为 219.6 万亿元同比增长 47.9%，

2019 年第三方支付交易规模为 251.1 万亿元同比增长 14.3%，2020 年中国第三方支付交易规模 271 万亿元，与 2019 年相比增长 7.9%。随着第三方支付交易规模的日益扩大和发展的日趋成熟，支付市场将不再被银行业所垄断，支付结算也不再是银行的特有业务。目前我国第三方支付平台已基本形成了一个相对独立的产业链，成为互联网金融中不可或缺的支撑力量。

5.3.2　债权众筹融资模式

债权众筹融资模式是一种个人对个人的直接信贷模式，是指有理财投资愿望的资金持有者通过信贷平台牵线搭桥，运用信用贷款方式将资金贷给其他有借款需求的资金需求者。同时，由信贷平台的搭建者负责对借款方的信用水平、经济效益、经营管理水平、发展前景等情况进行详细考察，从中收取一定的账户管理费和中介服务费等。债权众筹作为一种民间借贷方式，其金额通常为几千元到几万元，相当于小微贷中的微贷或极微贷，其特征可归纳为额度小、范围广、周期短和成本高。

由于我国传统金融机构提供的投资理财产品种类相对单一，且解决小微企业融资问题力度有限，市场出现了"两多两难"的局面，即民间资本多，投资难；小微企业多，融资难。在这样一个大背景下，2007 年 6 月，我国第一家纯线上债券型众筹网站——拍拍贷成立。此后，众筹行业应运而生，进入一个爆发性增长期（表 5-2）。债权众筹融资模式的出现，弥补了正规金融机构的不足，成为实现普惠金融的新型方式。

表 5-2　中国主要债权众筹公司状况

公司	成立时间	注册资本/万元	经营模式	借款人成本		出借人收益	风险机制
宜人贷	2002 年 12 月	100 000	非典型模式	116.88 亿元	小微企业：23%～27%	小微企业：12%	风险保障金
					工薪：17%～23%	工薪：12%	
拍拍贷	2007 年 6 月	100 000	纯线上	成交利率 + 服务费		成交利率	无风险保障金
人人贷	2010 年 4 月	200 000	纯线上	成交利率 + 服务费		成交利率 + 13.6%	风险保障金
合力贷	2012 年 5 月	5 000	线下认证模式	成交利率 + 3.6%		成交利率 + 2%	风险保障金
融通汇信	2012 年 7 月	20 000	非典型模式	1.97% 每月		6%～12%	风险保障金

5.3.3　电商贷款模式

电商贷款模式是通过运用互联网发展前沿技术，将电子商务、小额贷款同大数据、云计算融合起来的一种全新信贷模式，是电子商务和金融融合的产物。它凭借电子商务历史交易信息和其他外部数据，形成大数据，并且利用云计算等先进技术，在风险可控条件下，在消费者、供应商资金不足且有融资需求时，由电商平台提供担保，将资金提供给需求方。电子商务成交量巨大及小微企业融资困难，电商金融交易成本低，而且以互联网为代表的信息技术，大幅降低了信息不对称性，使得风险可控性增强，这些因素都促成了电商贷款模式的诞生。

电商贷款需要四个要素：大数据、电商平台、资金提供方、资金需求方。在四个要素中，电商平台可以成为资金提供方，但不能成为资金需求方。这种模式将传统电商资源优势和点对点转账技术平台的信贷模式整合为一体，既是电子商务领域的应用创新，又是小额信贷模式的创新。自 2007 年阿里巴巴与商业银行合作推出企业信用度贷款服务开始，京东、网盛生意宝、敦煌网、慧聪网、苏宁易购这五家大型电商也陆续进入电商贷款领域。虽然几大电商纷纷进入并开始抢占市场空间，但现阶段电商贷款市场仍处于起步阶段，未来有着巨大的发展空间。

5.3.4 股权众筹模式

股权众筹起源于 2008 年美国 Kickstarter 平台，距今已有十余年历史。在国内，类似 Kickstarter 的众筹平台直到 2011 年才出现。2012～2015 年我国众筹发展迅速，上线平台数量快速增长，到 2016 年我国众筹平台数量有 532 家，达到顶峰；从 2017 年开始，我国众筹平台数量开始下降，而到 2019 年 6 月底，在运营中的众筹平台仅有 105 家。截至 2019 年 6 月，全国运营中股权型平台有 39 家，包括人人创、投哪儿、第五创和众筹中原等。

众筹模式指创意者或小微企业等资金需求方通过众筹平台身份审核后，在平台上建立并发布招标页面，向资金供给方介绍项目并募集小额资金或寻求其他支持口。若该项目在期限内达到募资金额，众筹平台就会将资金划拨到筹资人账户，并将项目实施的物质或非物质成果反馈给出资人。若在期限内未达到募资金额，众筹平台就会将所筹资金退回至出资人并由项目发起人决定是否开始新一轮筹资活动或宣告筹资失败。众筹平台的主要作用是接受并审核筹资创意、整理出资人信息、监督所筹资金使用、辅导项目运营和公开项目实施成果，主要收入则为从所筹资金中抽取的服务费。众筹模式流程如图 5-2 所示。

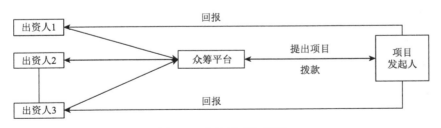

图 5-2 众筹模式流程图

当前我国众筹模式尚处于起步阶段，不仅融资模式单一、规模小，而且面临的法律障碍也很大，很可能涉嫌非法集资、非法发行证券等。但是众筹也深刻体现了互联网时代的金融包容性特征，其是融资普惠化、金融市场化在互联网时代的自然延伸，对于解决小微企业融资难、科技文化创意类项目融资难等具有独特价值，也可为社会大众的小额权益性投资提供可能。因此，在完善相关法规和监管流程后，众筹模式一定会得到业界的普遍认同并爆发出巨大能量。

■ 5.4 互联网金融模式的现状与问题

5.4.1 互联网金融模式的现状

自从计算机硬件及软件系统大力革新和普及之后，全世界迅速进入了数字化时代，紧跟互联网脚步进行产业的革新成为我国产业发展的主要方向，于是当互联网与传统经济的融合发展的政策号召出现时，互联网金融在政策的东风及时代的推动下应运而生。结合实际国情，我国互联网金融的业务重点主要放在了线上支付、信用贷款以及金融投资三大领域。在线上支付方面，微信及支付宝两大互联网金融企业处在领先地位，颇有"一览众山小"的气势，相关数据资料显示，我国早在 2013 年网络支付总额便已经突破了万亿元的级别，而微信支付以及支付宝支付的数额便占据了半壁江山，2018 年第三季度中国非银行支付机构发生网络支付业务 5306.10 亿笔，金额 208.07 万亿元，同比分别增长 85.05% 和 45.23%，其中支付宝、微信在移动支付市场份额合计达到 92.53%，支付宝市场份额为 53.71%，微信市场份额为 38.82%。艾瑞咨询报告显示，2020 年第二季度中国第三方移动支付交易规模市场份额，支付宝达 55.6%，高居第一，财付通占 38.8%，位居第二，两者合计占据 90% 以上的市场份额。在网络信贷领域，各大商业银行、支付平台以及互联网公司纷纷推出了网络贷款业务，近年来我国网络信贷规模逐渐扩大。

互联网金融的出现不仅弥补了以银行为代表的传统金融机构服务的空白，还提高了社会资金的使用效率，更为关键的是将金融通过互联网普及化、大众化，不仅大幅度降低了融资成本，还更加贴近百姓和以人文本。它对金融业的影响不仅仅是将信息技术嫁接到金融服务上，推动金融业务格局和服务理念的变化，更重要的是完善了整个社会的金融功能。互联网金融行业正在快速发展，还会有新的模式不断涌现。另外，从金融功能的角度，目前已有的互联网金融模式，还未能完全覆盖掉传统金融机构所具备的金融功能，同时金融功能也尚未能实现功能最优，互联网金融的未来还可以无限想象。

就其演进的过程，互联网金融模式呈现出以下趋势。

1. 与传统金融不断融合共生

物理空间里的经济形态正在跟虚拟空间的互联网进行对接融合，互联网和金融不是竞争关系，而是互补关系。银行如果不转型，将面临被淘汰的行业风险，而不是单个的企业风险，银行要么与互联网挂钩，要么直接变成互联网金融。互联网金融是一项伟大的创新，在很大程度上改变了金融生态，在不久的将来一切金融都将变成互联网金融。

实际上，传统金融业并没有坐以待毙，目前很多商业银行抓住时机，进行互联网化改造升级，开拓手机银行、微信银行、5G（5th generation mobile networks，第五代移动通信技术）自助银行等新的业务领域，如中国建设银行北京市分行的"5G＋智能银行"以中国建设银行自主研发的"新一代核心系统"作为底层技术平台，融合了 5G 等核心技术，在这里，客户无须实物介质，视频分析与人脸识别技术能够精准身份确认，而在远程协助、远程审核、远程营销等服务场景下，客户可以全自助办理业务，更私密、高效。中国工商银行推出 5G 自助银行服务，2019 年中国工商银行首家基于 5G 应用的新型智慧网点在苏州建成。中国工商银行 5G 智慧网点以客户的智慧金融服务需求为基础，将大数据、人工智能、生物识别等金融科技手段进行了深度集成，以"金融与科技融合、金融与生态融合、金融与人文融合"为理念设计。在 5G 技术支持下，网点构建了"技术应用＋服务功能＋场景链接＋生态融合"四位一体的智慧服务体系，让客户充分体验到更具科技感、未来感、温度感的金融服务。

　　未来的金融有两大机会：一是金融互联网，二是互联网金融。互联网金融和传统银行客户资源在业务定位方面存在的较大差异，互联网金融短期难以颠覆传统银行等金融机构，但是给传统银行业带来的挑战非同小可。互联网企业能利用其互联网技术优势，同样银行也可以利用阿里巴巴、淘宝、微信进入互联网，这将给银行带来新机会，银行产品的销售方式会发生巨大变化。以前银行通过自己的渠道销售相关产品，现在可以把产品放在更大的互联网平台，这将产生更多的机会。互联网金融来势汹汹，金融机构已采取开放的态度与进入者开展跨界合作，充分挖掘双方在风险和数据维度等多方面的互补空间，在互联网金融创新和发展中互补融合共赢。

2. 注重高效创新

　　互联网金融伴随着互联网技术的创新而不断创新，未来有三个大的技术趋势：一是信息的数字化为大数据在金融中的应用创造条件。二是计算能力的不断提升。三是网络通信的发展。未来，互联网、移动通信网络、有线电话网络、广播电视网络将高度融合，高速 WiFi 覆盖全球，这三个技术趋势将会使得互联网金融的创新更注重投资者的便利性和投资高效性。

　　同时，由于互联网金融产品简单化、金融脱媒、去中介化，无形中降低了成本。而与此同时，投资者往往是趋利群体，未来的互联网金融会更注重产品的高回报，将利益从传统的金融机构转移给投资者和融资者。

3. 信用大数据会成为企业的核心竞争力及创业方向

　　大数据具有四个基本特征：数据体量庞大、价值密度低、来源广泛和特征多样性、增长速度快。金融是大数据的一个重要应用领域。

　　征信和网络贷款是目前大数据在互联网金融行业两个主要应用场景。以阿里巴巴为例，2018 年阿里巴巴征集了淘宝商家的信用信息，侧重于用户在阿里巴巴生态系统上的行为数据，由系统自动记录。在获得这些信息后，阿里金融的数据分析团队会从风险、营销、政策三个模块进行数据分析，以服务于微贷、理财、保险、消费等方面的业务决策，在流程上支持市场营销、信贷审批、授信、支用、监控、催收等环节，其核心是违约风险模型，主要用于客户授信、贷款自动审批和贷后风险监控。阿里巴巴是信用大数据商业化的先行者，而未来能将用户在互联网上不同网站的行为数据整合采集、归纳分析，打通个人及企业的线上线下数据库的创新型产品和创新型企业将更加值得期待。

4. 风险控制人才及风险控制经验的累积决定行业的良性发展

互联网金融面临着两大类风险：首先是信息技术风险，如计算机病毒、电脑黑客攻击、支付不安全、网络金融诈骗、金融钓鱼网站、客户资料泄露、身份被非法盗取或者篡改等。其次是长尾风险。互联网金融服务了大量不被传统金融所覆盖的人群，这部分人群的金融知识、风险识别和承担能力相对欠缺，属于金融领域的弱势群体，容易遭受误导、欺诈，个体的非理性和集体非理性更容易出现，使集体挤兑成为可能，而一旦互联网金融出现风险，从涉及人数上衡量对企业的负面影响很大。

因此专业的风险控制人才及风险控制经验的累积，将是决定互联网金融行业顺利发展的关键因素。

5.4.2　互联网金融模式存在的问题

1. 金融监管不完善

传统金融业有着严格的市场准入监管、运营过程监管以及市场退出监管，而互联网金融模式的监管目前还处于起步阶段，在市场准入审批、经营业务范围资本充足性、企业流动性、市场风险以及个人的信息保护等方面的规则不明确，一旦出现诈骗、非法洗钱及非法套现等行为，投资者的权益无法得到有效地保护。由于没有资本约束，在高杠杆率的模式下，互联网金融平台容易产生运营风险，而企业倒闭时，投资者的资金如何追回也没有相应的保护措施。

此外，互联网金融模式有着明显的跨行业特征，而国内的分业监管大环境给互联网金融模式的监管带来了很大的难度，由谁来监管、怎样监管、监管的标准是什么难以准确地界定。而伴随着互联网金融模式的快速发展，若没有有效的监管引领互联网金融走向正规化的发展，风险事件将不断地出现。

2. 风险控制不足

目前风险的控制手段跟不上互联网金融模式的创新速度，风险控制不足体现主要在技术风险和资金安全方面。在技术方面，互联网金融模式没有对市场准入设定一定的门槛，行业内的企业良莠不齐，并且大部分的企业都是直接购买成型的技术来运作企业，并没有自己的技术研发团队，因此在出现问题时就没有专业的人员进行修复和维护。在资金安全方面，由于中间资金账户的存在，且中间账户大量而小额的资金流转导致监管出现了真空，平台上的资金调配权完全由平台自己掌握，容易出现卷款潜逃、非法挪用的风险。并且广大的社会民众对互联网金融模式并没有清晰的认识，容易出现跟风的盲目投资行为，从而使自己的权益得不到有效的保护。

3. 信用体系建设落后

从大环境来看，国内的信用体系建设尚处于成长阶段，信用数据体系不完善，个人信息安全得不到有效的保护并且存在着信用在各机构的传递不通畅的问题。另外，互联网金融模式下的很多服务没有被纳入中国人民银行的征信体系，这就给部分公司通过互联网金融模式非法集资或者出卖个人信息从而牟利的损害投资者利益的行为提供了可乘之机。以点对点网络借款为例，平台主要是依据融资者提供的个人信息进行借贷的风险评测，而这些信息是容易造假的。一旦借款人出现问题，资金也无法追回。

4. 金融市场环境尚不完善

我国的金融业尚处于缓慢的改革之中，金融业发展环境尚不完善，导致金融业发展不够充分，且金融业的自由程度和开放程度都远远低于发达国家，金融保护和干涉过多。主要存在着利率市场化的进程缓慢、金融牌照的严格管制、行业的垄断程度过高、灵活有效的金融监管体系的尚未建立等问题。这给传统银行业带来了诸多的风险和不确定性，对于新产品和新业态不断涌现的互联网金融模式更是无法有效把控，增加了互联网金融模式不断创新的风险性。

5. 缺乏专业人才

许多互联网企业对人才的重视程度不够，缺乏完善的互联网金融人才培养机制，在这种情况下，专业人才无法得到锻炼、培养，最终导致企业缺乏核心竞争力。在传统金融业中，稳健与保守是行业文化，遵守规定和流程是基本要求，长期处于传统模式下的金融从业人员缺乏创新精神和能力，而互联网金融业不但需要熟悉金融业务、运用新技术的人才，更需要具有创新精神的人才。互联网金融发展速度迅猛，人才的培养不能跟上其发展速度，必然会出现问题。互联网金融行业专业人才缺乏，造成相对复杂的金融业务无法开展；缺乏开发新产品的能力，只能受制于现有的金融产品；不能独立开发及保护自己的信息安全系统，会带来企业声誉和财产的双重损失，导致互联网金融企业在日后的发展中遇到瓶颈，限制互联网金融的快速发展，难以向更高层次上升。

案例阅读

随着银行、证券、保险、信托等金融行业纷纷以互联网作为载体开展日常业务，许多用户逐渐习惯通过网络购买理财产品，形成了互联网理财的概念。2013 年余额宝和网络借贷的兴起，则以互联网金融的名义丰富了互联网理财的途径，也使人们认识到良好的用户体验和较低的理财门槛是互联网金融对互联网理财的重要贡献，超越了单纯的渠道意义。

1. Mint

Mint 是一个老牌的个人理财网站，于 2007 年 9 月上线，2010 年 10 月被著名的会计软件公司 Intuit 收购。Mint 拥有多项创新性功能：首先，它可以通过授权把用户的多个账户信息（如支票、储蓄、投资和退休金等）全部与 Mint 的账户连接起来，自动更新用户的财务信息；其次，它能够自动把各种收支信息划归入不同的类别（如餐饮、娱乐、购物等）。这两项功能结合起来，用户相当于拥有了个人财务中心，对自己的财务状况与日常收支一目了然。更重要的是，Mint 可利用数据统计功能，帮助用户分析各项开支的比重、制订个性化的省钱方案和理财计划。

如此贴心的功能外加简便、易用的操作和实用的免费策略（其收入主要来自向用户推荐"帮你省钱"的金融产品佣金），使得 Mint 网站备受青睐，它在成立后的两年内获得三轮融资，并最终以 1.7 亿美元的价格被 Intuit 收购。

2. SigFig

与侧重于日常财务管理的 Mint 不同，正式上线于 2012 年 5 月 1 日的 SigFig 更专注于用户的投资行为。它同样可以自动同步用户分散在各个投资账号上的数据，在网站上予以集中展示。通过对这些投资数据进行分析，SigFig 每周都会自动诊断用户的投资组合，给出个性化的建议，帮助用户节省成本、提高收益。例如，定位收益不佳的投资，发现并削减隐藏的经纪费用，检测理财顾问是否多收了你的费用，推荐收益更高的股票/基金等。另外，SigFig 还提供简洁、易读的图表帮助用户评估风险、比较收益。

SigFig 网站所做的就是一般投资顾问要做的事情，但是它完全依靠算法，而且对个人用户完全免费。它的收入主要源于授权财经媒体使用其投资工具，以及推荐券商或投资顾问的推介费。2013 年 7 月初，SigFig 获得 1500 万美元的 B 轮融资，其平台上的用户资产达 750 亿美元。

3. Personal Capital

作为 SigFig 的主要竞争对手，Personal Capital 直接喊出了"你的下一代财务顾问"的口号。它更倾向于个人财富管理，利用分析工具确保用户的长期财务健康。它的业务包括两个部分，一部分是网站形式的投资分析工具，另一部分是专职财务管理顾问（通过电话和电子邮箱进行服务）。前者免费，后者则只收取低廉的年费。Personal Capital 的 CEO（chief executive officer，首席执行官）比尔·哈里斯（Bill Harris）（他是 Intuit 和 PayPal 的前 CEO）认为："我们所做的以客户为中心、提供整体建议的消费科技，将是这个产业未来 10～15 年的代表。"

2013 年 6 月初，Personal Capital 获得 2500 万美元的 C 轮融资。截至当时，它的平台拥有 20 多万用户，跟踪的资金超过 200 亿美元；其专职财务管理顾问则拥有 700 多位客户，管理着近 2 亿美元。

4. Wealth Front

较之 Personal Capital 成为下一代的财务顾问的雄心，Wealth Front 则直接瞄准下一代的"高富帅"——硅谷员工，致力于提供投资组合管理服务来最大化客户的税后净收益。在注册账号之前，Wealth Front 会以调查问卷的形式了解用户的风险偏好，然后根据评估结果为用户量身定制投资计划。如果用户接受该计划，平台则随时监控该投资组合的动态，并定期对计划进行更新，以便合理控制风险，使之始终落在用户的容忍范围之内。Wealth Front 的投资建议同样由计算机算法给出。为了贴合硅谷员工的需要，它们还提供了相应的工具帮助硅谷员工确定如何操作股票期权，因而受到硅谷员工的青睐。

Wealth Front 根据用户的投资额收费，低于 1 万美元的投资不收取任何费用，超过这个额度则每年收取 0.25% 的服务费。

5. Motif Investing

Motif Investing 同样是个投资组合服务提供商，它的投资组合被称为 Motif。一个 Motif 包含一组具有相似主题或理念的多只证券（包括股票、证券等，最多达 30 只），如云计算、移动互联网、3D（three dimensions，三维）打印。用户可以根据自己的投资理念，从平台上选择已有的 Motif 直接使用，也可修改（包括调整其中包含的股票/基金组成和比重）后使用，更可以创建自己的全新 Motif。该平台的新颖之处在于：①提供了强大的自助式投资组合设计工具，用户可非常方便、直观地修改、创建、评估 Motif，只需要几分钟便可拥有个性化的投资组合；②引入社交机制，用户可以把自己的 Motif 分享给好友或者选定的圈子，大家共同对 Motif 进行讨论和优化。

Motif Investing 的实质是应用先进的技术手段和社交机制，使每个用户成为自己的基金经理。其收费策略也非常独特，无论用户在某个 Motif 上的总体投资额是多少（最低不能低于 250 美元），也无论该 Motif 由平台提供还是用户定制，用户每按照该 Motif 购买或出售一次股票/基金组合，平台都会收取 9.95 美元。如果只是交易其中的一只证券，则每次收取 4.95 美元。

以上理财规划平台具有若干共同特征。

①以互联网为主要服务渠道；②以自动、智能的算法为用户提供服务，显著降低了服务成本；③注重个性化和定制化，面向长尾市场；④理财方案清晰、透明，用户享有完全的知情权和选择权；⑤操作简单，用户无须过多的金融知识便可独立进行理财；⑥资金门槛低，普遍门槛在数百美元左右，与动辄十万、百万量级资产要求的传统理财咨询业大相径庭；⑦大多拥有移动应用，用户可充分利用碎片化的时间与碎片化的资金进行理财；⑧费用透明、低廉。

这些特征源于互联网技术与理念在理财规划/咨询事务上的深入应用，体现出鲜明的互联网精神（普惠、平等和选择自由），而不仅仅是理财规划咨询行业的网上渠道拓展。因而它们是对传统理财规划咨询行业的革新，将市场扩展至传统理财规划咨询行业无法覆盖的人群，正如 Personal Capital 的 CEO 比尔·哈里斯所说："这是我见到过的最庞大的市场。美国的个人可投资资产管理市场达到 32 万亿美元，是美国 GDP（gross domestic product，国内生产总值）的两倍。而且，这个市场还没有统治者出现。甚至行业巨头富达和嘉信也只占很小的市场份额。"

■ 本 章 小 结

　　互联网技术的变革带来了金融服务模式的创新与变化，互联网金融模式是形式上不同于传统的直接融资和间接融资的第三种融资方式，但业务实质上仍旧属于金融的范畴，只是在平台、渠道等都通过互联网技术进行了创新，主要目的是达到金融的脱媒，具有支付便捷、信息不对称程度低和风险分散等特征。深刻认知互联网金融的发展现状、主要问题和潜在风险，结合互联网金融模式发展的特点与问题，加强互联网金融信用、信息平台建设，培养互联网金融人才，可帮助互联网金融模式走上正规、可持续发展的道路。

思考与练习

　　1. 互联网金融模式的内涵是什么？与传统金融之间的区别与联系是什么？
　　2. 当前主要的互联网金融模式有哪些？前景如何？
　　3. 互联网金融能否颠覆传统金融模式？

课程思政小思考

　　2019 年 2 月 22 日，习近平在主持中共中央政治局第十三次集体学习时发表了重要讲话，就推动金融业高质量发展作出了重要部署。习近平总书记指出，深化金融供给侧结构性改革必须贯彻落实新发展理念，强化金融服务功能，找准金融服务重点，以服务实体经济、服务人民生活为本。结合互联网金融发展历程，试分析互联网金融模式改革方向与路径。

第6章

移动支付模式与发展

【本章提要】

　　随着移动通信技术的发展，移动支付作为一种新兴的支付方式正在蓬勃发展。本章简要介绍了移动支付的基本概念和发展现状，并对当今形势下的移动支付的发展趋势和发展中的问题进行了分析，从各种角度对移动支付的发展趋势进行了总结和展望。虽然目前用户对它的接受度、认可度已经较高，但是仍需深入认识移动支付本身存在的一些问题，从而促进移动支付健康发展。

■ 6.1　移动支付的内涵

　　移动通信技术迅速发展，移动支付未来将成为支付业的主流模式。移动支付能够最有效率地整合物流、资金流和信息流，并逐步成为老百姓日常生活中的一项移动增值服务，近年来中国移动支付市场呈井喷式增长。作为新兴的电子支付方式，移动支付可以随时随地进行，消费者只要拥有一部手机，就可以完成理财或交易，享受移动支付带来的便利。如今，手机支付正成为电子商务的新亮点。移动支付的各种发展条件已经成熟或正在成熟，其发展前景将十分诱人。中国有 4 亿多移动终端用户，可以组成世界最大的支付网点系统，众多行业可以利用这个系统提高效率。在产业链内部，移动用户得到更出色的服务；金融机构依靠移动支付来挖掘市场，节省设备购置成本和人工成本；商家通过移动支付来增加销售；移动运营商则可以发展移动增值服务市场。随着移动支付系统的内部关系结构日益清晰，行业发展对每个参与者都能够起到正效用。

6.1.1　移动支付的概念

　　移动支付是指使用普通手机或智能手机完成支付或确认支付，而不是用现金、支票或银行卡支付。买方可以使用移动电话购买一系列的服务、数字产品或实体商品。单位或个人通过移动设备、互联网或者近距离传感直接或间接向银行金融机构发送支付指令，产生货币支付与资金转移行为，从而实现移动支付功能。移动支付将终端设备、互联网、应用提供商以及金融机构相融合，为用户提供货币支付、缴费等金融业务。

所以，移动支付是互联网时代一种新型的支付方式，其以移动终端为中心，通过移动终端对所购买的产品进行结算支付，移动支付的主要表现形式为手机支付。

6.1.2 移动支付的特征

1. 时空限制小

互联网时代下的移动支付打破了传统支付对于时空的限制，使用户可以随时随地进行支付活动。传统支付以现金支付为主，需要用户与商户之间面对面支付，因此，对支付时间和地点都有很大的限制；移动支付以手机支付为主，用户可以用手机随时随地进行支付活动，不受时间和空间的限制，如用户可以随时在淘宝等网上商城进行购物和支付活动。

2. 方便管理

用户可以随时随地通过手机进行各种支付活动，并对个人账户进行查询、转账、缴费、充值等功能的管理，用户也可随时了解自己的消费信息。这为用户提供了极大的便利，也更方便用户对个人账户的管理。

3. 隐私度较高

移动支付是用户将银行卡与手机绑定，进行支付活动时，需要输入支付密码或指纹，且支付密码不同于银行卡密码，这使得移动支付较好地保护用户的隐私，其隐私度较高。

4. 综合度较高

移动支付有较高的综合度，其为用户提供了多种不同类型的服务。例如，用户可以通过手机缴纳家里的水费、电费、气费；用户可以通过手机进行个人账户管理；用户可以通过手机进行网上购物等各类支付活动。这体现了移动支付有较高的综合度。

6.2 移动支付商业模式

移动支付主要有四种商业模式，分别为以下四种。

6.2.1 以移动运营商为主体的移动支付商业模式

这种移动支付商业模式是以移动运营商为价值链核心对上下游企业的移动支付发展进行协调（图 6-1）。消费者进行服务或者产品的消费资金支出是来自手机费用的，其进行的一般都是金额比较小的消费。这种消费模式主要有以下几种特点：首先，此支付活动并没有银行参与，消费者是直接和移动运营商进行交易的；其次，这种交易方式不需要太高的技术成本；最后，相应的交易风险及责任是由移动运营商独立承担的，并不会和国家的金融政策发生冲突。

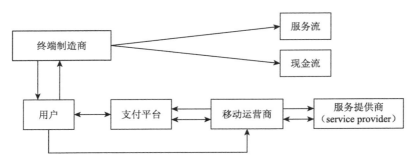

图 6-1 以移动运营商为主体的移动支付商业模式

6.2.2 以银行为主体的移动支付商业模式

这种移动支付商业模式的价值链核心是银行，而处于价值链下游的企业则是移动运营商，其主要负责的任务就是信息服务，并不涉及支付活动（图 6-2）。在这种商业模式条件下，用户可以直接通过手机登录自身的银行账户完成相关交易，但是在进行交易的时候用户需要支付相关企业的服务费用、银行的数据费用以及移动运营商的流量费用等三方面的费用。中国工商银行使用的就是这种商业模式，拥有中国工商银行卡的用户可以直接通过手机完成相应的缴费、转账以及查询业务。而这种商业模式的特点主要有以下几种：第一，不能跨行进行业务办理；第二，移动服务商并不涉及资金交易工作，只负责提供信息服务；第三，用户需要支付相对较多的成本才能够进行手机终端的改变或者转换银行的操作。

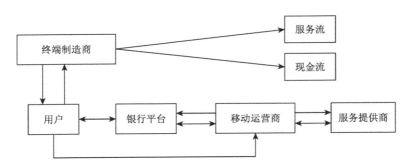

图 6-2 以银行为主体的移动支付商业模式

6.2.3 以第三方支付平台为主体的移动支付商业模式

以第三方支付平台为主体的移动支付商业模式的产业链核心是作为独立经济主体的第三方支付平台，不管是银行还是移动运营商在这种模式下都仅仅是第三方支付平台的合作伙伴（图 6-3）。这种模式的主要特点就是其拥有更为灵活的产业价值链结构，第三方支付平台可以和不同的银行组成合作伙伴，这样用户来源就会变得更为广泛，用户也可以更加简单方便地享受到相应的服务。但是这种移动支付商业模式还有一点问题，就是其对第三方支付平台的客户管理能力、市场管制能力以及资金运转能力都有比较高的要求，假如第三方支付平台的能力存在不足，那么这种模式的发展必然会出现问题，甚至会出现瘫痪的情况，给客户带来比较大的损失。

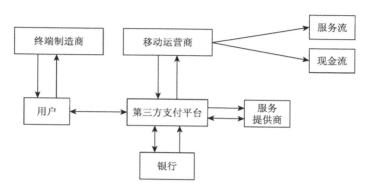

图 6-3　以第三方支付平台为主体的移动支付商业模式

6.2.4　银行与移动运营商合作的移动支付商业模式

这种商业模式的产业链核心是由移动运营商及银行两者共同组成的，它们两者都会参与用户资金交易（图 6-4），而且使用这种商业模式进行移动支付，移动运营商和银行必须共同努力将各自的优势都充分地发挥出来，使移动支付技术的信用管理及安全都得到有效的保障。这种移动支付商业模式的特点：银行和移动运营商都会花费更多的成本进行核心技术的研发，并通过互补的方式来进一步提升自身的竞争力；银行和移动运营商在资源共享、产品开发以及信息安全等方面的联系会变得更加紧密；在这种模式下，移动运营商可以和多个银行组成战略发展联盟，为用户提供更加方便优质的服务。

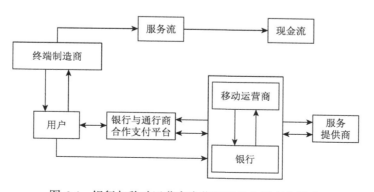

图 6-4　银行与移动运营商合作的移动支付商业模式

■ 6.3　移动支付的现状与特征

6.3.1　移动支付的现状

移动通信对人们的日常生活和工作产生了深刻影响，对传统支付方式更是造成了较大的冲击，以至于银行业金融机构竞相变革转型。随着移动互联网的逐步成熟与智能手机的推广和普及，移动支付成为人们日常生活不可缺失的一部分。快速增长的网络支付，尤其是以移动支付为代表的新兴电子支付已成为推进我国经济发展和金融变革的重要手段和有力措施。"扫一扫"在国内是最为常见的一种移动支付手段，如支付宝、微信支付等，这些日益更新的移动支付方式无疑给我们的工作生活带来了极大的便利。

第三方支付是较早采用移动支付形式的。移动支付中的第三方支付是伴随电子商务而产生的一种金融业态，其极大地提升了电子商务支付环节的便利性和安全性，是支撑整个产品体系和交易体系的重要通道。2011 年中国人民银行发放首批支付牌照，第三方支付自此获得合法地位。2013 年以来，余额宝投资、春节抢红包、打车等众多消费场景深刻影响了人们的互联网支付行为，第三方支付行业嵌入更多生活场景，人们越来越习惯这种支付方式。

结合当前中国通信网络水平，可以看出移动支付场景的未来规模。中国具有强大的网络基础，未来移动支付将成为主流模式。截至 2018 年 12 月，中国网民规模达到 82 851 万人，互联网普及率为 59.6%。到 2020 年 12 月，我国的网民总体规模已占全球网民的五分之一左右（图 6-5）。"十三五"期间，我国网民规模从 68 826 万人增长至 98 899 万人，五年增长

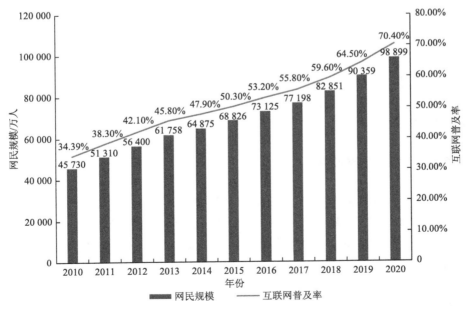

图 6-5　2010～2020 年中国网民规模及互联网普及率

了 43.7%。到 2020 年 12 月，我国网民规模为 98 899 万人，较 2019 年新增网民 8540 万人，互联网普及率达 70.4%，较 2019 年提升 5.9 个百分点。

在手机网民方面，截至 2018 年 12 月，我国手机网民规模达 8.17 亿人，全年新增手机网民 0.64 亿人；网民中使用手机上网的比例由 2017 年底的 97.5% 提升至 2018 年底的 98.6%（图 6-6）。根据 2021 年 2 月中国互联网络信息中心在京发布的第 47 次《中国互联网络发展状况统计报告》，手机网民规模较 2020 年 3 月已经新增 8885 万人，总数达到 9.86 亿人。

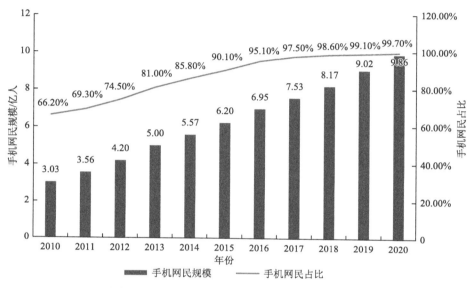

图 6-6　2010~2020 年中国手机网民规模及占比

第三方支付作为一种新的支付平台，越来越被广大消费者接受，微信支付、支付宝等新兴第三方支付平台，几乎涉及生活中的方方面面，近年来中国第三方移动支付交易规模快速增长，2019 年中国第三方移动支付交易规模达 226.1 万亿元，较 2018 年增加了 35.6 万亿元，同比增长 18.69%。2020 年中国第三方移动支付交易规模达到 249.2 万亿元（图 6-7），未来中国第三方移动支付市场需求前景广阔，产业支付将成为第三方移动支付未来的重要增长点。

6.3.2　移动支付的发展特征

移动支付把移动设备、互联网、金融服务等聚合在一起，直接利用二维码、指纹等提供支付业务，它给人们提供了一种简单、快捷的支付方式，使人们的生活更加便捷。第一，方便、安全、省心是其显著的优点。第二，支付方式的多样化，更加体现人性化。第三，各种经济大数据的处理，一目了然。由于这些优势和特点，移动支付正赢得越来越多智能手机用户的青睐。这些年，国内智能手机的广泛使用、手机网民规模的快速增长，对移动支付起到了催化作用，使其得到了全面的成长，对经济的发展和我们的日常生活都产生了很大的影响。

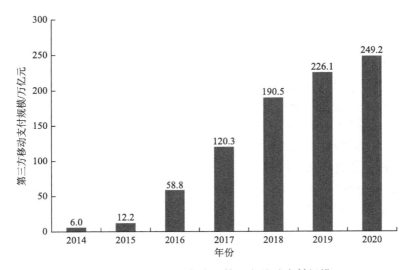

图 6-7　2014～2020 年中国第三方移动支付规模

1. 发展迅速化

伴随着智能手机技术的逐渐成熟，中国手机品牌纷纷推出具有 NFC（near field communication，近场通信）功能的手机。NFC 支付安全、便捷、移动设备无须联网，NFC 的推行将使得移动支付更加便捷化和安全化。2015 年底，我国移动支付用户数量已经达到较为可观的水平，其数值为 3.64 亿人，相较于 2014 年增长了 23.8%，到 2018 年其数值为 5.83 亿人。2015 年，互联网支付占比 53%，移动支付占比为 43%。而 2017 年，线下消费用手机支付比例提升到 65.5%，移动支付使用率达到 82%，较 2015 年上升了 17 个百分点，移动支付的渗透率进一步提升。

随着智能手机的普及和二维码支付市场的发展，消费者从 PC 端向移动端的迁移速度还在不断加快。移动支付业务笔数、金额不断增长。自 2015 年至今，移动支付用户数量稳步递增，为未来的增长奠定良好的基础。并且市场交易及网络两方面，都呈现增生长迅速的趋势。截至 2020 年 12 月，我国移动支付用户规模达到 8.54 亿人，比 2019 年 6 月增长了 34.9%，网民移动支付的使用比例由 2018 年底的 72.5% 提升至 86.4%。到 2020 年年底，我国移动支付业务 1232.20 亿笔，金额 432.16 万亿元，同比分别增长 21.48% 和 24.50%。2017 年，全国第三方移动支付业务 202.93 万亿元，2020 年达 271 万亿元。

2. 渗透众多行业领域

移动支付存在于衣食住行等各个方面，移动支付的主要使用场景为超市、餐馆、购物商场和便利店。移动支付具有如下特点：首先，便捷性为移动支付核心属性，适合小额高频应用；其次，移动支付在日常生活消费领域具有提高排队效率、免去找零和假币问题、优惠折扣较多等优势，能够被广大用户接受和使用。因此其线下场景十分丰富。

移动支付应用范围进一步扩大，助力其市场持续扩张。以支付宝为例，其场景应用涵盖了多种支付解决方案、生活服务解决方案及公共服务解决方案等，在餐饮、休闲娱乐、商超、医疗等方面均有非常成功的应用案例，可以说已经将移动支付渗透到了人们生活中的点点滴滴。现在不管是在餐厅买单、商店购物，还是抓娃娃机和烤红薯摊，甚至街头艺人，都能支持手机支付，出门不用带钱包已成为中国人的生活常态。2017 年，2 亿多市民在支付宝的城市服务中办理过包括社保、交通、民政等 12 大类的 100 多种服务；超过 30 个城市的公交、地铁先后支持支付宝。以北京为例，2017 年 9 月，北京易通行 App 率先在机场线开通扫码过闸功能，地铁乘客只需下载 App，开通"二维码乘车"后绑定支付宝，无须购买实体票就能坐地铁。整个过程所耗时间很短，从扫码到闸机门打开不到一秒钟。通过移动支付所积累的信用也发挥了不小的作用，如信用免押金，至 2017 年底，芝麻信用已累计为 4150 万用户免押金超过 400 亿元，用户可以将减免的押金用在更重要的地方，为社会创造更多价值。又如公交出行，公交公司可以通过乘客上下车的人流量，判断是否新增直达公交等，帮助解决城市拥堵问题。

3. 支付宝、财付通双寡头格局初定

目前支付宝与财付通两大巨头交易规模市场份额共占 90% 以上，市场集中度高。到 2019 年末支付宝市场份额占 55.1%，财付通（含微信支付）份额为 38.9%；而 2020 年第一季度支付宝市场份额持续上涨至 55.4%，而财付通（含微信支付）占比为 38.8%。第三方移动支付两大巨头线下支付业务竞争不断加剧，相继推出支付宝奖励金、微信鼓励金等活动进行补贴大战，未来针对细分业务的竞争会升级至综合实力的竞争，竞争态势日趋激烈。

支付宝对线下扫码业务保持大规模投入，特别是持续开发商户需求，消费类和个人转账类业务的交易规模都呈现爆发式增长。2017 年支付宝用户已达到 5.2 亿人，其中移动支付使用率达到了 82%。同时，全球还有 7 个支付宝本地钱包，正在服务 2.8 亿当地人，境外支付宝商户也约有数十万户。在第三方移动支付厂商交易份额方面，支付宝以 53.73% 继续遥遥领先，而且 2017 年同比提高了 3.31 个百分点，且移动支付市场持续扩张，移动支付使用率从 2015 年的 65% 上升至 82%。

2017 年第三季度以微信支付为主体的腾讯金融份额为 39.35%，稳中有升，同比提高 1.23 个百分点。腾讯持续投入线下移动支付场景，个人服务类交易规模仍然呈现爆发性增长，特别是个人类转账业务增幅十分明显，而且得益于微信的入口优势和对产品的持续优化，腾讯金融信用卡还款业务交易规模也保持高速增长。

4. 国际化

中国的移动支付在国外发展也异常火爆，如韩国的 T-money 交通卡可以使用支付宝来进行支付。2015 年韩国已有超过 1500 家商户可以用支付宝进行付款。在澳大利亚悉尼，支付宝设立了子公司，即 Alipay Australia。如此，中澳跨境电商成长得到了更好的支撑。2018 年 1 月 25 日，支付宝宣布进入以色列，正式将移动支付服务带到中东地区，为中国游客提供便利。以色列也成了全球范围内第 38 个支持支付宝扫码付的国家和地区，再次刷新了纪录。中国移动公司也开始发力，在全球范围内巡视目标，从而开拓自己的移动支付领域。

在中国，移动支付也得到了极大的发展，2004 年移动支付的用户数为 1342.9 万人，市场规模为 2.17 亿元；2005 年用户数增长了 32%，达到 1772 万人，市场规模为 3.4 亿元；2006 年上半年移动支付业务的用户数已经达到 1965 万人，市场规模为 2.0 亿元，从 2007 年开始移动支付进入快速发展期间，2008 年移动支付用户规模达 8600 万户，交易规模达到 275 亿元，外资及行业外企业将进入此行业；到 2020 年底移动支付用户规模达到 8.54 亿人，移动支付业务 1232.20 亿笔，交易规模达 432.16 万亿元。

6.3.3　移动支付发展存在的问题

1. 支付安全问题未解决

至今，仍有很多客户因为安全问题而不愿意使用移动支付。从目前来看，移动支付存在的安全隐患主要表现在这几个方面：第一，用手机进行移动支付，存在着较高的操作系统漏洞、木马植入等风险；第二，现有的短信验证手段单一，没有基于手机的动态数据风险管控系统；第三，缺乏手机端的支付安全整体解决方案；第四，移动设备丢失后手机被非法盗用进行支付的隐患。在这些影响移动支付发展的安全问题中，电信诈骗是高发问题，从《2016 移动支付安全调查报告》中，我们可以看出，受欺诈人数占比明显上涨，相应的受损金额也持续走高。同时，许多用户的安全意识较低，容易受骗造成损失。现有的大部分用户手机不具备安全性较高的硬件加密、认证条件等安全措施。如何解决手机丢失、信息泄露、唯一身份识别等安全问题是移动支付发展过程中的一个不可忽视的问题，是开展大额支付的首要条件，如果这一问题得不到有效解决或被忽视，那么包括移动支付在内的整个移动互联网金融都将面临巨大的风险。

2. 移动支付法律体系尚未健全

我国移动支付产业尚处于初级发展阶段，行业标准虽然已经确立，但国家标准尚未确立，缺少政策支持。目前，移动支付应用早、技术比较完善的地区法律法规很早就被利用起来。而相比之下，我国的通信技术发展较晚，银行业、电信业分属不同的监管体系，而移动支付涉及通信和支付两个行业，因此至今还没有建立移动支付行业的政策和法规。虽然《中华人民共和国国家安全法》《中华人民共和国刑法》《中华人民共和国专利法》等法律法规中都对信息安全问题有所涉及，但都未深入地分析。当前，中国人民银行进行了一些相关办法的制定，虽然这些文件在一定程度上可以规范移动支付，但如果要建成成熟的法律保护体系还要不断进行相应立法保护。而且，从立法主体看，这些文件由中国人民银行发表，法律影响力有限，对移动支付的规范作用也有限。政策性层面的不确定性也导致了企业技术和资金方面相对保守的投入。在没有法律政策规范的情况下，许多业务快速发展，但有些正处于灰色地带，某些业务甚至存在被管制或取缔的风险。因此，移动支付的国家标准的确定和最终出台无疑将对整个移动支付的产业链产生非常重要的影响。

3. 在产业链协调方面的问题

移动支付产业根据其主体的不同可以划分为以银行为主体、以移动运营商为主体和以第三方平台为主体三大类。在中国，这三方在移动领域处于不相上下的位置。三方力量的不断博弈使得我国的移动支付市场竞争激烈。一方面，由于市场竞争激烈，三方提出的不同的移动支付方案不能通用，一旦用户选择某一方的支付方案，便不能更换，便利性大打折扣，也不能吸引更多用户。另一方面，移动支付存在赢者通吃，一家"独大"现象，这对选择其他两方的用户会造成一定的经济损失。故现阶段的格局会影响消费者信任度，不利于移动支付的长远发展。

企业的目标都是实现利润最大化，但是目前三方在盈利和成本方面仍存在诸多问题。对于运营商而言，需要经常更换移动设备终端。然而一旦需要让消费者来承担更换成本，移动运营商的此项业务将削弱对消费者的吸引力。对于银行而言，移动支付还处于探索阶段，拓展性不够，暂时没有找到更多的盈利点，驱动力不足。对于第三方支付机构而言，盈利模式不够创新，一直是业内企业的难题。另外，市场虽然庞大但还远未成熟，规模效应不能形成，从而影响成本。

4. 移动支付的技术还需提高

智能手机的品牌有很多，不同手机可能采用不同的开发部署和操作系统，因此，手机终端的多样性也就带来了相应的问题，移动运营商在提供服务时必须要考虑到不同手机的差异，对不同系统的手机要能够兼容，增加自动适配的机制。此外，目前支持移动支付业务的相关产品和基础设备等硬件设施还不完善，只有不断深入分析研究移动支付的发展，不断投入大量的资源去设计和开发，才能够使移动支付得到快速发展。

6.4 移动支付的发展趋势

6.4.1 移动支付的发展表现

移动支付近几年来在我国越来越普遍，并且移动支付应用场景非常广泛，主要包括支付卡类应用如银行卡、加油卡、停车卡、公交卡，消费卡类应用如优惠券、折扣券，票务类应用如飞机票、火车票。移动支付产业链包括了金融机构、移动运营商、第三方平台等。

移动支付发展趋势总体是朝着便民利民、促进国家经济发展的方向前进的，主要表现在以下几个方面。

第一，移动支付高速发展。移动支付在理财、生活和娱乐中发挥着巨大的作用。2017 年，手机设备更新换代，4G（4th generation mobile networks，第四代移动通信技术）移动网络全方位覆盖，使线上交易得到了发展，购物娱乐等项目不再受到地域的限制，人们的生活更为丰富。

第二，移动支付技术更新迭代。市场的需求进一步推动移动支付技术的发展，由于不断创新的商业模式的出现，需要改革移动支付来满足不同的支付场景，从而出现了 NFC 支付、聚合支付等支付方式，这些支付方式在高频交易的移动支付领域起到关键性作用。并且，移动支付推动了 O2O（online to offline，线上到线下）等互联网模式的发展。移动支付的发展带来了商业模式的新契机，出现了移动支付金融行业、移动支付在线订餐、第三方支付服务机构、移动支付 App、移动支付开发等一系列的新商业契机，推动了移动互联网的就业和新的商业模式的发展，给国家经济带来了积极的影响。

第三，移动支付推动"三农"发展。农业是一个国家得以生存和发展的命脉，民以食为天，而移动支付给农村、农业和农民带来了机会，马云推出了农村淘宝，使移动支付更好地服务于农村用户群体。

第四，移动支付的用户小额高频的交易趋势更加明显。相关数据表明，移动支付的用户小额高频的交易数据明显增加，由于这个现象的出现，很多商业银行、第三方支付机构、代理商、手机厂家等在这方面的竞争日趋激烈。近年来，产业各方面都将继续发力小额高频领域，力争在不同的行业、商家、交易场景上为用户提供多元化的支付选择。

然而，虽说移动支付应用广泛，但是移动支付市场还缺乏成熟的盈利模式，背后的市场需求驱动力不足，移动支付也没有普及到各个年龄层次和每个人，因此，需要各方多角度融合，以创新实现共同培育市场。这些角度主要可以分为：①支付账户的融合。目前单卡多账户或者多卡多账户给消费者使用带来极大的不便，未来智能终端将会作为各类支付工具的入口，逐步实现支付账户的融合。②支付工具的融合。传统的线上线下的界限被打破，消费体验趋于统一。③交易信息的融合。传统基于地理位置和基于产业链环的信息割裂现状被打破，信息及信息通道被贯通，真正的大数据时代到来。④商业模式的融合。通过支付手续费率收费的模式从某种程度上来讲，不利于行业的发展，联合做大做强，实现支付服务的直线投达及大数据的创新商业模式才是真正的出路。

同时，由于分工越来越细，合作越来越紧密，各类支付相关支付企业定位也开始出现差异化趋势。①中国银联依据其强大的结算系统及终端 POS 数量，为运营商和银行提供结算平台，收单业务移动化，逐步走向平台式运营。②中国移动、中国联通和中国电信依据其庞大的用户群体和终端控制能力能够实现 NFC 的快速普及，从而在合作中寻求利益最大化。移动运营商会更加专注于用户价值，但是会利用一切可能的机会向产业链上下游延伸。③O2O 电商，以支付宝、财付通为代表，将其 B2C 或 C2C 的在线支付的优势及产品形态平移至移动端，来获取先发优势；利用创新产品和消费引导来培养用户的使用习惯，全面提升 O2O 电商层面的参与度。④服务于 B 端[①]利基市场，如快钱、汇付天下等，致力于为企业级用户提供支付解决方案及衍生的金融服务。

总体来讲，移动支付的普及率越来越高，与我们的生活也息息相关，虽然还有一定的不足，但毕竟是创新性支付方式，它将会持续发展与不断完善，更好地应用到人们的生活中。

---

① B 端代表企业用户商家，英文是 business，是互联网产品中的商家界面。

6.4.2 移动支付发展的应用前景

智能手机的普及，大大降低了移动支付的门槛，推动着移动支付在各种场景使用，使其覆盖面更广。比如，移动支付在线下小商户中的应用，就意味着线下支付市场的升级，移动支付有了更大的发展空间。所以，本章将移动支付的发展前景主要概括为以下几个方面。

1. 移动支付与穿戴式设备结合

说到穿戴式设备，比较常见的就是苹果手表和小米手表，目前这些智能手表趋向于以用户的健康、运动为主题，手机的聚集功能相比手表来说还是更有优势，所以目前手机支付还是主体，未来如果手表取代了手机，那么移动支付的设备终端将会发生大的变革。

2. 免密支付成为支付趋势

移动支付就是为了进一步满足用户寻求便利的需求，移动支付从业者在不断提出新的支付解决方案。比如，利用生物识别、指纹、人脸、虹膜等生物认证方式，以实现更便捷的交易，现在指纹识别已经极为普遍，人脸识别也得到了实现，相信在这之后还会有更为高级和便利的解密方式，免密支付成为发展趋势。

3. 微信和支付宝引领互联网 POS 潮流

微信和支付宝作为移动支付的巨头，通过几年的发展积累了一定的用户，具有先天的优势，微信在移动支付的基础上进行了新的产品线开发，如微信小程序、微商城等，更是推动了互联网模式的发展。

4. NFC 支付方式普及

日本很早之前就开始使用 NFC 支付，现在日本的 NFC 和远程支付更是非常普及，未来 NFC 支付方式将在中国与消费卡紧密结合，打通互联网，甚至拓展到电商等互联网行业。

5. 人工智能与移动支付紧密结合

人工智能是对人的意识、思维的信息过程的模拟。人工智能不是人的智能，但是能像人那样思考，也可能超过人的智能。那么人工智能怎么与移动支付结合起来呢？举例分析，如把支付结合到人工智能里，如果需要购物等，只需要通过人工智能就可以完成，当然这个还需要一定的时间，移动支付的前景不可估量。

6. 移动支付与金融相交融

相较于传统线下支付来说，电子支付突破了时空限制，有效扩大了金融服务的可得性和便利性，而移动支付实现了电子支付的移动化，进一步强化和放大了电子支付辐射范围广和传导速度快的优势，让金融竞争迅速从城市扩展到农村地区，有利于普惠金融服务的有效开展。

7. 移动支付的市场监管将进一步完善

在近几年，中国人民银行发布了《关于促进互联网金融健康发展的指导意见》《非金融机构支付服务管理办法》《非银行支付机构网络支付业务管理办法》《中国移动支付技术标准体系研究报告》，明确了移动支付的监管法规，进一步对移动支付进行市场定位，使相关的移动支付风险控制得到更好的监管，移动支付可以更好地在便民利民、促进国家经济发展的道路上前进。

案例阅读

在逐渐加强监管的移动支付领域涌现出了一些值得关注和颇具意义的移动支付创新产品方案，回顾 2017 年的十大移动支付创新产品案例，以此为鉴，展望未来。

1. 招商银行完成国内首单区块链跨境支付业务

2017 年 3 月，招商银行通过首创区块链直联跨境支付应用技术，为中国（广东）自由贸易试验区深圳前海蛇口片区注册企业南海控股有限公司通过招商永隆银行向其在香港同名账户实现跨境支付，标志着国内首个区块链跨境领域项目成功落地应用，在国内区块链金融应用领域具有里程碑意义。

2017 年 12 月，招商银行联手招商永隆银行、招商永隆银行有限公司深圳分行，成功实现了三方使用区块链技术的跨境人民币汇款，这是全球首笔基于区块链技术的同业间跨境人民币清算业务。区块链技术在金融领域的应用前景被广泛看好，其在跨境支付清算领域的实用性和适配度上都堪称最优。招商银行在金融科技领域的探索为区块链技术的发展提供了方向，这也是该技术在跨境支付领域的一大突破。

2. 交通银行发行"手机信用卡"——银行的稳中求变

2017 年 4 月 17 日，交通银行信用卡在上海召开发布会，宣布正式推出"手机信用卡"，并同步发布了业内首份"手机信用卡白皮书"。

据移动支付网，交通银行"手机信用卡"提供的开卡用卡服务是这样的：客户只要在交通银行专属定制的"e 办卡"终端上提交申请，现场立即完成审批。30 秒内处理率为 81%，3 分钟内处理率达 99%。核卡后用手机登录"买单吧"App，两步开通即可用卡，而且所有涉及信用卡的服务，如查账、还款等均可在"买单吧"上解决。除了"快"的优势外，持卡人开卡时就可绑定 Apple Pay、云闪付等各类手机支付，开通二维码扫码支付，即可在线上线下各类商户实现刷手机消费。

由此可以看出"手机信用卡"实际上就是一张虚拟信用卡，而且通过专属终端设备省去了用户的开卡审批时间，再加上如今的 NFC、二维码支付功能，让其能够满足线下消费的需求。如今，随着移动支付的快速发展，出门只带一部手机已经成为年轻人的习惯，因此无卡化是未来银行卡发展的趋势。尽管，如今通过各种手机支付绑定信用卡同样能够实现移动支付无卡化，但是交通银行在发卡环节就直接摒弃实体卡，这样的方式在信用卡领域可以算得上一"新"了。

3. 无人零售的风口，新零售如何飞起来

2016 年底，外媒报道了 Amazon Go 免排队商店，整个超市不需要收银员，通过各种认证识别技术完成整个购物过程。

2017 年 7 月 8 日，阿里巴巴在淘宝造物节上开张了一家不用掏钱买单的无人超市"淘咖啡"，通过淘宝账户会员的打通，用 RFID（radio frequency identification，射频识别）、生物识别、计算机视觉等各种技术完成了"不掏钱付账"的体验，将无人零售推向了大众的视野。

2017 年 7 月，上海首家无人便利店缤果盒子先后遭遇高温袭击和城管调查。2017 年 8 月，号称深圳首家的无人便利店天虹"Well GO"竟然因为夏日微风，连门也无法正常关闭，同时采用超高频 RFID 技术的支付体验也并不理想。剩下的还有快猫、TakeGo、小麦等新兴品牌的无人便利店在一些一线城市开始内测或试点。据移动支付网了解，目前无人零售运用到的技术包括机器视觉、生物识别、人脸识别、商品识别、图像分析、人机交互、RFID、自动结算、云计算等各种新科技。

随着一些无人便利店的试点商用，无人零售成为新零售的热点方向，得到了上游企业和市场的关注。尽管目前无人零售的技术及模式尚未成熟，且市场管理制度上存在盲区，但是无人零售正式进入大众的视野，这无疑是一项难得的创新落地。

4. 京东闪付从线上到线下，创新模式值得借鉴

2017 年 7 月 19 日，京东金融宣布旗下 NFC 支付新品——京东闪付正式上线，这是京东支付基于银联云闪付网络的 NFC 创新产品。该产品是由北京银联和京东支付合作推出的，北京银联帮助京东闪付从线上走到线下，接入银联众多线下商户。

而早在 2016 年 9 月，京东金融便上线了白条闪付，通过与银行合作推出 II 类银行卡账户，这一账户可以绑定在 Apple Pay、Mi Pay、Huawei Pay 等手机支付工具上实现线下闪付消费。同年 12 月，去哪儿也传出旗下信用支付产品"拿去花"要以同样的方式推向线下。

其中，白条闪付、去哪儿"拿去花"、美团闪付可以说都是 II 类账户的应用拓展，支付机构将线上消费引流到线下拓展了支付场景，银行开了更多的 II 类账户并且赚取了手续费，银联线下千万级别的非接 POS 有了更多流量，在坚守四方模式下还能达到多方共赢。

而京东闪付则与白条闪付形成了一定的优势互补：与银行合作的白条闪付以京东白条用户为目标群体，以信用支付为方式；与银联直接合作的京东闪付则以所有京东支付为目标群体，通过绑定京东支付的银行卡支付，由消费者自主选择扣款顺序。无论是哪一种模式，都是金融机构和非金融支付机构合作模式上的创新发展，也是京东支付在创

新上的进步，有助于京东支付将用户流量从线上引流到线下，而这样的创新模式值得其他企业学习和借鉴。

5. "银联北斗＋支付"亮相，无感支付到底是不是噱头？

2017 年 7 月 27 日，在北京开幕的 2017 中国国际金融展上，中国银联发布了智能交通综合解决方案，其中高速不停车收费解决方案和公共停车无感支付解决方案备受关注。而据了解，中国银联的智能交通综合解决方案是基于北斗和银联 Token 技术的"定位＋支付"创新模式。

根据北斗系统的高精度定位特点，金融支付可以很好地定位到车辆，并根据位置的变化完成支付。其应用场景可以包括高速不停车收费、公共停车无人缴费、城市拥堵费征收、自助充电收款等。在公共停车无感支付解决方案中，定位与支付的结合也与高速不停车收费方案有点类似，只不过停车是通过北斗系统判断车辆在一个地点静止了多久，而高速不停车方案是计算走了多远。

基于摄像技术和账户支付的无感支付在智慧停车领域名声大噪，然而实际上仅仅是通过摄像头记录车牌号然后通过绑定银行卡或第三方支付账户实现自动扣款而已。"银联北斗＋支付"的无感支付方案通过北斗定位，在定位的精度和范围方面会有一些进步，具体模式尚不清楚，不过依然值得期待。

6. 摩拜发布 NFC 智能锁，共享单车的兴衰更替

2017 年 8 月 24 日，摩拜单车宣布与三星公司共同研发的具备 NFC 开锁功能的全新智能锁已经开启大规模量产。

对于业内人士而言，共享单车的智能锁加入 NFC 功能似乎是情理之中的事情，因为 NFC 功能的存在本就完美适合所有门禁和锁的场景。不过，NFC 在国内的应用场景一直非常有限，NFC 终端的普及度也不够，因此对于消费者而言，共享单车 NFC 智能锁的出现是一项 NFC 功能应用场景的创新拓展。

7. 苹果 Face ID 会不会掀起刷脸潮？

2017 年 9 月 13 日，苹果推出了 iPhone X，并搭载了具有人脸识别技术的 Face ID，其取代 Touch ID 成为 iPhone X 的亮点。Face ID 是基于面部识别技术的认证方式，与其他刷脸应用不同的是，Face ID 是与设备绑定的，与账户无关。用户将人脸信息存储在 iPhone X 当中后，在解锁、支付中就可以使用 Face ID。

其实，关于人脸识别的应用早前已经在国内有所布局，但是大多是用于身份认证的相关领域。随着 Face ID 的应用，苹果将刷脸推向了市场，直接普及广大消费者。随之而来的，国内的互联网巨头也陆续跟进了人脸识别的应用场景，如支付宝与肯德基测试的刷脸支付、京东之家门店测试的刷脸支付、招商银行和中国农业银行的刷脸取款等。那么，苹果 Face ID 会不会掀起刷脸热潮呢？

8. TEE + SE 手机金融盾，安全不缺席

2017 年 10 月，中国建设银行推出的新版企业手机银行率先在深圳分行试点，并推出华为手机盾技术，很好地解决了移动支付的安全性问题和传统 U 盾携带不便的缺点。同月，徽商银行与华为联合推出手机证书（手机盾）业务，实现了移动数字证书领域的业务创新。

据移动支付网了解，手机金融盾是手机终端、TEE（trusted execution environment，可信执行环境）和 SE（secure element，安全模块）等技术相结合的产物。在 TEE 的安全界面 TUI（tangible user interface，实物操作界面）实现了 PIN（personal identification number，个人识别号码）输入、交易信息回显和交易确认等，达到"所见即所签"的效果，在 SE 中完成认证和交易，与二代 U 盾具有相同的安全级别。它的出现很好地解决了传统 U 盾的弊端，并且在使用上更加便捷和安全。

TEE + SE 的手机金融盾是移动金融领域的创新，无论是在安全性还是便捷性上都有很大的突破，相信随着手机 SE 的普及和 TEE 方案的推广，未来 TEE + SE 的应用案例只会越来越多。

9. 首张微信身份证签发，无卡时代真的来了

2017 年 12 月 25 日，由广州市公安局南沙区分局、腾讯、中国建设银行等 10 余家单位发起的"微警云联盟"在广州南沙成立，现场发布了身份证识别应用，市民代表领取了全国首张微信身份证网证。

据移动支付网了解，微信身份证"网证"是公安部第一研究所在国家重大项目支撑下推出的身份证网上应用凭证，它是依据《中华人民共和国居民身份证法》，以身份证制证数据为基础，通过国家"互联网＋"可信身份认证平台签发的，网证与实体身份证芯片是唯一对应的电子映射文件。它的作用就是用于手机联网验证身份证实体证件的真实性与有效性，简单来说，就是你的手机版身份证！

除了网证，公安部第三研究所还推出了用于网络身份认证的 eID，其以密码技术为基础，以智能安全芯片为载体，能够在不泄露身份信息的前提下在线远程识别身份。

此次网证的签发，是"可信身份认证服务平台"示范基地联合腾讯微信团队共同努力的结果，这样一来身份证也将被装进微信卡包。值得注意的是，支付宝的电子卡包也可以存放身份证、驾驶证等证件和卡片，只不过存放的是身份证的实际照片和信息。未来，随着无卡化的发展趋势，手机等移动设备将会取代大部分卡片，让人们的出行更加简单方便。

10. 首创银行账户联机预授权模式，杭州地铁率先使用

2017 年 12 月 27 日，杭州地铁 1、2、4 号线实现直接刷银联 IC（integrated circuit，集成电路）卡和手机闪付过闸。

尽管银联 IC 卡和手机闪付刷地铁并不是首次实现商用，但是杭州地铁的模式和此前广州地铁的 ODA（offline data authentication，脱机数据认证）模式又有一些不同。据移动支付网了解，这是中国银联首创的银联联机预授权模式过闸，支持所有银联信用卡和

借记卡，无须开通，直接使用，杭州成为全国范围内首个实现所有银联信用卡和借记卡地铁直接过闸的城市，是继广州地铁全线、无锡地铁全线、福州地铁全线、上海地铁磁浮线开通银联闪付或二维码直接过闸后，中国银联在地铁出行领域打造的又一城市范例。

中国银联一直不遗余力地拓展交通支付领域的应用场景，继 2016 年 ODA 商用之后，此次的联机预授权模式无疑也是一项不大不小的创新，未来随着网络环境越来越好，联机速度越来越快，相信该模式将会有不错的发展空间。

■ 本 章 小 结

移动支付的发展前景可观，本章介绍了移动支付的基本概念，总结了常用的四种移动支付商业模式的特征。结合当前移动支付发展的现状，分析其存在的多方面的问题和对策，本章从国内已有的应用出发，认为监管、标准、安全等领域的配套技术、制度和规则都需尽快出台，为商家和消费者提供安全稳定的移动支付运营环境。因此，要抓住移动通信机遇，合理妥善地解决移动支付当前存在的问题，降低移动支付风险，推动全球移动支付产业的快速发展。

思考与练习

1. 移动支付的内涵是什么？与传统支付之间的区别与联系是什么？
2. 移动支付的历史发展如何？前景如何？
3. 谈谈生活中各种移动支付应用的场景。

课程思政小思考

2023 年是习近平总书记提出共建"一带一路"倡议十周年，习总书记指出"要将'一带一路'建成创新之路"。科技创新在"一带一路"建设中具有引领和支撑作用，不仅为共建国家的发展注入强劲动能，也惠及民生福祉，给民众带来实实在在的好处。我国与"一带一路"沿线各国的金融合作日益加深，结合"一带一路"沿线各国的移动支付发展现状，试分析我国移动支付对"一带一路"金融合作的影响作用。

第7章

数字货币模式与发展

【本章提要】

以区块链技术为基础的数字货币作为一种新型的货币形式，成为业界关注的热点。数字货币的推出，有助于降低发行成本，提高支付效率，提升交易安全性，并有助于提升监管效能。但目前数字货币仍存在着极大的风险与不确定性，可能会给投资者和交易者带来损失。本章从数字货币的内涵、特点、发展以及风险等方面，深入分析数字货币发展过程中存在的弊端，以期促进数字货币的健康发展。

7.1 数字货币的内涵

"数字货币"一词最早出现在 20 世纪 80 年代初，1982 年数字货币之父大卫·乔姆（David Chaum）提议建立一个匿名、不可追踪的数字货币系统。他开发的电子现金货币，属于传统的"银行个体商户"三方模式。21 世纪初中本聪在《比特币：对等电子现金系统》中提出了基于区块链技术的数字货币的新概念。数字货币的概念已经从原来的三方模式转变为点对点交易。

目前，世界上还没有统一的数字货币定义。2015 年，欧洲中央银行将数字货币解释为"虚拟货币"，在某些情况下，它可以用作货币的替代品。在全球央行数字货币调研报告中，国际清算银行将数字货币解释为"基于分布式账本技术和分散支付机制的虚拟货币"。根据国内外相关文献，我们认为，数字货币主要是指基于节点网络和数字加密算法，通过密码技术创建、分发和流通的货币，可以实现实时货币交易或实时支付。关于数字货币，有以下几点需要注意。

7.1.1 数字货币不同于电子货币

数字货币是一种加密货币。与支付宝、微信、银行卡等支付方式不同，数字货币是一种货币，而不仅仅是一种支付工具。支付宝、微信、银行卡支付等实际上是现有法定货币的信息化过程。交易中使用的资金仍然对应于银行账户中的基于钞票的存款,它们只是通过数据交易系统实现的债权债务。使用支付宝、微信、银行卡结算本质上是法定纸币的数字化。

7.1.2　数字货币也不同于虚拟货币

虚拟货币只能在特定的虚拟环境中流通。它是与网络虚拟空间提供的真实财富相关的服务价值交换符号,如腾讯 Q 币等游戏币。虚拟货币可以用实际货币购买,但一般不能直接兑换成实物。数字货币可以用于现实世界中的真实商品和服务交易,也可以存入银行。

7.1.3　数字货币可以分为法定数字货币和非法定数字货币

法定数字货币,即中央银行数字货币(central bank digital currencies,CBDC),是指中央银行以中央银行信用为基础发行的具有主权和法律责任的数字货币。非法定数字货币不是由中央银行发行的,只可以在网络经济中的部分或全部商品和服务交易的某些地区进行结算。

如上文所说,目前还没有统一的数字货币定义。一般来说,数字货币是指中央发行人(如中央银行和互联网公司)基于分布式账本技术生成的一种分散的点对点的交易货币,主要代表是比特币。与其他货币相比,数字货币最大的创新是使用新技术作为支持。数字货币是基于密码学原理的,因此也有研究将数字货币称为加密货币。

■ 7.2　数字货币的特点

从数字货币的发行人来看,数字货币通常是非官方的。由于数字货币的发行基于计算机算法,数字货币发行后不会成为任何个人或机构的责任,任何个人或机构都不会对数字货币提供信贷支持。从数字货币的发行方式来看,发行数字货币是基于分布式账本技术,而不是基于信用,这是数字货币不同于其他货币的一个典型特征。货币发行一般以中介机构的信函为基础。数字货币的使用通常基于计算机算法,运用密码学知识来确保交易是真实的、唯一的和不可逆的。从数字货币的交易方式来看,数字货币的交易是分散的、对等的。数字货币依赖于分布式账本技术,以确保在不需要信用中介的情况下进行对等价值传递,并在一定程度上提高货币交易(支付)的效率。具体而言,数字货币主要有以下特点。

第一,高科技性。数字货币的本质是电子流,在流通和识别上需要以科学技术为支点,以数字货币为核心形成高科技体系。

第二,流通性。在经济全球化背景下,数字货币的使用,在各个领域、各个时间均能实现。

第三，安全性。加密系统、指纹识别能保证数字货币在资金转移和在线交易中的绝对安全。

第四，可分性。在互联网电子交易过程中，能够处理以较小的货币单位出现的大量低价格交易。

■ 7.3　数字货币的发展

2008 年中本聪首次提出了基于比特币区块链技术的数字货币系统概念，即对等电子现金系统，并于 2009 年 1 月发布了第一个非法定数字货币系统。比特币推动了非法定数字货币市场的发展。据某数字货币统计网站的统计，2019 年全球非法定数字货币超过 1500 种，交易市场超过 8800 个。市场价值约 8200 亿美元，其中最大的市场价值是比特币，超过了总市值 35%，市场整体发展较快。

截至 2021 年 10 月，市场占有率前三位的非法定数字货币分别为比特币、以太币及瑞波币。

7.3.1　比特币

它是区块链 1.0 的代表性应用。比特币是第一种通过算法确定发行总量、年减额和分权的数字货币，但由于其底层技术和数据结构存在交易记录长、资源浪费等问题，适合效率不高、应用场景受限的交易场景。

7.3.2　以太币

以太坊成立于 2013 年，是区块链 2.0 的重要应用，包括在区块链上实施智能合约的基础系统、开发平台和编程语言，可为智能合约提供完整的解决方案，如通过智能合约记录转移资产等。与比特币的底层算法不同，以太坊使用以太坊奖励参与记账和“挖掘”的节点，这比比特币更快，节省了资源。以太坊也是第一个使用 ICO（initial coin offering，首次代币发行）销售数字货币的项目。

7.3.3　瑞波币

瑞波币是 OpenCoin 于 2012 年推出的瑞波系统中的加密货币，用于结算交易系统内的交易成本。瑞波系统与其他数字货币系统的区别在于：第一，它只是部分分散的。系统最初承认几个特殊的节点。新增节点的访问必须由初始节点的 51%进行确认，只有确认后的节点才能生成块，从而消除外部攻击。第二，它更倾向于成为一个全球支付清算网络。它具有维护和交易成本低、结算速度快、适用于任何货币的特点。它已经对快速清算网络提出了挑战。第三，转账比其他数字货币更容易、更快。每个事务都可以在几秒钟内完成，客户端不需要存储大量的事务数据（表 7-1）。

表 7-1　三种主要数字货币比较分析

项目	比特币	以太币	瑞波币
发行机构	无特定发行机构,由计算机算法生成	特定发行机构,由计算机算法生成	旧金山数字支付公司
发行数量	算法决定,总量固定,每年发行增量递减	算法决定,总量动态增加,增量按每年预售量固定比例增加	非算法决定,总量确定
网络系统	比特币网络	以太坊网络	瑞波网络
节点数量	11 747 个	21 156 个	主要验证节点 55 个
去中心化程度	完全去中心化	完全去中心化	部分去中心化
交易记录速度比较	最慢,每笔交易耗时可多达数十分钟	中等,每笔交易耗时需数十秒	最快,每笔交易耗时仅需数秒
客户端资源消耗情况	客户端需要存储交易数据	客户端需要存储交易数据	客户端不需要存储交易数据
是否采用工作量证明算法	是	是	否

虽然以比特币为代表的非法定数字货币的接受范围正在扩大,但从严格意义上讲,以比特币为代表的非法定数字货币只是一种商品资产,具有一定的投资价值。近年来,尽管各国金融监管部门尚未就比特币等非法定数字货币的发展前景和监管措施达成共识,但大多数金融监管机构都认为其基础技术具有广阔的应用前景。一些大型国际金融机构由于对比特币等非法定数字货币的发展前景和监管措施尚不明确,已经开始尝试使用区块链技术研发自己的数字货币。

例如,瑞士信贷(Credit Suisse)于 2015 年 4 月开始试验数字货币,以开发与实际货币和中央银行账户相关的"多用途结算货币",该货币可以建立在基于区块链技术的金融机构上,在交易平台上交易。2015 年 7 月,花旗银行开始利用比特币的"区块链分布式账本技术"开发自己的数字货币"花旗"。金融机构开发的数字货币只支持金融机构的交易结算平台,不是合法的数字货币。一些金融机构如花旗银行也同时建议中央银行利用数字货币的技术优势,发行法定数字货币。

2016 年,英国率先提出了可由中央银行监管的数字货币框架模型。加拿大银行还发布了一份关于数字货币可行性的研究报告,加拿大国内银行间支付系统、加拿大支付系统、加拿大银行、主要商业银行和 R3 区块链联盟共同建立和测试了分布式账本技术和银行间宏观支付模拟系统。2016 年 6 月,90 家中央银行派代表出席美联储会议,讨论各国数字货币的计划和想法。2017 年 8 月,爱沙尼亚宣布计划推出自己的政府支持的数字货币;虽然日本银行多次否认发行央行数字货币的计划,但是日本 2017 年就开始研发数字货币了,2020 年就开始实验;2017 年 10 月,俄罗斯和哈萨克斯坦宣布研发中央银行数字加密货币。同一时期,一些澳大利亚金融技术公司向澳大利亚储备银行和财政部提交了创建合法数字货币的建议。2017 年 11 月 6 日,乌拉圭中央银行正式启动乌拉圭比索数字化。2018 年 2 月 20 日,委内瑞拉政府宣布预售一种以石油为支持的官方数字加密货币,随后,该公司宣布将推出第二种由黄金支持的加密货币,即"金币"。2021 年

11 月，南非政府宣布正在测试法定数字货币以促进跨境支付，该决定被视为推动世界各地的金融机构纳入法定数字货币并开始使用该技术。

2016 年 1 月 20 日，中国人民银行召开数字货币研讨会，首次提出发行数字货币的战略目标，2016 年 7 月通过启动数字货币专项课题，2016 年 12 月，筹建中国人民银行数字货币研究所，2016 年 12 月 15 日，国务院印发了《"十三五"国家信息化规划》，首次将区块链技术纳入发展规划。2017 年 1 月 29 日，中国人民银行数字货币研究所正式成立，其旨在研发基于区块链的数字票据交易平台。2019 年 11 月，中国人民银行宣布数字人民币已基本完成顶层设计、标准制定、功能研发、联调测试等工作。2019 年末中国数字人民币在深圳、苏州、雄安新区、成都以及北京冬奥会场地进行试点。从 2020 年 11 月开始，第二批数字人民币在上海、海南、长沙、青岛、大连、西安六地试点。

■ 7.4 数字货币的风险分析

通过上面的介绍，我们了解到数字货币的一些优点，与传统货币相比，数字货币具有低成本、高效率的特点，同时还可以有效地降低货币的发行成本、交易成本，为人民的生活提供便捷。但与此同时数字货币仍然存在着极大的风险与不确定性，可能会给投资者和交易者带来损失。

7.4.1 市场风险

数字货币缺乏实际的价值，没有实际的担保机构，并且还未建立起自身支付网络，因此它的长期投资价值缺乏有效支撑。同时，数字货币的价值尺度功能未被广泛使用，数字货币持有集中度过高，数字货币市场并未达到市场化的理想状态。过往充当价格尺度和交易媒介的稀有金属、铸造货币、纸币等都已被广泛认可，其稳定主权担保等特征保证了其价值尺度的稳定。但是，数字货币因缺乏实际兑换价值、缺乏担保机构、社会与国家认可度不高、持有集中度过高，容易被投机分子操纵，出现严重的投机问题，引发数字货币价格产生剧烈波动，损害消费者的权益。以比特币为例，其在 2017 年 12 月 17 日到达 19 891.99 美元的峰值，2018 年 11 月已经跌破 5000 美元的大关，普通投资者如若在缺乏足够了解的情况下，出于盲目跟风或投机的心理进行持有、使用和交易的话，容易遭受巨大的损失。

7.4.2 监管体制不完善

目前，仍然没有建立完善的数字货币监管制度。数字货币与一般的货币属性不同，因此监管作用非常有限。监管层对电子货币的监管都是对电子货币发行机构进行准入或行为规范，根据监管方式的不同，监管可以分为三种模式：一是以欧洲、日本为代表的货币发行业的行业监管模式。二是以中国的香港、台湾地区为代表的"类银行业"监管模式。该模式将数字货币视为储蓄性的银行业务，允许且只允许商业银行或存款公司发行电子货币。三是以美国为代表的"货币服务业"监管模式。该模式将数字货币视为非储蓄性的货币服务业务,允许金融机构参与,也允许非金融机构参与,侧重于对产品和服务的监管。数字货币实质上是一个独立于任何机构的网络程序,所以监管体系对电子货币发行机构进行准入或行为规范的模式对数字货币不完全适用。

7.4.3 系统漏洞风险

目前,数字货币系统还存在明显的漏洞。数字货币与互联网的发展是息息相关的,而当前我国的互联网技术尚不发达,存在很多网络病毒及风险,不少黑客利用互联网的漏洞谋取不义之财。数字货币资产无法与所有人建立强大的映射关系,钱包数据可能会被窃取或遗忘,且可为洗钱行为提供平台。部分数字货币并非真正的开源,如瑞波源代码掌握在数字货币运营商 OpenCoin 公司手中,存在极大的道德风险。互联网诈骗和盗窃的案例在近年来层出不穷。另外,计算机和网络发展的同时必然会出现技术性漏洞,并且犯罪手段也将更加高端和难以预测、控制。在加强技术安全的同时,又需要达到全民化的低门槛技术要求,这就产生了技术普适性与技术安全之间的矛盾。

7.4.4 相关法律制度不完善

要合理地监管数字货币,就要有完善的法律制度。而目前来看我国乃至世界范围内尚未建立统一的法律法规来防范电子货币的风险。在电子化的金融操作体系中,财产主体的所有权和占有状态并不一致,这就增加了金融机构做出不法行为的可能性,而在数字货币时代这种风险将有可能进一步增大,进而使人们对金融机构充满了不满与怀疑,降低了金融机构的信用。长此以往,金融客户的权利难以得到保障,人们将会对我国金融秩序和法律体系产生不信任感。数字货币的兴起、互联网技术的发展以及人们思维的变革,使得现存的法律体系在承担新型犯罪规范的时代使命时十分脆弱。《中华人民共和国刑法》第二百八十七条规定,"利用计算机实施金融诈骗、盗窃、贪污、挪用公款、窃取国家秘密或者其他犯罪的,依照本法有关规定定罪处罚"。对于网络犯罪也可根据《全国人民代表大会常务委员会关于维护互联网安全的决定》进行规制。

7.4.5 存在洗钱风险

第一,货币的交易具有匿名性,极易被利用于洗钱犯罪。数字货币自身的匿名性、便捷性、国际化等特点为洗钱犯罪分子提供了便利,数字货币 ICO 参与门槛较低、数字货币交易平台监管相对薄弱等因素也可能被利用于洗钱犯罪。ICO 平台作为第三方中立平台,与首次公开募股相比并不需要注册经营牌照等证明文件。这些特点都使得客户身份识别难以确认,身份识别的主体责任难以落实,客户身份识别作为反洗钱工作的基础环节无法有效开展,从而导致反洗钱工作难以正常进行。数字货币交易的资金来源难以确认,也为犯罪分子隐藏洗钱行为提供了便利条件。

第二,交易便捷迅速,洗钱犯罪不易被追查。区块链的记账服务和价值共识,可以实现数字货币全球发行和流通。理论上，在区块链中，任何交易都会被永久记录于可公开浏览的数字账本中，即使交易双方匿名，仍然可以追查交易者，但数字货币交易快速、易被隐藏的特点都为实际跟踪、追查交易带来了操作阻碍，为洗钱犯罪分子提供了更多选择。

第三，国际化交易加大了洗钱犯罪的约束难度。一国对数字货币的监管手段及对洗钱犯罪的打击力度很难延伸到境外，洗钱犯罪分子可以在数字货币领域监管相对薄弱的国家和地区开展洗钱活动，也可以利用管辖范围和监管权限的差异实现在不同地域的数字货币转移和交易，这为反洗钱监管和洗钱案件追查带来困难。

7.4.6 影响国家货币政策的施行

货币政策是我国调控宏观经济的一大法宝。首先，如果数字货币逐渐取代实体货币充当交易媒介，我们在很大程度上就会失去货币政策这一调控宏观经济的手段，货币政策的紧缩和扩张在短期内具有抑制经济过热和刺激经济的作用，而比特币等数字货币的数量不受政府调控，所以也就在很大程度上失去了货币政策的作用。其次，如果以比特币充当国际交易的媒介，就不存在汇率的概念，这也就意味着外汇政策会失效，国家无法通过汇率来调控国际收支。最后，不同种类的数字货币陆续出现，对数字货币的价值产生很大冲击，以数字货币为基础的 ICO 由于其技术上的复杂性不被社会公众所理解，但是却引发了跟风投资的现象，金融诈骗等不良的社会现象相继产生。

■ 7.5 数字货币的前景

数字货币作为金融创新和科技创新结合的产物，它的出现并非偶然，是货币进化史的一部分。回顾货币史，任何一种形式的货币从诞生到发展成熟，都会经历质疑乃至排斥。它也像传统货币一样，并非天然完美，在发展过程中也在不断完善，以便适应生产力并为其服务。以下将从数字货币的种类和应用层面与货币体系层面来探讨数字货币的前景。

7.5.1 法定数字货币与非法定数字货币的前景

1. 法定数字货币

中央银行所发行的数字货币具有法定货币的性质。它是国家结合自身货币发展需求，组合现有技术，以国家信用背书发行的货币。相对于传统货币，数字货币在分布式账本之中存储了以货币为载体的信用关系，保证价值的储藏和迁移，将交易过程中的监测不全面和信息不对称等市场摩擦最大限度地降低乃至消解。在保证交易者信任的前提下，数字货币就能够彰显商品的价值和商品之间的价值比较，从而使交易的效率和质量均得到提高。

首先，从法定数字货币保障资金安全的功能上来谈，国家数字货币不仅具有数字货币的优点，在反制国际制裁、防范黑客攻击方面也有突出价值。目前国与国之间金融矛盾越发激烈，国家之间的制裁、银行资产冻结、断绝资金往来时有发生。黑客也频繁攻击金融机构，尤其是采用分布式拒绝服务攻击，中心化的金融系统难以防御。采用区块链技术，利用法定数字货币去中心化、全网记账、分布式的特点，可天然地抵御此类攻击。即使局部节点暂时失效，其分布在全网各个节点的交易数据，仍可保证安全。

其次，法定数字货币可用于辅助中央银行更及时、更准确、更灵活地运用政策工具。中央银行能够根据需要采集部分或全部货币信息，并且能保证信息的完整真实。这可以使中央银行对货币供应量及其结构、流通速度、货币乘数、时空分布等方面的测算更为精准，通过对节点数字信息的追踪和分析，也可迅速了解国家财政、货币、产业政策执行情况和经济的即时运行态势，及时评估现行政策执行效果。

再次，法定数字货币可以提高宏观审慎监管效率。法定数字货币的可追踪性及相关技术属性可让中央银行追踪和监控数字货币投放后的流转，并根据需要采集不同频率、不同机构的实时交易账簿，有效捕捉经济信息流。在此基础上，中央银行可通过大数据分析技术，探知经济的微观动态行为，广泛聚合风险数据，并构建高效、实时、智能的系统性风险监测、预警和管理体系，提高宏观审慎监管效率，有效防范金融系统性风险。

最后，法定数字货币可简化跨境结算流程。区块链技术天然的记账属性、分布式原理，使其在法定数字货币上的应用极为适合。区块链可以构建分布式总账系统，登记中央银行发行的全部数字货币。在理想化的法定数字货币发行体系当中，中央银行可以免费提供身份核查与下载数字钱包的服务，将居民手中所有的银行存款与数字货币放入其发行的钱包中。这对中央银行传统的信用体系是一种颠覆，以往的跨境结算需要中央结算机构与金融机构联动，而区块链编制的分布式记账操作系统可以自动执行、认证，且无差错，可以显著地提升效率，传统 SWIFT（Society for Worldwide Interbank Financial Telecommunication，环球银行金融电信协会）由美国主导，收费昂贵，对发展中国家的服务普遍缺失，使用新兴的区块链数字货币体系将使成本大大降低，并且提升发展中国家在跨境支付结算中的地位。

2. 非法定数字货币

非法定货币是国家以外的主体发行的，以社区、企业等为之背书的数字货币，常见的有社区数字货币和企业虚拟货币。其主要有总量恒定、以共识为基础、匿名与公开的统一等特点，这使得其交易行为多样化，推动了货币与智能合约相互促进，同时也保障了透明度，但其法律风险不容忽视。

未来对于社区币属性的非法定数字货币的监管，应该在明确非法定货币性质和地位的基础上，确立对于非法定数字货币的监管原则，在不发生系统性风险的前提下，采纳引导为主、管制为辅的指导原则，避免不当监管限制金融创新，促进互联网金融的健康发展。具体而言，首先，可以借鉴沙盒监管的手段，在小范围内放开非法定数字货币的支付功能，一方面可以缓解市场投机行为，另一方面便于监管者对于非法定数字货币进行观察，吸取教训，总结经验；其次，重点规范非法定数字货币交易平台，厘清进入门槛，明确交易规则和从业资质及违反后的法律责任，通过监管引导和市场竞争淘汰不符合要求的交易平台。

7.5.2 数字货币应用层面与货币体系层面的前景

1. 应用层面

数字货币在应用层面的发展前景较为广阔，无论是快捷、经济和安全的支付结算，还是低成本的资金转移和小额支付，数字货币在未来都将占据决定性地位，由此带来的相关影响必须得到关注。

消费金融、衍生金融等领域也将成为数字货币的重要应用领域。近年来，我国消费金融市场发展迅猛。原则上，银行要严格追踪消费贷款的去向，严控进入投资市场，但一些客户利用取现等方式切断交易链，导致银行对私人部门的实际杠杆统计数据出现失真。鉴于此，银行可考虑利用数字货币进行消费金融的发放和交易，并利用可靠的数据库记录各种信息，对每一笔资金的划转和使用保持监控，使交易资料和交易记录可信、可追溯。同理，在衍生品金融市场中，由于基础资产不透明，市场机构缺乏定价及处置的能力，不良资产支持证券交易结构复杂，回收不确定因素多且定价困难。尤其是包装成担保债务凭证、信用违约互换等金融衍生品时，其风险隐蔽性更强，风险爆发带来的破坏性更强。为保护最终消费者利益，建议银行除了设置传统的优先—次级结构外，利用数字货币设置充足的超额抵押、额外的流动性支持、流动性储备账户，利用智能合约设置更加严格的回收款触发机制等增信机制。以上内容必须得到高度关注。

数字货币的远程现金交易无须通过金融中介机构，基于移动互联网、物联网、云计算和分布式非对称密码设施的数字货币将实现现代金融服务的全覆盖和深拓展，在基础金融服务薄弱的农村地区真正实现普惠金融和绿色金融。

2. 货币体系层面

无论是法定数字货币还是非法定数字货币，在与区块链技术相结合运用之后，都会产生一种可靠、可信和透明的货币体系。由于这种新生的货币体系完全采用数字化的流通形式，不仅可以即时结算，优化流动性，减少被繁杂结算流程套牢的资本和抵押品，大大降低交易对手风险，还可利用其了解和追踪资金具体流向的特点，实现特定的经济或政策目标。数字货币的发展和应用尽管仍在过渡阶段，存在价值不稳定、监管不力、人为操纵、数量短缺等问题，但这些都无法否认数字货币必将成为未来主流货币形式的趋势，通过技术发展、监管机制的探索、法律体系的完善，数字货币可以有效补充现有货币体系的缺点，以更安全、高效、快捷的方式服务于社会经济发展。

■ 7.6 数字货币的监管

随着数字货币的发展和日臻成熟，为了维护数字货币市场的规范运行，许多国家基于具体国情，制定了相关的监管措施。一些国家采取积极的监管政策，通过补充或澄清现行法律加强管理，如英国、日本、加拿大、新加坡等国家。而另一些国家则采取消极的监管措施，明确禁止使用数字货币，完全限制数字货币的使用。以下主要介绍日本、英国、俄罗斯以及中国四个国家的监管措施。

7.6.1　日本

日本政策最为宽松，不仅承认数字货币支付手段合法，还批准免除数字货币交易税。日本是世界上较为开放的比特币市场，被誉为"比特币天堂"，也是唯一一个为加密货币交易所提供国家许可证的市场。2017 年 7 月日本新版消费税正式生效，比特币交易不再需要缴纳 8%的消费税。也就是说，日本政府已经批准免除数字货币交易税，其中当然也包括比特币。到 2017 年 12 月日本已有 15 家数字货币交易所通过审批。但业界还有另一种声音：日本政府对加密货币宽松的监管政策，给予了交易所更多自由，但其对消费者保护的有效性却值得商榷。2020 年 6 月瑞穗银行、三菱日联银行、三井住友银行等银行，东日本旅客铁路公司，日本电信电话公司等 10 家日本大型企业成立数字货币联席会议，对扩大无现金支付所面临的课题进行梳理，研究数字货币兼容问题，推动实现数字货币。

7.6.2　英国

2014 年，英格兰银行发布两份报告，称比特币是一种"商品"，是"真正的技术创新"，认为比特币及其他数字货币尚未对金融体系造成危险。2014 年 11 月，英格兰银行又发布季度专题报告，全面阐释比特币及其他数字货币。2015 年 3 月，英国财政部发布了数字货币研究报告，报告提出使用现行的法律对数字货币用户、交易及其他交易主体进行明确的监管，限制任何利用数字货币进行非法活动的犯罪及恐怖行为，支持有效身份识别和验证，起诉非法行为，为合法的数字货币行业发展创造适宜的金融环境。英国政府希望对数字货币交易实施反洗钱监管，支持创新，同时防止非法使用数字货币。2016 年 3 月，英格兰银行与伦敦大学学院的研究人员合作开发一种中心化的比特币替代品——RSCoin，开启了由中央银行主导的数字货币研究工作。

7.6.3　俄罗斯

对于比特币等数字货币的交易，俄罗斯政府的态度出现了多次变化。简而言之，从最初全面禁止，到禁令松动，再到合法化进程启动，共经历了三个阶段。

2014～2015 年禁止性监管。俄罗斯相关政府部门明令禁止数字货币交易，避免冲击现实货币。2014 年 1 月，俄罗斯中央银行针对数字货币发表声明，指出比特币等数字货币隐匿性高，没有国家实体支持，投机性较强，因其具有虚拟性而存在高风险特征，会为非法组织提供犯罪上的便利。2015 年俄罗斯财政部制定了新的法律草案，规定所有与数字货币有关的交易均为非法活动，并会对此类活动采取刑事处罚。2015 年 1 月俄罗斯监管机构还屏蔽了多家数字货币网站与社区。

2016 年管制放缓。2016 年由于俄罗斯境内出现不同的声音，俄罗斯政府放松了禁止使用比特币等数字货币及严格处罚的态度。2016 年 1 月，俄罗斯中央银行废除对数字货币的禁令。2016 年 5 月，俄罗斯财政部禁止比特币和数字货币作为"货币替代品"的法案经过两年的审议后被撤回。2016 年 7 月，俄罗斯财政部表示，考虑允许本国公民在国外使用比特币，但同时仍然禁止其在境内使用。

2017～2018 年合法化进程开始起步。从 2017 年开始，俄罗斯政府对数字货币采取比较开放的态度。2017 年 4 月，俄罗斯财政部副部长表示，俄罗斯有可能会在 2018 年将加密数字货币纳入合法范畴。2017 年 6 月，当地汉堡王、房地产等接受比特币作为支付方式。2017 年 9 月，俄罗斯中央银行正式批准了该国第一家合法的数字货币交易所 Voskhod，而与其他国家在区块链技术上的合作也在如火如荼地开展。2017 年 9 月，俄罗斯列宁格勒州出台了相关政策鼓励比特币挖矿行为，并积极推广该地区比特币矿池的建立，该项鼓励政策包括向矿场提供核电等低价的电力以供挖矿等。2017 年 10 月，俄罗斯政府开始筹划国家法定数字货币。2018 年 1 月底，俄罗斯财政部完成《数字金融资产法》草案初稿，旨在对加密货币和初始代币发行进行监管。

7.6.4　中国

中国人民银行在 2014 年就成立了专门的研究团队，对数字货币发行和业务运行框架、数字货币的关键技术、发行流通环境、面临的法律问题等进行了深入研究。2017 年中国人民银行开展数字货币研发试验，为确保数字货币在金融系统中稳定发展，保护数字货币的合法地位，中国将不断加强对数字货币的监管和控制。国家知识产权局数据显示，中国人民银行在 2017 年公开了 32 项数字货币专利后，2018 年再度公开 14 项专利，其中包括数字货币的开通方法与系统；一种数字货币兑换方法和系统；一种数字货币钱包的登录方法、终端和系统，数字货币钱包注销的方法和系统，基于数字货币钱包查询关联账户的方法和系统等。从目前的专利申请情况可以看到，其专利已经涵盖了数字货币的存储、交易以及交易跟踪查询的整个流通、监管链条。结合多地科创中心的建设，可以说中国人民银行已经完成了法定数字货币发行所需的技术和基础设施布局工作。2019 年 11 月，中国人民银行宣布数字人民币已基本完成顶层设计、标准制定、功能研发、联调测试等工作。2019 年末中国数字人民币在各地逐渐开展试点工作。2021 年 7 月中国人民银行发布了《中国数字人民币的研发进展白皮书》。2022 年 1 月数字人民币（试点版）App 上架各大应用商店，微信、京东、美团、天猫超市、滴滴出行等 49 家平台已接入数字人民币系统。2022 年 12 月，中国人民银行启动第四批数字人民币试点工作，将第一批试点的深圳、苏州、雄安、成都扩展至广东、江苏、河北、四川全省，并增加山东济南、广西南宁和防城港、云南昆明和西双版纳傣族自治州作为试点地区。

案例阅读

Libra 是 Facebook 推出的虚拟加密货币。Libra 是一种不追求对美元汇率稳定，而追求实际购买力相对稳定的加密数字货币。最初由美元、英镑、欧元和日元这四种法币计价的一揽子低波动性资产作为抵押物。

2019 年 6 月 18 日，Facebook 发布 Libra 白皮书，随即 27 家巨头纷纷加入，这意味着天秤币即将作为新的货币首先走进 Facebook 27 亿用户的生活。但是，2019 年 10 月 5 日起，先后有 6 家机构退出了 Libra 联盟。6 家机构分别是美国版支付宝 PayPal 和 Stripe，拉丁美洲版的支付宝 Mercado Pago，美国版的闲鱼 eBay，信用卡公司 Visa 和 MasterCard。

Facebook 的 Libra 项目倒逼全球加速革新监管框架。如何在提升市场效率和加强风险监管中取得平衡，已成为不可回避的话题。Libra 作为"复杂适应系统"市场中呈指数级速度发展的金融科技创新之一，呈现出颠覆性创新，但金融监管的法律法规需要保持公信力，需要保持相对稳定性，这导致金融创新的超前性与现有的监管法规间可能出现步调不一致，各界仍需要思考，如何找到 Libra 等金融创新所面临的监管困局的突破口。

通过利用区块链技术，理论上可以压缩 90%～95%的跨境支付成本。依托 Facebook 涵盖上百个国家的数十亿用户，Libra 具备国际支付的突出优势。Libra 白皮书一经问世就引发美国和其他国家的担忧甚至反对，美国更多的是担心 Libra 对美元霸权地位的挑战和隐私保护问题，而其他国家更为担心的则是一系列监管问题。

加密数字货币 Libra 预计会给现有金融体系带来多方面的影响。例如，Libra 扮演了"中央银行"，因为在其发行和管理体系中，资产储备将事实上承担最后的买家角色；为降低监管难度，Libra 考虑与当地的商业银行合作，后者成为其授权经销商，而这疑似公开市场操作；Libra 选择储备资产主要是为了保持币值稳定，而各国中央银行需要综合考虑稳定物价、充分就业、经济增长和国际收支等多个目标；在部分小国和极端通货膨胀的国家，如果当地居民选择 Libra 进行交换活动和保值，将对本国主权货币形成替代。

同时，Libra 也可能加大金融市场风险和提升外汇管理的难度。由于 Libra 在跨境支付方面有较大优势，这将挑战传统商业银行和相关金融机构的跨境支付业务，使银行中间业务收缩。Libra 衍生出贷款业务和信用扩张，将对传统商业银行作为间接融资的核心金融中介地位产生影响。

2020 年 2 月 2 日，Facebook CEO 扎克伯格在于犹他州盐湖城举行的 2020 年硅谷科技峰会上发表演讲，并提供了 Facebook 在 2020 年的指南。扎克伯格称，Facebook 将坚持自己的原则，不管这是否会惹怒很多人。具体来说，扎克伯格谈到了强加密和言论自由是新方法的核心，这两个领域都引起了激烈的争论。

■ 本 章 小 结

本章首先介绍了什么是数字货币及数字货币具有的特征；其次，对数字货币发展历程及发行机制进行概述，通过比较比特币、以太币及瑞波币，总结出非法定数字货币的发展动态及特征；再次，分析了数字货币的各类风险和发展前景；最后结合日本、英国及俄罗斯等国对数字货币的监管做法，为我国数字货币的有效监管提供参考。

思考与练习

    1. 数字货币的内涵是什么？与传统货币之间的区别与联系是什么？

    2. 数字货币的历史发展如何？前景如何？

    3. 法定数字货币能否成为未来数字货币的主流？

课程思政小思考

    2023 年 7 月 4 日，习近平在上海合作组织成员国元首理事会第二十三次会议提出，扩大本组织国家本币结算份额，拓展主权数字货币合作。结合我国法定数字货币发展，试分析主权数字货币发展趋势和合作路径。

第8章

众筹融资模式

【本章提要】

由于互联网和移动终端的高速发展及金融模式的不断创新，众筹是互联网金融中的重要的形式。本章重点介绍债权众筹与股权众筹的定义与特点，分析债权众筹的现状、风险以及监管。结合两者之间的相同点及区别，着重对股权众筹中存在的风险与监管进行了探讨，以期促进整个众筹融资模式健康发展。

■ 8.1 债权众筹概述

目前，互联网金融的创新主要集中在理财领域，随着参与者的不断增多，互联网金融的优势更加得到凸显，它降低了理财门槛，减少了金融交易成本，撬动了投资理财、电商消费等大众化领域，提升了新的消费层次，塑造了新的商业模式，打造了新的金融服务格局，债权众筹以其简便、快捷、高效的特点，在我国得到迅猛发展，为提振我国经济发展做出重大贡献。但与之相对的，其存在的问题也日渐暴露，给投资人的经济财产带来了巨大的损失。

8.1.1 债权众筹的来源

债权众筹是一种将小额资金聚集起来借贷给有资金需求人群的一种债权债务模式。

债权众筹是互联网时代发展到一定阶段的必然产物，把传统的民间借贷从"线下"转变为"线上"，是一种新型创新金融产品，是对传统银行借贷方式的有益补充。

债权众筹的主要特点如下。

（1）手续便捷高效。借贷的操作程序十分简便，融资人可以足不出户，在网络上达成共识即可办理借贷手续，从而大大简化了贷款的相关手续和流程，提高了效率。

（2）投资门槛不高。通过网络平台投资，既不受地域的限制，也不受投资金额的限制，受众面广，老少皆宜，全国的各地、各年龄段的投资者和借款人均可参与其中。

（3）交易成本低。网络平台运行完全互联网化，省略掉了线下贷款的烦琐程序，只需交纳部分中介费率和服务费，即可享受到"物美价廉"的信贷服务。

（4）投资收益较高。网络平台提供的金融产品，参考收益率较高。因此，风险偏好高的投资者更倾向于选择互联网众筹平台进行投资。

（5）投资风险分散。由于投资人数众多，众筹网络平台可以把投资人出借的资金分别放贷给若干个融资人，避免了将大量资金集中放贷的风险。

8.1.2　债权众筹的内涵

债权众筹是指投资者对项目或公司进行投资，获得一定比例的债权，未来获取预期年化收益并收回本金。债权众筹的雏形其实是网络借贷模式，这一模式最早在 2003 年出现在英国市场，由于我国内部较长历史时期都存在金融抑制和信贷方面的约束，网络借贷模式在 2007 年被引入中国后对传统借贷市场起到了有效的补充作用，使参与方能更便捷地进行个人对个人的借贷方式，大大简化了资金周转渠道。

众筹投资者是小额投资者，所以众筹的投资者主体还是自然人，筹资者通常是法人。债权众筹中，借款人的主要义务有：①依约使用借款的义务。借款用途是投资者斟酌决定是否投资的关键，也是确保合同期满后，筹资者能否还本付息的客观要求。所以，如果筹资者没有按照合同约定的用途使用款项，投资者可以提前收回投资或者解除合同。②依约支付利息的义务。③依约返还借款的义务。投资者的主要义务是借款的利息不得预先在投资款项中扣除。

债权众筹通过实现个人对个人的快捷借贷，可以有效解决个人和新建小微企业的资金问题，在以往的传统借贷市场中，这类借款群体是很难通过审核并获得贷款的，而且在线借贷也在很大程度上节省了传统金融机构所要求的借贷成本（如运营成本、复杂流程所造成的时间成本等），也成为互联网金融发展的新鲜势力。

8.1.3　债权众筹的类型

1. 按经营模式划分

1）纯线上模式

纯线上模式的最大特点是借款人和投资人均从网络、电话等非地面渠道获取，多为信用借款，借款额较小，对借款人的信用评估、审核也多通过网络进行。这种模式比较接近于原生态的借贷模式，注重数据审贷技术，注重用户市场的细分，侧重小额、密集的借贷需求。

平台强调投资者的风险自负意识，通过风险保证金对投资者进行一定限度的保障。当前，纯线上模式的业务扩张能力有一定的局限性，业务运营难度高。国内采用纯线上模式的平台较少。

2）债权转让模式

这一模式的最大特点是借款人和投资人之间存在着一个中介——专业放款人。为了提高放贷速度，专业放款人先以自有资金放贷，然后把债权转让给投资者，使用回笼的资金重新进行放贷。债权转让模式多见于线下借贷平台，因此也成为纯线下模式的代名词。

线下平台经常由于体量大、信息不够透明而招致非议，其以理财产品作为包装，打包销售债权的行为也常被认为有构建资金池之嫌。但是事实上，不同纯线下平台采用的理财模式并不完全相同，难以一概而论。

3）担保/抵押模式

该模式或引进第三方担保公司对每笔借款进行担保，或要求借款人提供一定的资产进行抵押，因而其发放的不再是信用贷款。若担保公司满足合规经营要求，抵押的资产选取得当、易于流动，该模式下投资者的风险较低。尤其是抵押模式，因有较强的风险保障能力，综合贷款费率有下降空间。

但由于引入担保和抵押环节，借贷业务办理的流程较长，速度可能会受到影响。在担保模式中，担保公司承担了全部违约风险，对于担保公司的监督显得极为重要。

4）O2O 模式

该模式在 2013 年引起较多关注，其特点是借贷平台主要负责借贷网站的维护和投资人的开发，而借款人由线下分公司开发。其流程是线下渠道寻找借款人，进行实地审核后推荐给借贷平台，平台再次审核后把借款信息发布到网站上，接受线上投资人的投标。

2. 根据债权众筹公司成立的背景划分

1）银行系

银行系的优势主要在于：第一，资金雄厚，流动性充足；第二，项目源质地优良，大多来自银行原有中小型客户；第三，风险控制能力强，利用银行天然优势，通过银行系统进入中国人民银行征信数据库，在较短的时间内掌握借款人的信用情况，从而大大降低了风险。另外，包括恒丰银行、招商银行、兰州银行、包商银行在内的多家银行，以不同的形式直接参与风险控制管理。银行系的劣势主要体现在收益率偏低，预期年化收益率为 5.5%～8.6%，略高于银行理财产品，但处于行业较低水平，对投资人的吸引力有限。并且，很多传统商业银行只是将互联网看作一个销售渠道，银行系平台创新能力、市场化运作机制都不够完善。

2）上市公司系

资本实力雄厚的上市公司纷纷进场，其原因可归结为：第一，传统业务后续增长乏力，上市公司谋求多元化经营，寻找新的利润增长点。第二，上市公司从产业链上下游的角度出发，打造供应链金融体系。上市公司在其所处细分领域深耕多年，熟知产业链上下游企业情况，了解其经营风险、贸易真实性，很容易甄别出优质借款人，从而保证融资安全。第三，概念受资本追捧，上市公司从市值管理的角度出发，涉足互联网金融板块。借助火热的互联网金融概念，或是通过控股收购众筹公司合并报表，能够帮助上市公司实现市值管理的短期目标。

3）国资系

国资系的优势体现在如下方面：第一，拥有国资背景股东的隐性背书，兑付能力有保障。第二，国资系平台多脱胎于国有金融或类金融平台。因此，一方面，业务模式较为规范，另一方面，从业人员金融专业素养较高。国资系平台的劣势也十分明显：首先，缺乏互联网基因；其次，从投资端来看，起投门槛较高，另外，收益率不具有吸引力——其平均年化投资收益率为 11%，远低于行业平均收益率；最后，从融资端来看，由于项目标的较大，且产品种类有限，多为企业信用贷，再加上国资系平台较为谨慎，层层审核的机制严重影响了平台运营效率。

4）民营系

目前，民营系平台数量最多，起步最早。部分民营系网络借贷平台已经成长为行业领头羊。这类平台的优势体现在：第一，具有普惠金融的特点，门槛极低，最低起投门槛甚至为 50 元；第二，投资收益率具有吸引力，大多在 15%～20%，处于行业较高水平。然而，民营系的劣势也十分明显，如风险偏高。由于资本实力及风险控制能力偏弱，草根网贷平台是网贷平台跑路及倒闭的高发区。

虽然民营系平台没有银行的强大背景，但是民营系的平台有着强大的互联网思维，产品创新能力高，市场化程度高。民营系平台投资起点低，收益高，手续便捷，客户群几乎囊括了各类投资人群。

5）风投系

获得风投的平台多分布在北京、上海、广东等地，这些平台大半关注"抵押标"，注册资本在 1000 万元以下的居多。一方面，风投在一定程度上能够为平台增信，风投机构的资金注入充裕了平台资金，有利于扩大经营规模，提升风险承受能力；另一方面，风投引入是否导致众筹平台急于扩大经营规模而放松风险控制值得深思。

8.1.4 债权众筹发展现状分析

1. 2016 年前的成长阶段

2015 年是众筹行业不平凡的一年，至 2015 年底，运营平台达到了 2595 家，相比 2014 年底增长了 1020 家，绝对增量超过 2014 年，再创历史新高。2015 年广东、山东、北京三省分别以 476 家、329 家、302 家的运营平台数量排名全国前三位，占全国总平台数量的 42.66%，其中山东的运营平台数量相比 2014 年增长超过了 100%，广东、北京的运营平台数量相比 2014 年分别增长了 36.39% 和 67.78%。与 2014 年一样，排名前六位的省区市都是分布在经济发达的东部地区。随着各地逐步出台支持互联网金融的发展政策，2015 年湖北、四川、贵州等省份的网贷也出现了快速的发展，其中湖北运营平台数量相比 2014 年增长幅度超过了 100%。

2. 2016 年后规制阶段

由于行业政策环境的原因，从 2016 年开始大量平台退出。2016 年底，正常运营平台数量达到 2448 家，相比 2015 年底减少了 985 家，全年正常运营平台数量维持逐渐减少的走势，与 2015 年的数量大幅增加截然相反。到 2018 年底，正常运营平台数量下降至 1021 家，相比 2017 年底减少了 1219 家。2018 年经历了备案延期到平台加速出清的过程，全年退出行业的平台数量为 1279 家，相比 2017 年增加了 556 家。

8.1.5　债权众筹的风险分析

1. 投资人风险

首先，我国债权众筹业务的投资者多为缺乏资金投入口的中小型投资人，容易形成"羊群效应"，往往着眼于外观收益，更注重短期的、眼前的利益，而忽视了蕴藏其后的高风险。其次，我国征信体系仍存在缺陷，平台之间尚未能做到信息共通，容易出现融资者"拆东墙，补西墙"的"庞氏骗局"。近年出现了众多"跑路"、停业现象，引发各方主体对该业务的质疑与担忧。

2. 融资人的风险

融资者大多是中小企业、科技型企业以及创新、创业人群，他们急需资金，由于不清楚法律限制的范围，从而容易触碰法律界线而不自知，存在违规违法的风险。另外，非法集资、重复融资等也是融资者极易触碰的法律红线，需要加以预警及防范。同时，融资人也可能面临投资人洗钱的风险及融资平台欺诈风险。债权众筹近几年来之所以如此火热，较高的资金回报率是一大诱因。高利率是一把双刃剑，一方面提高了贷款人的投资热情，活跃了民间金融；另一方面碰触到了国家利率的政策和法律红线，债权众筹贷款利率超过银行利率 4 倍的部分不受法律保护。

3. 融资平台的风险

商业银行发放个人贷款要求执行贷款面谈、面签制度，签订书面的贷款合同。而债权众筹网络平台的借款人和贷款人达成协议是通过网上的交流，最终的贷款协议是一张电子借条，单纯依靠网络来实现信息对称性和信用认定的模式的难度与风险较大。如果借款人信用道德缺失、借款动机不纯、恶意透支导致无力偿还借款，将使得融资平台出现大面积坏账，面临着无法及时收回账款的风险。由于技术平台的限制，我国当前网络平台存在着被黑客攻击、客户信息被盗取等方面的信息科技风险，这也导致了部分弱势平台时常遭遇黑客及不法分子的敲诈，甚至出现因黑客攻击导致系统崩溃、瘫痪的困境。

4. 监管者的风险

监管政策无法完全跟上实际业务快速发展的步伐，存在滞后与水平不足的问题，导致出现监管空白、管理缺位，造成运作混乱、社会经济受损。由于网络的特殊性，平台的贷款人不可能像商业银行一样严格监控贷款用途，同时在相关监管制度和责任追究制度不完善的情况下，金融监管者对平台的监督也得不到有效的执行。

8.1.6 债权众筹的未来监管

（1）大多筹资者进行众筹主要是为了展示自身创意及获得项目的启动资金。创新式创业者能够通过众筹平台实现自己的创业梦，与此同时也能使市场产品种类得以丰富，填补消费者需求中的空白。了解投资者的投资行为偏好便是提高项目绩效的捷径。投资者喜欢那些回报丰富、折扣幅度大、发起人经验丰富、项目进展更新快、发起人与投资者互动频繁、关注度高的项目，另外公司性质的筹资者比团队和个人筹资者更容易获得资金。因此，筹资者应按照以上的投资者偏好，尽力调整自身的筹资项目，使项目达到投资者心中的完美状态。

（2）众筹平台作为中介的角色，在筛选众筹项目进行上线时，也应了解投资者行为偏好，着重了解哪些项目更容易获得投资者青睐、更容易筹资成功，将符合要求的项目挑选出来并优先展示，这样可以有效提高平台的整体收益。在网络社交时代，社交网站是吸引人气的便捷途径，众筹平台应将着力点放在如何吸引公众参与而不是如何打败竞争对手上。

（3）互联网金融是实现资金融通的新兴服务模式，它是一种依托互联网的云计算、社交网络以及搜索引擎等工具，实现资金支付、融通和信息中介等业务的新兴金融。作为内生性金融创新模式，互联网金融是为适应新的需求而产生的新模式及新业务，它利用互联网技术与通信技术等现代信息技术手段，通过与传统金融业务互相渗透、互相融合，实现共融性发展。目前，互联网金融的创新主要集中在理财领域，随着余额宝等参与者的不断增多，互联网金融的优势更加得到凸显，它降低了理财门槛，减少了金融交易成本，撬动了投资理财、电商消费等大众化领域，提升了新的消费层次，塑造了新的商业模式，打造了新的金融服务格局。

■ 8.2 股权众筹概述

面对移动互联时代的到来，传统证券公司与互联网融合已是大势所趋，衍生了互联网证券形式。而股权众筹是指公司面向普通投资者出让一定比例的股份，投资者通过出资入股公司，获得未来收益。股权众筹是在互联网金融业态下，初创企业通过在线网络平台向潜在的众多投资者发行证券筹集小额资金的融资方式，其实质是"证券众筹"而非单纯的股权众筹。互联网证券和股权众筹是互联网金融的两种发展模式，两者存在一定的联系与区别。互联网证券和股权众筹是传统金融行业与互联网技术相结合的新兴领域。无论是线上还是线下，本质上都是金融活动，应该按照现有的金融法规纳入监管范畴。

8.2.1　股权众筹的内涵

"股权众筹"一词来源于英文 equity-based crowdfunding，原意是"大众筹资"。股权众筹在形式上与发行股票相似，由筹资人、投资人、互联网金融平台以及第三方支付平台构成。创业企业即筹资人通过缴纳手续费的方式在众筹平台上发布自己的创意产品或创意想法，吸引有兴趣的投资人投资并承诺回报以一定数额的公司股份。如果投资成功，投资人将持有该公司股票，成为公司的股东，根据运营情况获得实际收益；否则，投资平台将把投资资金如数返还给投资者。股权众筹是指公司面向普通投资者出让一定比例的股份，投资者通过出资入股公司，获得未来收益。这种基于互联网渠道而进行融资的模式被称作股权众筹。另一种解释就是"股权众筹是私募股权互联网化"。

股权众筹作为一种新型的筹资方式，具有广阔的发展前景，巧妙地解决了我国创新需求与创业资金不平衡问题，有利于大众创业、万众创新目标的贯彻落实。

8.2.2　股权众筹的发展历程

1. 萌芽期（2011～2013 年）

2009 年众筹在国外兴起，2011 年众筹开始进入中国，中国第一家股权众筹平台——天使汇正式上线，2013 年国内正式诞生第一例股权众筹案例。

2. 崛起期（2014～2015 年）

2014 年国内出现第一个有担保的股权众筹项目。2014 年 5 月，中国证券监督管理委员会明确了对于众筹的监管，并出台监管意见稿。股权众筹在互联网金融领域是指公司通过互联网融资平台，向投资者出让一定比例的股份，投资者以出资入股的形式获得未来收益的权利。2014 年 12 月 18 日，中国证券业协会起草并下发《私募股权众筹融资管理办法（试行）（征求意见稿）》。该文件目前仍为征求意见稿。这是第一次从官方角度发布的详细的股权众筹监管法规。

2015 年 8 月 7 日《关于对通过互联网开展股权融资活动的机构进行专项检查的通知》发布，明确定义了股权众筹融资的概念，把市场上通过互联网形式开展的非公开股权融资和私募股权融资行为排除在股权众筹的概念之外。股权众筹融资主要是指通过互联网形式进行公开小额股权融资的活动，具体而言，是指创新创业者或小微企业通过股权众筹融资中介机构互联网平台（互联网网站或其他类似的电子媒介）公开募集股本的活动。由于其具有"公开、小额、大众"的特征，涉及社会公众利益和国家金融安全，必须依法监管。未经国务院证券监督管理机构批准，任何单位和个人不得开展股权众筹融资活动。该文件属于证券监督管理机构下发的工作文件。另外，2015 年 4 月 20 日全国人大常委会审议的《中华人民共和国证券法（修订草案）》第十三条规定，"通过证券经营机构或者国务院证券监督管理机构认可的其他机构以互联网等众筹方式公开发行证券，发行人和投资者符合国务院证券监督管理机构规定的条件的，可以豁免注册或者核准"，可见，我国也很可能将建立股权众筹小额融资豁免制度。2015 年 9 月 26 日国务院印发的《关于加快构建大众创业万众创新支撑平台的指导意见》提出"稳步推进股权众筹。充分发挥股权众筹作为传统股权融资方式有益补充的作用，增强金融服务小微企业和创业创新者的能力。稳步推进股权众筹融资试点，鼓励小微企业和创业者通过股权众筹融资方式募集早期股本"，正式承认了我国股权众筹的金融地位。股权众筹的本质是投资性合同，投资者通过众筹平台将资金转移给融资者，获得相应股权。

3. 回落期（2016 年至今）

2016 年，政府工作报告中明确提出"规范发展互联网金融"[①]，监管态度进一步严厉，正式由鼓励变为压制，在措辞上首次出现变化。在 2016 年 10 月国务院办公厅公布的《互联网金融风险专项整治工作实施方案》中，提出首先针对已经明确指出的存在的风险、隐患等进行集中治理，其次通过专项整治对互联网金融这种新生业态进行监管和规范，建立起一个监管框架，最后对互联网金融进行一个长期有效的监管，促使其成为"正规军"的一员。2016 年至今，针对互联网金融行业一直是强监管为主，而因为《关于促进互联网金融健康发展的指导意见》中指出股权众筹融资主要是指通过互联网形式进行公开小额股权融资的活动，而公开售卖股份超过 200 人又被定义为非法集资，政策上的相互矛盾导致中国股权众筹至今未有指导意见出台。2017 年众筹平台数量逐渐回落。相关统计显示，2017 年全国众筹行业融资金额、全国股权众筹成功融资金额及北京地区股权众筹成功融资金额都较 2016 年有小幅度下降。

至此，我国互联网金融的政策环境发生了天翻地覆的变化，从一开始的重点扶持、鼓励创新的立场转变到立足于风险防范，对各项业态进行专项整顿，进而促进行业合规发展的态度。

2018 年 3 月中国证券监督管理委员会发布了 2019 年度立法工作计划，其中《股权众筹试点管理办法》是力争出台的重点项目之一。2015 年 4 月修正的《中华人民共和国证券投资基金法》第八十七条中包含对非公开募集基金中合格投资者的要求。其对合格投资者的总体描述是"达到规定资产规模或者收入水平，并且具备相应的风险识别能力和风险承担能力、其基金份额认购金额不低于限额的单位和个人"。该条款对合格投资者限定了收入、风险识别和风险承担能力及认购金额三个方面的要求。股权众筹平台可以对投资者的收入设置门槛，排除风险承受能力太低的投资人，而风险识别和风险承担能力要求可以考虑投资者所从事的行业及投资经历，是否对企业所从事的业务有一定的经

---

① 《政府工作报告（全文）》，http://www.gov.cn/guowuyuan/2016-03/17/content_5054901.htm[2022-05-15]。

验，是否有过类似的风险较高的股权投资经历。而认购金额主要是为了防止一个项目的投资者过多，不符合我国法律对不向超过 200 个特定对象发行股份的要求。

8.3 股权众筹的模式与特点

8.3.1 股权众筹的主要模式

按照目前理论和实务界的主流观点，众筹的基本模式分为购买模式和投资模式。其中购买模式包括募捐式众筹和奖励式众筹，投资模式包括股权众筹和债权众筹。在我国，股权众筹主要有天使式、会籍式和凭证式三种模式。

1. 天使式股权众筹模式

天使式是股权众筹的典型模式。天使式股权众筹模式下的投资人分为领投人和跟投人，投资人组成有限合伙企业并寻找投资项目，通过对被投资公司进行出资成为该公司的股东，投资人在合伙企业层面显名，间接持有被投资公司股权。为了符合《中华人民共和国公司法》《中华人民共和国证券法》《关于促进互联网金融健康发展的指导意见》等法律法规及政策的规定，该模式主要通过股权众筹平台的居间服务来最终促成交易。现阶段我国知名的股权众筹平台有大家投、天使汇、创投圈、众投天地等网站。这些平台在经营过程中逐步形成了两种融资模式，即由天使汇推出的"快速合投"模式和以大家投为代表并为多数平台采用的"领投 + 跟投"模式。"快速合投"是一项为初创企业提供的快速融资服务，通过为期 30 天的在线股权众筹，初创企业得以挑选有投资意向的投资人，并最终获得融资。"领投 + 跟投"模式是指在众筹过程中由一位经验丰富的专业投资人作为领投人，众多跟投人选择跟投。该模式的基本流程为：①用户在平台注册成为创业者并提交融资项目计划书；②众筹平台对申请融资的项目或企业进行审核（包括项目估值是否合理、商业模式是否可行及资料是否齐全等），并将通过的项目在平台上进行公布；③有意向的投资人确定后，在投资人中间确定领投人及跟投人，签订协议明确各自的权利义务，成立以领投人为普通合伙人、跟投人为有限合伙人的有限合伙企业；④以该有限合伙企业为投资主体，约谈创业者、签约确认、完成对目标公司的入资并持有公司股份；⑤投资完成后，投资人通过平台项目投后管理模块对项目进行管理并按照平台约定模式取得回报（图 8-1）。

2. 会籍式股权众筹模式

会籍式股权众筹一般通过相互介绍、朋友圈等熟人方式加入被投资企业，共同进行企业运作，共担风险、共享收益。相比于天使式股权众筹模式，其投资人范围较为狭窄。会籍式股权众筹模式在 2014 年创业咖啡的热潮中表现得淋漓尽致。目前比较出名的就是北京大学校友杨勇牵头的 1898 咖啡馆，还有车库咖啡、贝塔咖啡等。

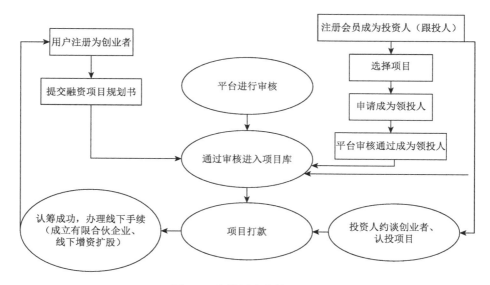

图 8-1 众筹平台交易流程图

3. 凭证式股权众筹模式

凭证式股权众筹利用互联网通过平台将公司股权以凭证方式进行公开销售，投资人出资后取得相关凭证，该凭证直接与创业企业或项目的股权挂钩而不是公司股份，投资者也不成为股东。例如，2012 年北京美微文化传播有限公司的淘宝店铺推出"美微会员卡"，消费者在淘宝店拍下相应金额会员卡后，除了能够享有在该店铺"订阅电子杂志"的权益，还可拥有美微传媒相应金额的原始股份。该公司利用凭证和股权捆绑的形式来进行募资，属于股权众筹中的凭证式众募模式，但此次募资却在社会上引起了广泛争议。最终中国证券监督管理委员会宣布该融资行为不合规，并要求该公司向所有购买凭证的投资者全额退款。可见此种股权众筹模式在我国法律环境下尚不被允许。

8.3.2 股权众筹的特点

相比传统证券投资，股权众筹具有如下特点。

（1）股权众筹效率高、成本低。对于众筹融资而言，项目的发布、推介和交易环节均通过互联网实现，大大提高了投融资双方的沟通和交易效率，同时降低了启动成本、营销成本和交易成本。

（2）股权众筹的回报具有多样性。对于众筹投资者而言，可以获得除资金回报之外的企业股权、实物产品、文化演出、影视作品等。众筹回报的多样性能够满足各类投资者的不同需求。

（3）股权众筹是一种小额投资。根据有关规定，众筹融资要求投资者的财富和年收入达到一定金额，并具备相应的风险承受能力。进行小额投资满足了各个层次参与者的不同需求。

8.3.3 股权众筹运营的主体架构

一个股权众筹平台想要成功运营，至少要有项目融资人（创业者）、公众投资人和众筹平台三个主体，大多数还具有资金托管机构。

1. 项目融资人

项目融资人一般是通过众筹平台为自己的好创意和好项目摇旗呐喊，其融资的项目具有高新技术、创新商业模式和高市场成长预期等特征，并处于种子期或初创期。同时，项目融资人必须成立公司，遵循现代公司治理制度，建立可对外出售股权的制度，还必须具备众筹平台规定的条件，如国籍、年龄、资质和学历等，并必须与众筹平台注册并签订服务合约，明确权利和义务之后，经众筹平台审核通过才能进行项目融资。

2. 公众投资人

公众投资人是众筹平台上注册的众多的"草根天使"，通过众筹平台选取项目，但是投资之前，必须通过众筹平台的资格审核，成为合格的投资者，才能对中意的项目进行规定额度内的投资并获得项目公司的对应股份，享受普通股东的权利，甚至对创业者的决策施加影响，如果公司盈利就能获得回报。

3. 众筹平台

众筹平台是平台的搭建者和运营方，又是项目融资人的审核者、辅导者和监督者，还是公众出资人的重要利益维护者，同时还为投融资双方提供如财务审核、技术咨询、法律文档、交易撮合等各种支持服务。众筹平台的多重身份特征决定了其流程复杂、功能全面、责任重大。

4. 资金托管机构

资金托管机构是众筹平台的战略合作伙伴，其功能类似于互联网融资服务平台中的资金托管机构，全程为公众投资人的资金进行第三方托管及分期支付，为投资者的资金安全提供全程保障。

■ 8.4 股权众筹发展现状与风险分析

8.4.1 股权众筹的发展现状

2017 年是中国众筹深度洗牌的一年，随着互联网金融风险专项整治工作的推进，国内众筹平台数量从巅峰时期的 500 余家，到 2018 年回落至不足 300 家。截至 2019 年 6 月底，全国处于运营中的众筹平台中，股权型平台数量最多，有 39 家，占比 37%；权益型平台次之，共 32 家，占比 31%；综合型平台 14 家，占比 13%；物权型平台 13 家，占比 12%；公益型平台数量最少，只有 7 家，仅占比 7%。

虽然近年来众筹平台的数量骤减，但众筹成功项目及融资额都呈上升趋势。2018年上半年，共获取项目48 935个，成功项目数为40 274个，成功项目融资额达到137.11亿元，与2017年同期成功项目融资总额110.16亿元相比增长了24.46%，成功项目支持人次约为1618.06万人次。2019年6月，人人创、投哪儿、第五创和众筹中原四家股权型平台共成功10个项目，成功项目总融资金额约9335.51万元。其中人人创成功项目7个，数量最多，成功项目融资金额为8665.01万元。2019年6月，点筹网、京东众筹、演娱派、开始吧、聚米众筹、摩点网、苏宁众筹、淘宝众筹、小米众筹和乐童音乐十家权益型平台共成功1155个项目，成功项目总融资额为3.43亿元。其中，摩点网众筹成功项目最多，数量为685个；小米众筹成功项目融资金额最高，为14 788.61万元。

从近年来各类型众筹平台数量占比情况来看，股权型平台发展势头最为迅猛，所占比例逐年增加，在2018年超越权益型平台成为数量最多的平台类型。而物权型平台数量占比逐年下降，从2016年的29.14%下降到2019年的12.38%。虽然股权型平台发展势头迅猛，但其众筹项目融资金额和成功数量都排在各类型平台的下游。2018年上半年，物权型平台成功项目27 976个，占比64.64%，成功项目融资金额达69.13亿元，占比50.42%；权益型平台成功项目7169个，占比16.57%，成功项目融资金额53.14亿元，占比38.75%；股权型平台成功项目875个，占比仅为0.58%，成功金额约12.99亿元，占比仅为9.47%。

8.4.2 股权众筹发展的风险分析

1. 众筹平台的风险分析

股权众筹平台借助互联网为投融资双方提供交易媒介服务，承担融资人项目审核、推介展示、需求对接、协助资金划转等服务，并收取一定比例的佣金。作为中介机构，股权众筹平台与融资者和投资者之间形成居间法律关系。在目前的股权众筹交易中，各股权众筹平台都精心设计了自身的业务流程，但因法律监管的缺失，在运作过程中仍蕴藏着许多风险，归结起来主要包括法律风险、运营风险和信用风险等。

第一，法律风险。由于股权众筹融资方式起步较晚，目前尚未形成严密的法律监管体系，在实务中因制度缺失而产生的法律监管问题日益凸显，主要表现为股权众筹合法地位尚未认定、股权众筹过程监管缺失、股权众筹平台责任不完善。

第二，运营风险。股权众筹项目发起方大多是小微企业。将股权众筹限定为小额融资是国内外监管机构的共识。但实务中股权融资项目筛选专业性强、退出周期较长，其间涉及大量的项目和投资者维护工作，这需要有强大的运营团队的支持，而搭建和支撑庞大的运营团队都将成为众筹融资平台的高昂成本。一般情况下，众筹网站的收入源于自身所提供的服务，盈利来源可以分为三个部分：交易手续费、增值服务收费、流量导入与营销费用。主流众筹平台的主要盈利来源于收取交易撮合费用（交易手续费），绝大部分众筹平台实行单向收费，即只对融资者收费。一般按照筹资金额的特定比例来收取，普遍是成功融资总额的3%～5%。小额项目所带来的收入很难填补平台高昂的运营成本。

此外，优质项目少、管理人员专业素质低、缺乏有效的风险防控体系等问题也成为众筹平台进一步发展的阻碍。

第三，信用风险。各股权众筹平台是按照自己的标准来审核项目和投资者的，这是蕴含在股权众筹平台中的风险因素之一。一般来说，平台对融资项目会进行两次审核：第一次为线上形式审核，审核内容主要是融资项目的商业计划书及其他相关信息。第二次为现场实质审核，主要由熟悉相关行业的工作人员到企业现场走访，调研企业的现实生产经营、运作等状况，审核项目的真实性、可行性、合理性等。在提交项目申请时，有的融资者会为了提高众筹的成功率，故意隐瞒一些项目的风险或者夸大市场的前景以吸引投资者。而许多投资者往往缺乏对投资风险的预估，难以甄别项目的真实性及合理性，不能理性地选择投资项目，进而做出错误的投资决策。这无疑将增加融资者违约的可能性，也加大平台的信用风险。

2. 投资者的风险分析

风险是投资活动中与收益相伴而生的产物，股权投资是一种风险较大的投资行为，而一级市场的股权投资风险则更大。股权众筹的投资者大多都是不具备专业知识、经验和风险把控能力的散户，在投资过程中容易对项目价值做出错误判断，进而盲目跟进，进行非理性投资。投资者所面临的风险主要包括投资欺诈风险、融资项目经营不善甚至破产的风险、股权的转让或退出风险等。

第一，投资欺诈风险。在股权众筹领域特别是在天使式众筹模式下，投资者在选择投资项目时需要提高警惕，防止落入投资欺诈的陷阱。信息不对称是金融消费领域普遍存在的问题。一般来说，融资者应当通过众筹平台向投资者如实披露包括企业运营、财务数据在内的项目融资关键信息，不得以虚假宣传误导或欺诈投资者。融资项目经过审核在平台上线之后，部分众筹平台会在推介时对项目进行一定程度的包装以吸引投资者，提高项目融资效率和众筹成功概率，但这种包装宣传的尺度一旦超出合理范围，便容易演变成虚假宣传或夸大宣传。这类情况主要表现为美化业绩和运营数据、优越的对赌条款、强调安全退出等。目前我国法律法规对股权众筹平台的义务责任尚无明确规定。

第二，融资项目经营不善甚至破产的风险。通过股权众筹进行融资的企业大多是处于初创期的中小微企业，这类企业发展前景尚不明朗，盈利能力也没有保障。作为一种正常的商业风险，项目在执行过程中也可能出现因为技术或经营等原因而失败甚至企业破产的情况，因此投资者能否得到约定的投资回报具有高度的不确定性。

第三，股权的转让或退出风险。"退出难、周期长"一直是股权众筹融资的痛点。股权众筹的退出难点在于项目不确定性大、退出周期长、退出渠道单一。从退出渠道来看，股权众筹可实现的退出途径主要有上市、并购、大股东回购、股权转让、股转债和企业破产清算。例如，私募股权投资涉及"选择退出"的规定是领投人应代表投资人选择合适的时机以合理公允的市场价格退出。蚂蚁金服规定的投资退出情况包括在融资企业发生新一轮融资、并购重组、回购股份、新三板挂牌、场内外证券市场上市。从退出周期来看，股权众筹关注的是创业项目未来的发展，投资退出往往需要等待下一轮投资进入或项目成功首次公开募股，其中耗时短则三至五年，长则十年左右。以影视众筹项目《大鱼海棠》为例，该项目在 2013 年完成众筹，经过摄制和后期制作，直到 2016 年年中才上映，投资者在 2016 年年末才兑现利益分红。在此情况下，如何保证投资者的信心，同时建立起资金流动和投资退出的高效渠道，都是股权众筹发展过程中面临的巨大挑战。

3. 融资者的风险分析

融资者又可以称为筹资者或项目发起人，是通过在股权众筹平台上发布自身的创业企业或项目的融资信息吸引投资者进行投资的创业者。一般情况下，融资者均为处于起步阶段的创新企业或创业企业。对融资者而言，以股权众筹的方式融资所面临的主要风险包括知识产权受侵害的风险、筹后项目管理经营的风险等。

第一，知识产权受侵害的风险。融资方在向股权众筹平台提交项目融资申请时，需要对项目细节进行描述，所披露的信息应当真实、完整、准确。股权众筹平台在推广项目时，会将项目细节详细展示，这就可能导致该项目的项目创意、技术或商业模式等核心商业秘密泄露，被人盗用。绝大多数的项目并未申请专利，因此无法得到现有知识产权法律法规的保护。相关信息的公开将可能导致专利申请因丧失新颖性而失败，而对于已经被授予专利权的项目，也可能因在众筹中公开的技术方案被抄袭而造成损失。这些都给融资者的知识产权保护带来极大的风险。不仅如此，许多众筹项目因在平台上公开了产品的设计细节、技术方案、技术要点等核心信息，他人便可能根据所披露的内容直接实施项目方案或进行仿制，如此一来，不仅影响了众筹项目的竞争力，更可能导致众筹失败，经济效益及市场竞争优势也就无从谈起。

第二，筹后项目管理经营的风险。在股权众筹领域，众筹融资成功只是完成了万里长征的第一步，是项目运作的起点。对投融资双方而言，想要获得收益更重要的是做好项目的后期运营。筹后项目的管理包括运营团队的组建完善、资源的整合、营销推广及企业经营等一系列行为，这都将是决定项目最终成败的关键。在"领投＋跟投"众筹模式中，投融双方通过股权众筹平台达成交易后，投资者会成立有限合伙企业，并以此成为融资者初创企业的股东，在相关协议的约定下明确该初创企业的股权结构及公司治理机制。一般情况下，股权众筹平台和领投人将共同执行对众筹资金使用及企业运营的监管职能，但由于企业的实际发展状况和经营理念的分歧，在决定众筹项目运作事宜等方面，监督者与企业经营者之间容易产生争议，进而引发资金监管权与企业经营领导权之间的冲突，这将对企业未来的发展造成极坏的影响。

■ 8.5 互联网证券发展

8.5.1 互联网证券的内涵

互联网证券是指通过互联网方式来进行证券交易等相关活动。从狭义上理解，它包括网上开户、网上交易、网上资金收付、网上销户等四个环节，也被称为网上证券交易。从广义上理解，互联网证券是指通过互联网技术搭建平台，为投资者提供一套贯穿研究、交易、风险控制、账户管理等投资环节的服务方案，帮助投资者提高交易频率和效率，扩大交易品种，降低进入多品种交易及策略投资的门槛，实现了低成本、跨时点、跨区域投资。

广义的互联网券商可以分为三种：①资本实力及经营能力较强的大中型券商自建线上平台，如华泰证券；②互联网企业从财经资讯领域切入市场，通过收购获取券商牌照，如东方财富；③聚焦境外证券市场，提供在线交易服务的新兴创业公司，如富途证券、老虎证券。

互联网券商与传统券商的差异在于：①传统券商的服务场景主要在线下，通过在线下设立营业部，招揽与服务客户；互联网券商的服务场景主要在线上，通过官方网站或移动设备客户端向客户提供服务。②传统券商在 IT 方面通常借助于第三方服务机构，相应的交易系统与分析工具更新周期较长；互联网券商具备较强的自主研发能力，系统更新快速，能够利用算法帮助收集信息、智能分析、决策交易、跟踪反馈等，用户体验良好。

8.5.2　互联网证券的发展历程

2000 年中国证券监督管理委员会出台《网上证券委托暂行管理办法》，我国网上证券经纪业务自此开始发展。随着互联网交易模式的普及和创新业务的放开，部分创新意识强的券商已试行网上开户、代客理财等业务。

2013 年 3 月，华泰证券自建"涨乐网"一站式金融服务平台，同年 9 月推出网上开户业务，2014 年 4 月又与网易合作，在互联网证券业务方面走在了行业的前列。

2013 年 11 月，国金证券宣布和腾讯签署《战略合作协议》，双方结成战略合作伙伴关系，与腾讯在网络券商、在线理财、线下高端投资者活动等方面展开全面合作。第一支"佣金宝"产品已经在 2014 年 2 月上线，并以万分之二的极低佣金费率吸引大量投资者转开户。

2014 年 4 月 4 日，国泰君安等 6 家券商获得互联网证券业务试点资格，成为首批开展该业务的证券公司。

2015 年 3 月 2 日，中国证券业协会发布关于互联网证券业务试点证券公司名单，20 家证券公司获准开展互联网证券业务试点。

8.5.3　互联网证券的发展现状

近年来受益于证券市场总体规模增长、移动端技术进步以及新生代投资者对线上渠道的偏好，全球主要证券市场线上交易额快速增长。简化手续及缩短用户交易时间是券商转型发展的主要方向。2012 年到 2018 年，全球线上证券市场交易额从 12.3 万亿美元提升至 37.7 万亿美元，年均复合增长率为 20.6%。2018 年美国证券市场线上交易额为

11.6 万亿美元，2019～2023 年将以 5.0%的年均复合增长率稳定增长。2018 年中国香港证券市场线上交易额为 2.1 万亿美元，2012～2018 年年均复合增长率达 31.6%，2019～2023 年将以 11.7%的年均复合增长速度持续增长。中国证券类 App 用户规模稳定增长，2019 年达到 1.11 亿人，2020 年增至 1.29 亿人。

随着居民可支配收入的增加，中国个人投资者群体不断扩大，在互联网技术的推动下，中国个人投资者在境外证券市场的渗透率逐年攀升，尤其是在香港及美国这两大证券市场。2018 年，中国内地个人投资者在美国证券市场线上交易额达 2881 亿美元，同比增长 46.1%；香港个人投资者在美国证券市场线上交易额为 209 亿美元，规模相对稳定。2019～2023 年，中国内地个人投资者在美国证券市场线上交易额仍将快速增长，至 2023 年有望接近 1 万亿美元。

8.5.4 互联网证券的风险分析

互联网证券发展中的问题既包括证券公司在开展互联网证券业务中存在的问题，又包括证券行业面临的一系列问题，主要有以下几个方面的风险。

1. 互联网投入成本升高，互联网证券持续盈利模式尚未完全建立

各家券商用于互联网业务的支出，有相当一部分投向了经纪业务渠道拓展，然而随着竞价成本的提高，相应的投入产品回报显著降低。

从收入端来看，开户、交易乃至金融产品销售都属于标准化服务，受行情影响明显，而且不具备涨价的基础。

从成本端来看，证券公司付给渠道的对价有上升的趋势，致使其净佣金率进一步降低。由于各家都在力推互联网经济战略，全行业的互联网单客引流成本逐步提升，2016 年已经有不少券商开始尝试按佣金收入比例向互联网机构或有获客能力的个人支付报酬，这个代价显然高于以往。要维持较高的利润率并不容易，在互联网模式下，体量较大的券商更占优势，它们更有条件通过规模化、可复制的操作，进一步降低成本。寻求更为多元、可持续的增值服务收费模式将是券商的下一个重要议题。

2. 互联网对传统风险控制机制形成挑战

从近年的证券业务创新趋势来看，来自互联网的竞争主体机制较为灵活，且外部监管环境较为宽松，内生性合规约束机制动力有待强化。互联网对传统证券业业务风控的挑战体现在技术、信息和市场三个方面。

第一，技术。随着证券交易电子化、网络化的普及，在发行、交易、清算、咨询与服务等方面，信息技术的应用深度与广度不断拓展，但同时基础设施自身的安全性也在经受新的考验。在互联网领域，恶意攻击导致服务瘫痪，传输故障导致业务受损的情况极为常见；在金融领域，来自互联网的安全隐患或将直接导致较为严重的资金问题，甚至对市场形成影响。

第二，信息。互联网创新业务在风险维度上具有传导速度快的特征，同时，不少新业务模式存在监管空白或无法认定责任的情况，导致互联网创新隐蔽性强，证券公司对于其中隐含的风险存在认知或应对准备不足的情况。为寻求更高的业务周转效率，互联网创新可能会避开部分环节，而其中合规管理的缺失，将成为新的风险点。

第三，市场。互联网及移动互联网的普及，也在一定程度上影响了市场的波动特征。对比 2006～2007 年及 2015～2016 年国内股票市场两轮波动，不难发现后者的波动周期更短，放量速度更快、振幅更强。移动互联网工具的出现，使得机构与客户之间信息不对称的局面被打破，但这种情况至少带来了两个负面效应：一是新客户的信息获取能力有所增强，但识别、判断能力不足，容易导致盲目投资；二是跟随趋势的投资者可能采取相似的投资策略，同时看多或看空市场，从而加剧波动。

3. 互联网证券业态更趋复杂，投资者信息保护存在更大挑战

互联网的介入让更多第三方参与到证券服务环节中，这给投资者信息保护提出了新的挑战。很多券商都面临着客户信息泄露的危险。在互联网时代，金融服务更便捷，但不法分子的手段也更高科技，这对于互联网证券业务的发展是不利的，给证券从业者、行业监管都提出了新的挑战。

近年来，金融欺诈案件数攀升，诈骗团伙通过盗取、倒卖客户个人信息，仿冒金融机构制造虚假信息误导金融消费者。有大量的非法网站以保证收益、高额回报为诱饵招揽客户，以提供证券投资分析、预测或建议为名，非法代理客户从事证券投资理财活动，这些都直接或间接威胁到投资者的金融账户和财产安全。

4. 证券公司互联网人才培养及激励机制有待健全

传统券商与先进互联网公司相比，首先是 IT 研发人员的数量、技术水平相对积累不足；其次在技术架构上，特别是云计算、大数据应用等领域有不小差距。券商普遍选择采用外包模式来弥补技术能力的不足以快速搭建移动证券平台，但也导致了目前各券商移动互联网平台功能和服务同质化严重，对外包供应商的过度依赖也使部分创新业务受到一定制约。

证券行业目前普遍采取单独设立网络金融部或在零售经纪部下设立二级部门的模式开展互联网金融业务，但这仅仅是业务单元的设置和组织架构的微调，并未解决核心问题。首先，传统券商业务与 IT 前后台设置的组织架构无法实现互联网以用户为中心的"云＋端"网状生态场景。其次，移动证券平台更新换代较频繁，互联网时效性迫使券商必须结合移动互联网属性定制新的管理模式和运营方式，提高内部沟通效率，以及时响应对接用户需求，持续提升客户体验与满意度。

当前券商人员结构多以传统业务运营管理与互联网平台二次开发人员为主，互联网和金融两类专业人员都存在知识结构的短板。通过政策倾斜、考核激励、专业培训等方式，建立有针对性的复合型人才的培养机制与激励机制，将成为驱动证券公司移动证券业务快速发展的重要策略。

5. 行业配套设施难以支持互联网证券高速发展

长期以来，IT 部门在多数证券公司内部扮演着"成本中心"的角色，不少证券公司的信息技术部由原先的"电脑部"演化而来，通过运维或二次开发北京睿智融科控股股份有限公司开发系统等第三方开发商提供的业务系统来支撑其日常业务，不具备自主研发能力。

由于行业的核心组件和解决方案被上述软件开发商掌握，证券公司通常依靠采购系统来完成客户端的布局和迭代，这种情况导致各家证券公司在客户服务方面的竞争实力趋同，互联网服务所要求的敏捷迭代、持续交付，难以通过"交钥匙"工程实现。

6. 行业缺乏系统性创新政策，深度创新受限

虽然政府层面整体充分肯定互联网金融的合理创新，但具体到互联网证券领域却鲜有系统性的、明确的指导意见和发展指引，证券公司"自下而上"不断尝试创新，通过账户体系的重塑、组织架构的调整、切入生活场景、与互联网机构合作等多种方式试水互联网证券业务。这种局部创新往往是先试先行、一事一议的，缺乏统一指导，而市场自身的原因，又导致证券业务的相对同质化、传统金融机构思维的相对固化、业务水平的相对持平化。在互联网证券业务的创新举措中，以降低佣金率、网上开户、移动 App 终端等较为表层的创新成为大部分券商"攻城略地"的发力点，缺乏更深层次的业务创新，这是当下较为突出的一个问题。

案例阅读

（一）互联网证券案例

1. 华泰证券"涨乐网"

2013 年 3 月，华泰证券自建"涨乐网"电商平台上线，实现了网上开户、在线咨询、产品销售、投资服务等系列证券服务。

华泰证券"涨乐网"网上开户和万分之三佣金费率，吸引了大批客户开户，客户数量呈爆发式增长，这也进一步体现在华泰证券 2014 年的年度业绩上。2014 年华泰证券经纪业务手续费及佣金净收入 47.49 亿元，跻身行业首位，相比上年增长 25.59%。2014 年公司股票基金交易量为 12.40 万亿元，市场占有率 7.89%，相比上年的 6.12% 上升 1.77 个百分点，行业排名第一，股基佣金费率 0.38‰，较上年的 0.65‰有较为明显的下降，主要是由于公司在 2014 年加大了网络低佣金开户的力度。

客户数量的增加也带来了两融业务的快速增长。截至 2014 年底，华泰证券融资融券余额为 654.83 亿元，市场份额为 6.47%，市场排名第一。2014 年两融业务利息净收入为 24.67 亿元，同比增长 101.55%；收入占比达 20.5%，较 2013 年同期提升 3.4 个百分点。截至 2014 年底，华泰证券股票质押回购业务未解压总市值为 410.28 亿元，同比增长 4 倍多，市场排名第四。

2. 国金证券"佣金宝"

2014 年 2 月，国金证券与腾讯合作的"佣金宝"产品上线，并以万分之二的极低佣金费率吸引大量投资者转开户。

国金证券 2014 年 2 月推出的"佣金宝"迅速提升其经纪业务的市场占有率。2014 年国金证券经纪业务收入达到 10.18 亿元，相比 2013 年增长了 58.57%；代理买卖证券手续费及佣金收入为 9.75 亿元，相比 2013 年增长 51.87%。2014 年股票基金的成交量为 15 210.01 亿元，市场占有率达到 0.97%，而 2013 年股票基金的平均市场占有率仅为 0.69%，2014 上升幅度达到 40.58%。而平均佣金率方面，2013 年平均佣金率为 0.97‰，2014 年平均佣金率为 0.64‰，下降了 33.66%。这些份额变化的原因主要源于"佣金宝"的成果，这个产品通过低佣金率吸引用户，同时通过差异化的经纪业务模式留住用户，从而大幅提升了市场份额量及相应的收入，达到了以量补价的效果。

同样，客户数量的增加也带来了两融业务的快速增长。截至 2014 年末，国金证券融资融券余额为 53.22 亿元，较上年末增长 257.42%，市场占有率为 0.52%，较 2013 年市场占有率 0.43% 提升 0.09 个百分点，上升幅度为 20.93%。2014 年公司融资融券利息收入为 2.26 亿元，同比增长 89.46%。

（二）股权众筹案例

大家投是深圳市创国信息技术股份有限公司旗下打造的股权众筹平台，是国内首个"众筹模式"天使投资与创业项目私募股权投融资对接平台，是中国版的 AngelList、股权投融资版的 Kickstarter。大家投于 2012 年 10 月正式上线，专注于股权众筹融资项目，为创业者和投资人提供高效的众筹服务。

2012 年 12 月 10 日大家投前身"众帮天使网"上线。2013 年 3 月"众帮天使网"第一轮自融获得 14 个自然人与创新谷孵化器 100 万元人民币投资，估值 500 万元人民币。2013 年 7 月"众帮天使网"更名为"大家投"。2014 年 1 月大家投启动第二轮自融，融资 300 万元，22 天完成融资。2014 年 10 月股权众筹行业联盟成立，大家投创始人李群林任联盟理事长。2015 年 4 月大家投领投基金上线，第一支 500 万元领投基金 3 天认投满额。

从平台性质来看，大家投就像一个供创业公司卖股权的天猫，天猫上卖东西，大家投上卖股权，而投资人则是买家。投资人登录后，就能看到通过筛选的创业公司作为卖家在上面介绍和推销自己，他们逛完了网站后，根据自己的偏好和判断，购买股权。就像天猫的交易规则一样，大家投能够在法律范围内有序运作，也有一套自己的交易规则，甚至还有一个功能类似支付宝的"投付宝"，是为了保障投融资交易的安全而设计的。"投付宝"的原理其实和支付宝的担保原理很像，区别在于账户有银行托管，即投资者先将资金打到托管账户，再由该账户分批划拨。

除了资金托管产品"投付宝"，大家投还有"领投人 + 跟投人"机制等让业内人叫绝的创新。2014 年 7 月，大家投公布了 2.0 版规则，又抛出了股权众筹新的玩法，其中荷兰式竞价法引发了众多关注。创业投资本身就存在泡沫化问题，股权众筹领域也不例外，很多投资人都反映各个众筹平台上的项目估值过高，按照目前的做法，估值是由创业者和投资经理在认筹前商定好的，投资人没有议价的权利，荷兰式竞价法诞生的原因和目的，即让众筹投资人在项目的估值定价中有更多话语权。

2018年大家投创始人表示，大家投"这两年业务不断收缩，基本上做不下去了。网站还可以正常访问，只是业务暂时停止运营了"。

■ 本 章 小 结

本章分析了我国债权众筹和股权众筹的基本内涵、类型以及特点，侧重从当前的债权众筹与股权众筹的现状发展分析其存在的风险。我国互联网证券与股权众筹存在相关立法滞后问题，限制了众筹业务的发展，也给投资者带来了投资风险，使得众筹的发展止步不前；众筹网络平台风险控制体系不健全，使得股东权益无法得到有效保障。要结合世界各国众筹的监管思路和先进经验，促进我国债权众筹、股权众筹、互联网证券的健康发展。

思考与练习

1. 债权众筹的内涵是什么？债权众筹与股权众筹之间的区别与联系是什么？
2. 股权众筹的内涵是什么？股权众筹与互联网证券之间的区别与联系是什么？
3. 股权众筹的历史发展如何？前景如何？
4. 试分析股权众筹如何实现证券化。

课程思政小思考

党的二十大报告提出：深化金融体制改革，建设现代中央银行制度，加强和完善现代金融监管，强化金融稳定保障体系，依法将各类金融活动全部纳入监管，守住不发生系统性风险底线。从筹资者、众筹平台和互联网金融三个角度指出债权众筹的未来监管方向，那么我国应如何对股权众筹实施监管呢？

第9章

互联网保险与互助众筹

【本章提要】

随着"互联网＋"的到来，互联网保险发展迅猛。互联网以其特有的包容性，提升了金融保险行业整体的服务水平，实现了保险行业的转型与不断壮大。本章着眼于互联网保险和互助众筹两个方面，着重介绍了互联网保险和互助众筹的概念与发展情况，结合政府监管分析了互联网保险与互助众筹存在的现实问题，针对现存问题展望了互联网保险与互助众筹的发展方向并提出了发展建议。

9.1 互联网保险概述

随着互联网时代的到来，我国保险金融领域的发展速度也越来越快。利用互联网技术开发和销售新型保险产品，可以提高保险行业整体的服务水平，但是与传统保险行业相比，互联网保险中的信息安全、政策制度监管和消费投诉问题等更加突出。为了保险行业的良性发展，许多问题需要解决。

9.1.1 互联网保险的内涵

互联网保险指实现保险信息咨询、保险计划书设计、投保、交费、核保、承保、保单信息查询、保全变更、续期交费、理赔和给付等保险全过程的网络化。互联网保险是新兴的一种以计算机互联网为媒介的保险营销模式，有别于传统的保险代理人营销模式。互联网保险是指保险公司或新型第三方保险网站以互联网和电子商务技术为工具来支持保险销售的经营管理活动的经济行为。

9.1.2 互联网保险的发展阶段

当前，我国互联网保险是互联网金融多元生态系统中增长较为迅猛、发展步伐较为稳健的一个领域。我国互联网保险发展历程大致经历了四个阶段：萌芽期、探索期、成长期、发展期。

1. 萌芽期（1997～2007 年）

1997 年中国保险信息网建成并销售出第一张互联网保单，这标志着我国互联网保险的开始，自 2000 年起国内知名保险公司陆续开通全国性企业门户网站。

2. 探索期（2008～2011 年）

在探索期间保险中介和信息服务保险网站陆续登场，同时，政府对电子商务的重点关注和大力扶持及政策法规的逐步完善，推动了保险电子商务的发展。

3. 成长期（2012～2015 年）

各大保险公司依托于官网、保险中介平台、第三方电子商务平台等多种方式开展互联网保险业务，2013 年全国首家专业互联网保险公司众安在线财产保险股份有限公司成立，同期，中国人寿保险股份有限公司、中国太平洋保险（集团）股份有限公司等保险公司也开始筹建独立电子商务公司。

4. 发展期（2016 年以后）

由于中国银行保险监督管理委员会的严监管以及保险行业业务结构调整的影响，互联网保险发展迎来拐点，互联网保险保费收入出现增速放缓乃至下滑趋势。截至 2017 年底，全国共有 131 家保险公司开展互联网保险业务，同比增长 5.6%。2017 年我国互联网保险保费收入达到 1835.29 亿元，相比 2012 年的 110 亿元 6 年间增长了近 16 倍。2017 年我国互联网保险销售保单 124.91 亿单，同比增长 102.60%。2012～2017 年 6 年间，年销售保单从 3.72 亿单增长至 124.91 亿单，增长了近 33 倍，保单件数实现了高速增长。2018 年中国银行保险监督管理委员会发布《关于切实加强和改进保险服务的通知》。总而言之，国家政策监管层面一直是支持和鼓励互联网保险进行产品创新、防范风险和保护消费者权益，也正是得益于此，我国互联网保险在短短二十多年时间里实现了快速发展。

9.1.3　互联网保险的发展现状

保险业的发展、互联网的普及、电子商务日益成熟、传统销售渠道增长乏力等因素为互联网保险的快速发展创造了有利条件。2012～2017 年，我国互联网保费收入不断增长，从 110 亿元增长到 1835.29 亿元。其中，2013 年和 2014 年保费增速是最快的，分别达到 187.6%和 169.8%。

在 2015 年互联网保险经历了爆发式增长之后，互联网保险保费收入增速大幅下滑，2016 年互联网保险保费收入同比增长 5%，到 2017 年互联网保险保费收入 1835.29 亿元，同比下降 21.83%，自 2012 年以来，首次出现逆增长。2020 年上半年，中国互联网保险规模保费 1766 亿元，同比增长 9%，其中人身险保费收入为 1394.4 亿元，占比接近八成，渗透率为 6.6%；财产险保费收入为 371.12 亿元，渗透率为 5.1%。

根据中国保险行业协会的统计，2018 年全国共有 62 家人身险公司开展互联网保险业务，全年累计实现规模保费 1193.2 亿元，同比下降 13.7%，连续两年负增长。从业务结构来看，2018 年，人寿保险仍是互联网渠道的主力险种，规模保费占比超过一半，高达56.6%；其次是年金保险，占比 28.3%；健康保险、意外保险分别占比 10.3%、4.8%。具体来看，2018 年，互联网人寿保险累计实现规模保费收入 675.4 亿元，同比下滑 15.5%。其中分红保险累计实现规模保费 240.3 亿元，同比增长 62.2%，跃居为互联网人寿保险的主力险种，占比为 35.6%；万能保险实现规模保费 202.6 亿元，同比增长 50.5%，占比为30%；两全保险实现规模保费收入 55.4 亿元，同比下降 82.6%，仅占互联网人寿保险总保费的 8.2%，占比下降 31.7 个百分点；投连保险实现规模保费收入 127.4 亿元，同比下降 21.4%。据统计，2020 年共 61 家人身险公司开展互联网保险业务，较 2019 年减少 1 家，占中国保险行业协会人身保险会员公司总数的七成。2020 年互联网保险市场规模已超过2900 亿元，渗透率达到 6.4%。

互联网年金保险发展势头放缓，2018 年全年累计实现规模保费 337.8 亿元，同比下滑 26.8%；互联网健康保险累计实现规模保费收入 122.9 亿元，同比增长 108.3%；互联网意外险累计实现规模保费 57.1 亿元，同比下降 9.7%。相比互联网人寿保险市场，互联网财产保险市场结束持续了两年负增长状态，较同期发展回暖，且保持平稳增长。2018 年上半年，互联网财产保险业务实现累计保费收入 326.40 亿元，同比大增 37.3%。业务结构方面，2018 年上半年，车险产品仍占据一半以上的份额，达到 55.25%；非车险中，意外健康险累计保费收入为 72.89 亿元，占比 22.33%，财产险累计保费收入为 7.76 亿元，占比 2.38%；责任险累计保费收入为 13.07 亿元，占比 4.00%；信用保证险累计保费收入为24.18 亿元，占比 7.41%；其他非车险（主要包括退货运费险）累计保费收入为 28.15 亿元，占比 8.63%。2020 年互联网健康保险继续保持增长态势，实现连续六年稳定增长，且在互联网人身保险中的占比不断提升。其中，费用报销型医疗保险累计实现规模保费229.2 亿元，同比增长 58.3%，占互联网健康保险总规模保费的 61.1%；重大疾病保险实现规模保费 87.5 亿元，同比增长 60.6%，占比为 23.3%。另外，护理保险和防癌保险增长幅度较大，较 2019 年同比分别增长 257.9% 和 138.9%。

9.1.4　互联网保险的风险分析

互联网保险快速发展的同时，也存在着很多风险。

1. 互联网保险的技术风险

由于互联网保险业务是通过互联网线上操作完成，日常业务经营数据资料都是电子化存储，因此对信息技术的依赖性很高。但互联网本身具有较高的开放性，也是风险的交易载体，因此会出现网络安全及信息技术风险，如数据泄露、信息篡改、支付不安全、设备故障、系统瘫痪、安全漏洞、病毒入侵、网络攻击等安全风险。由于互联网传播速度快，破坏性和隐蔽性强，一旦大规模的网络安全风险事件发生会给社会秩序带来巨大影响。并且，互联网的一个特征是不被时间与空间所制约，这本来是互联网所拥有的优势条件，然而凡事都有两面性，互联网保险的劣势便是没有办法和客户进行面对面的沟通，无法仔细解释保险有关条款，容易发生纠纷问题。互联网保险产品因其购买便捷，异军突起成为推动保险行业发展的重要力量。但伴随互联网保险高速发展的同时，互联网保险投诉量也在逐年攀升，2017年互联网保险投诉达到了4303件，同比增长六成，较2013年的254件增长了近16倍。互联网保险投诉主要分为两类：一是销售方面销售告知不充分或有歧义；二是理赔方面存在理赔条件不合理及拒赔理由不充分。因此，可以看出互联网保险一方面给消费者带来便利，另一方面也存在风险隐患，需引起关注，如"吸睛"产品暗藏误导、在线平台暗藏"搭售"、"高息"产品暗藏骗局、变相投机赌博涉嫌违法等，风险更加隐藏、破坏性更加严重。传统的金融审计准则已经不能完全涵盖这些内容，因此，需要进一步明确监管主体，构建互联网保险金融审计监管体系。

2. 互联网保险的法律风险

互联网保险作为新兴事物，为我国保险行业发展带来了勃勃生机，但同时其行业自律和自控的薄弱、监管的滞后与缺失以及审计主体的不明确也带来了一系列金融风险问题。在监管方面，传统的金融审计法规及制度已经不能完全涵盖互联网保险这些新生事物，目前针对性的监管手段，无论是法律制度方面，还是监管政策方面，都还处在初步探索阶段，虽然陆续出台了诸如《保险代理、经纪公司互联网保险业务监管办法（试行）》《互联网保险业务监管办法》等政策法规，但尚缺少完善的法律法规体系，仍存在监管盲区。

3. 互联网保险的产品风险

互联网保险出现的时间较短，保险金融企业的险种与产品较为单一，具备比较强的同质性，导致险种发展出现不均衡的现象，客户经常选择的保险种类是意外伤害、车险以及万能保险等。与此同时，各个保险金融企业所推出的产品种类有趋同性特征，其中车险的比例最大，第二是理财保险，第三是意外保险。由于互联网保险金融产品存在失衡现象，对我国保险金融企业的整体发展产生了严重影响。与此同时，对其产生影响的另一个因素主要是创新性能比较低，保险金融产品的场景化不强，缺少金融与非金融之间的有效结合，其主要体现在两个方面：一是缺少保险金融相关产品的情境化开发，没有把客户的实际习惯及需要当作重点内容设计保险种类，导致传统保险与互联网保险金融之间在险种与性质方面类似，只是转变了销售的途径，并且因为互联网技术具备的虚拟特点，没有办法让客户对其险种进行信赖。二是在对互联网保险金融产品进行设计的时候，没有和其他场景进行有效结合。在现阶段的信息时代当中，人们的消费需求越来越多样，应该注重不同领域的结合，或者是相同行业不同方向的结合，设计出和人们实际需求相符合的保险金融产品，提高保险金融产品在金融市场当中的占有份额，有效提升"互联网＋"时代当中保险金融产品的市场竞争能力。

4. 互联网保险的平台风险

互联网平台还存在一个重要的问题，那就是市场缺乏规范，导致其运转效率降低。

因此，应该把各个运转经营手段具备的优势条件进行有效结合，建立与我国现阶段经济机制相适应的新型运转机制，进而促进我国保险金融产业的健康可持续发展。在"互联网＋"时代，保险金融企业有效整合资源的技能有待提高，与传统保险企业进行对比，其销售额存在一定的滞后性。在我国保险市场当中，互联网保险金融占据较少的市场份额。互联网保险缺少良好的销售途径，并且没有做好相应的宣传，许多客户并不了解保险金融产业，其交易主要是在互联网中进行，客户很难对其信任，导致互联网保险金融的渗透程度非常低，对其持续发展产生制约作用。

当前中国经济已由高速发展向高质量发展转型，此时的互联网保险行业在高速发展的同时，也蕴含着巨大的潜在风险，可能会制约未来的发展。要想保持如今高速增长的趋势，就必须对这些潜在的问题加以重视。

■ 9.2　互助众筹概述

当今世界科学技术发展突飞猛进，以信息革命为代表的第三次浪潮已步入大数据时代，数字经济的到来为传统保险行业带来全新的机遇与挑战，而消费习惯的线上化使得以数据为重要资产的互联网保险领域呈现出了多元化的发展趋势，在此变化下，保险行业必须不断与时俱进，丰富属于数字经济时代的互联网保险营销创新模式，这样才能在数据为王的竞争浪潮中稳健发展，进而推动我国保险金融市场走向更加繁荣。另外，互联网金融的崛起促进了社会众筹的迅速发展，使人们能够有更多的途径募集资金。但与此同时，骗捐、诈捐等现象也常有发生。因此，在发挥互助众筹优势的同时，还要正视它在实践中所面临的困难、风险和挑战，如筹款流向的监督、效果评估、募捐平台惩罚与退出机制等，客观看待众筹，使之成为我国社会互助的一种新模式。

9.2.1　互助众筹的概念

互助众筹是指在某个群体或者项目中，一人遇到困难需要帮助时，群体内或者项目中其他成员一起小额均摊的互助模式。众筹的发展衍生出"互助众筹"，特指"一人有难，众人帮扶"。

广义的互助众筹是指公众筹资，面向公众筹集资金或者其他资源，也称公益众筹；狭义的公益众筹是指公益机构或个人在众筹平台发起的公益筹款项目，包括网络平台如腾讯乐捐、轻松筹、水滴筹等，以及一些综合类网站如京东众筹、淘宝众筹、众筹网等。

关于互助众筹存在如下观点。

1. 互助众筹不是保险

这种互助组织，最初在一些商会、同乡会或行业协会中兴起，后来发展为现代保险业。所以，它在很多方面跟保险很像，如它对年龄有要求，一般不能超过 65 岁；对身体健康有要求，不能带病参加，还有 180 天至 2 年的观察期；它对救助真实性有要求，所有申请都要经过勘察审核和公示；它的救助有限额，如果申请人成功申请的救助达到限额，就要自动退出。

但它又跟保险有着很多不同：第一，从性质上看，保险公司是商业营利组织，互助组织是非营利组织，会员救助他人相当于一种"捐赠"，而且会费不能用于投资，也不会给会员分红。当然，未来，它也可能发展保险业务或者转型为保险公司。但目前看，由于处于初创期，尚无成熟的营利方式。第二，从参与者之间的关系看，保险公司是"一对多"，所有客户跟保险公司发生关系。在互助组织中，可以用区块链的"多对多"来解释会员之间的关系，一旦某个会员需要救助，系统会强制每个会员都必须捐赠（从个人账户划扣）一定金额。第三，从保障内容看，保险公司业务丰富，保额从几百元到千万元不等；互助组织的救助内容比较少，主要是大病医疗和疾病身故等，每种救助都有限额，如众托帮的大病救助上限是 30 万元。第四，权益实现方式不同。保险用户需要索赔，有些大病险是一旦确诊就给付的；互助会员需要在支付费用后向平台提出申请，通过审核以后，所有会员强制捐赠。

2. 可作为社保、商业保险的补充

社保是最基础的保障，特点是高频、低保障，无法抵御重大疾病；商业保险的重大疾病险普遍比较贵，年龄越大越贵，需要年缴几千元到上万元。互助众筹的特点是低频、高额，最重要的是便宜。以众托帮为例，年缴 10 元就可以成为会员，平台测算，在 700 万名会员情况下，每年费用不超过 90 元，重大疾病或身故最高保障 30 万元。而且，保障的重大疾病种类比较多。在某平台，有一个手足口病申请救助的公示案例，费用只有 5000 元。咨询得知：花费超过 3000 元，而且是按重大疾病医治的，就可以申请救助。

最重要的一点是：因为它不是保险，所以不适用保险的"重复理赔"规则。一旦会员患了重大疾病，社保和商业保险报销之后，还可以向平台申请救助金，平台会全额给付。因为那是他们作为会员的权利，不会因为买了商业保险和社保而取消。

9.2.2　互助众筹的背景起源

基本医疗保险制度由于保障基础薄弱、保障基金不足和保障需求日益增大等客观因素的存在，只能维持对日常门诊及普通住院医疗费用的保障。面对重大疾病所造成的大额医疗费用需求，基本医疗保险制度在报销额度和保障水平上就捉襟见肘，社会成员只能依靠自身力量解决，因而低收入的弱势群体在罹患重大疾病后往往会陷入"无钱医治"的生活灾难之中。为了有效缓解重大疾病对社会成员造成的巨大经济负担，我国逐步建立了城乡居民大病保险，根本目的是希望对大病患者发生的高额医疗费用给予进一步保障。但大病保险运行机制不完善，现实补充效果不明显。在实践运作中，城乡居民大病保险虽承保范围较广，但审核标准严格，加之各地实际情况不同，符合条件的患者数量有限，无法普遍惠及急需救助的广大重病患者。同时，由于城乡居民大病保险以基

本医疗保险基金为筹资来源，其资金的筹集和使用受到很大限制，报销比例无法达到预期目标，居民"二次报销"之后仍需承担巨大的医疗费用压力。对于困难家庭而言，个人承担的自付费用也难以筹措。

为有效保障社会成员的基本健康卫生权利，促进社会公平正义，提高社会整体医疗保障水平和质量，还应从社会医疗保障制度中的社会救助、个人商业保险和慈善互助等方面着手，互补联动，建立覆盖范围广、保障水平高的医疗保障体系，从而有效解决严重影响人民群众生活水平的大病治疗问题。现实情况是，社会成员的大病医疗需求主要是依靠基本医疗保险制度来予以满足，个人商业保险和社会救助没有发挥出应有的医疗保障特别是大病医疗保障的功能。在此背景下，随着时代的发展而出现的互助众筹作为一种全新的社会互助模式，在我国的医疗保障制度中发挥着越来越重要的补充作用。

9.2.3 互助众筹的发展现状

网络互助众筹的赛道起于 2015 年，兴于 2016 年，经历了 2017 年的大浪淘沙之后，于 2018 年复苏，主要平台有众托帮、水滴互助、轻松互助、壁虎互助、夸克联盟、e 互助和康爱公社等平台。网络互助成为新的线上流量入口，腾讯、阿里巴巴、滴滴、苏宁易购、360 等传统互联网巨头已经陆续推出网络互助计划。

截至 2019 年 6 月，网络互助众筹平台中水滴互助最为领先，用户规模达到 8000 万人，远高于第三名轻松互助的 2000 万人，受助人次达到 4260 人，同样远高于其他平台（图 9-1、图 9-2）。到 2020 年水滴筹参与用户突破 1 亿人，2020 年人均捐赠金额达 66.6 元。2020 年度《网络大病筹款平台行业洞察报告》显示，大病筹款行业初步形成"一超两强"的行业格局，以水滴筹为代表的超级品牌，以轻松筹和爱心筹为代表的强品牌，已联合占据了大部分市场。水滴筹业务的市场份额在行业占据绝对领先优势，从筹款侧而言，已占据 66.5%绝对领先的市场份额，在捐款侧的市场份额也超越六成，是名副其实的行业超级品牌。

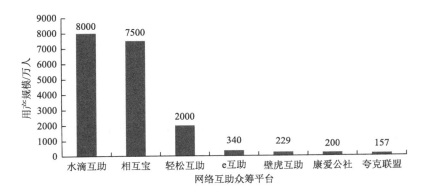

图 9-1　网络互助众筹平台用户规模

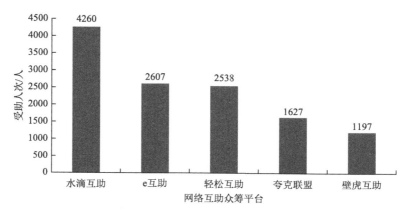

图 9-2　网络互助众筹平台受助人次

9.2.4　互助众筹的风险分析

互助众筹是新生事物，相关部门对互助众筹的法律监管处于缺失状态，对于互助众筹新事物的发展采取的是一种既不支持也不反对的策略。在缺乏相关法律监管的情况下，互联网互助众筹在发展过程中面临着多种风险。

1. 互助众筹的参与者风险

网络互助众筹平台为了吸引更多的捐助者，刚开始时对捐助者采用免费的甚至是倒贴的形式。而当平台吸引了足够多捐助者的时候，平台就会引导捐助者关注平台的其他项目，以此来提高平台自身的盈利能力。平台由于过于注重求助者和捐赠者人数的增加，放松了对求助者的审核要求。公益众筹平台缺乏严格的求助人资格审查制度，在审查过程中存在漏洞，导致求助人的不诚信申请。而我国法律监管滞后，缺乏对不诚信求助人强有力的制裁措施，没有起到法律的威慑作用，产生了众多的欺诈事件。据报道，众筹平台——轻松筹在 2015 年总计被网友投诉超过 1150 次，平均每天就有 3 次投诉，投诉的缘由基本是筹款虚假、有诈捐行为。由于轻松筹平台在出现多次骗捐行为后并没有采取积极有效的应对措施，分别在 2017 年 2 月和 8 月两次被民政部约谈，但效果并不理想。轻松筹作为国内最大的互助众筹平台之一，在利益的诱导下，为了吸引更多的人在平台求助而降低了对求助人的资格审查要求。由此不难想象其他互助众筹平台的情形。

2. 互助众筹的平台风险

网上互助众筹平台是一个典型的双边市场，这种互助众筹模式普遍存在缺乏信息透明性的问题。捐赠者只有通过平台这一条路径来对求助者的信息进行判断，平台为了求助者可以及时快速地筹到目标金额，会对求助信息进行不实夸大的语言描述，以吸引人眼球。对于捐助资金的使用情况，平台并没有进行后期的跟踪公布，使捐助人对自己的捐款使用情况不明了，对于超出治疗疾病费用的捐款，平台也没有进行相关的说明。

3. 互助众筹的法律风险

互助众筹的发展主要面临着两大风险，即偿付能力是否充足的风险与组织经营风险。首先，目前国内金融改革逐渐深入，保险行业规模不断扩大，第一代偿付能力监管已经无法满足市场的要求，因而相互众筹组织的偿付风险制度明显不足。一是对于互助保险机构偿付充足率的问题，《互联网保险业务监管办法》中指出要遵循现行颁布的偿付监管规则。事实上，国内现行颁布的偿付监管规则对股份公司的适应性较强，缺乏针对互助众筹公司偿付能力细则的制定。二是由于实践经验的缺失，新设立的互助众筹组织可能面临的风险管理不足的问题更大。其次，互助众筹组织可能也面临着经营风险问题。同时，不免一些不法分子，借助互联网互助众筹的名义，以互助保障之名，行非法集资之实。

为了应对偿付能力风险和经营风险，监管部门应继续制定出台具体的配套实施细则。我国互助众筹组织的发展几乎处于空白状态，业务发展及监管规章制度都不明确，与国外成熟的互助众筹市场相比，我国还有较大的差距。因此，为加快发展我国互助保险市场，监管部门有必要尽快制定和完善互助保险发展的相关政策。

■ 9.3　互联网保险与互助众筹的发展前景

9.3.1　互联网保险的发展前景

伴随区块链、物联网、大数据、人工智能等新技术的快速发展，互联网保险发展迅速，但是当前互联网市场上的创新产品却良莠不齐，部分产品出现创新不足、营销炒作和涉嫌违法等问题。所以保险公司在进行互联网保险产品的开发创新过程中，有必要借鉴各种互联网产品的成败案例，寻找新的发展机会、顺应发展趋势。

1. 政策监管下，互联网保险将回归保险逻辑

由于监管不到位，市场鱼龙混杂，行业乱象丛生，但是随着步入 2019 年这个"金融监管大年"，必然会对互联网金融的行业加强监管力度。行业专家也指出"保险姓保，监管姓监"，实质直指保险要更加注重保险的本质与功能。目前高净值人群对于保险本身的保障功能更加关注，而对它的投资功能关注较少。许多打着"互联网保险"的旗号，实则兜售理财产品的行为必然会受到严格的监管。也就是说，未来互联网保险有望回归保险逻辑，而市场的合规化将成为必然趋势。

2. 利益驱使下，互联网保险企业客户和保险代理人市场将迎来大爆发

在意识到客户端获客难、互联网的人口流量红利消退、转化程度低等痛点后，不少互联网企业纷纷把目标转至容易变现、用户黏性高且不会轻易流失的企业客户和保险代理人端。如今可以看到，在企业客户和保险代理人端的互联网企业正受资本青睐，未来为获得更多的资本加持，互联网保险也必将从"跑马圈地"转战企业端。

3. 新技术推动下，互联网保险迈上新台阶

互联网保险因其平等、透明、直接、便捷，以及低成本和高效率的交流、交易，成为保险行业发展的大趋势。其中，互联网保险的核心是"保险"，而其中重要的技术和手段就是互联网。包括区块链、人工智能、大数据在内的一系列互联网技术将会给互联网保险带来消费场景、产品形态和保险营销三大维度的颠覆，推动互联网保险向新技术密集型模式转型。从消费者角度来说，人们这些年受到互联网思维的熏陶，越来越多的人开始对人工智能产生兴趣和信任，未来保险公司或许会直接使用机器人来代替销售人员。另外，在新技术的驱动下，互联网保险通过构建生态圈，不仅可以通过跨界竞合战略建立竞争优势，还可以利用技术应用深耕保险领域，通过产品优势压缩渠道成本，提高盈利水平，使整个保险业的商业模式迈上全新台阶。

4. 科技发展下，互联网保险保费规模或减少

保险行业科技的力量发展了，消费者的可保风险或将在一定程度上相应减少，而可保风险的减少，带来的可能是保费规模的减少。可以看到，科技进步的结果就是产品定价更精准，从互联网保险行业来讲，赔付率降低了，相应的业务规模会减少。但是得益于互联网销售渠道的便利性和互联网保险产品的创新性，互联网保险仍有很大的潜力。

9.3.2 互助众筹的发展前景

一些以公益为初衷的网络众筹平台已经逐渐远离平台的公益性质，商业性质越来越浓厚，平台在运行中与众多商家合作，打着帮扶的口号植入大量的商业广告，商业性覆盖了公益性，加剧了公益众筹平台的法律和道德风险。因此，有必要采取措施加强对互助众筹的监管，对众筹行业进行规范。

1. 加强与第三方机构及医疗组织的合作，杜绝平台诈骗事件发生

由医生和医疗机构决定患者治疗费用的数额，在源头上杜绝虚假众筹消息和夸大病情的情况发生。由第三方基金直接支付费用给医疗机构，并公布具体的费用明细，做到捐赠者捐赠费用透明化。

2. 规范和完善个人求助的法律法规

从新闻媒体曝光的众多负面案例中可以看出，目前我国缺乏对虚假求助者的法律制裁，由求助人的不诚信或道德、经济等原因引发的问题成为阻碍公益众筹发展的重要因素。《中华人民共和国慈善法》的出台只是加强了对组织展开募捐行为的约束，而针对个人网络求助的法律法规还有待制定和完善。因此，应当尽快出台与个人网络求助相关的法律，规范和完善个人网络求助的法律法规，对那些虚假众筹的个人救助行为，进行严厉的处罚，杜绝虚假众筹行为的发生，使公益众筹成为我国社会保障制度的一种有效补充途径。

3. 建立捐赠人捐赠知情权通道

捐赠人有权知道自己捐赠的每一笔善款的详细用途，公开公益救助信息可以提升捐赠人对公益的信任感。我国目前的网络捐赠平台，没有公开捐赠人捐赠善款用途的信息，导致捐赠人只知道自己捐了善款，而善款是否起到了救助作用则无从知晓。求助人在从平台获得救助款项后，求助人的情况就从平台中消失了，求助人获得善款的具体用途也无公开信息。针对这种情况，公益众筹平台应该开通捐赠人知情权通道，使捐赠人对自己的每笔善款的实际用途有所了解，真正做到善款善用。至于善款滥用的情况，捐赠人有权要求平台返还自己的捐款，以保障捐赠者的合法权益。

案例阅读

轻松筹成立于 2014 年 9 月 19 日。轻松筹具有简单的界面、完善的功能、可靠的性能，可以让新用户对众筹进行快速认知——发起众筹就像建立博客、微博一样简单，这有助于让用户理解众筹是一种模式和手段，并不受限于某个特定的众筹品牌。另外，基于社交圈快速传播，可为众筹空间拓展商业众筹超出社交圈建立用户基础。

2014 年 11 月轻松筹凭借其基于社交圈的轻众筹模式快速发展，获得 IDG 资本 1500 万元 A 轮投资。2015 年 3 月获得唯品会联合创始人吴彬和同道资本的 A＋投资。2016 年 1 月获得来自美国的 B 轮投资。2016 年 1 月中国红十字基金会携手轻松筹成立"中国红十字基金会轻松筹微基金"。2017 年 6 月轻松筹 3.0 版本全新上线。2017 年 7 月，轻松筹携手六大基金会共同启动了"阳光公益联盟链"，这一举动表明轻松筹在公开透明方面又有了进一步突破。轻松筹利用区块链不可篡改的特性，提高了公益的公信力，让更多人能够清晰地看到公益资金的流向。2018 年 10 月，为顺应行业的发展趋势，满足人们日益增长的健康保障需求，中再产险、华泰保险、轻松筹共同签署区块链技术合作协议，三方达成深度产品合作关系，对外发布首款全产业链区块链保险产品（鸿福 e 生尊享版百万医疗保险），打造"科技创新＋健康保障"的商业模式，提供智能化、透明化、安全化的健康保障体系。2018 年 10 月 19 日，爱心筹、轻松筹、水滴筹三家个人大病求助网联网服务平台在北京联合发布自律倡议书和自律公约，共同加强平台自律管理、提升风险防范水平，并明确提出抵制通过造谣、炒作、制造"悲情戏"、践踏求助人尊严等手段传播个人大病求助信息。

轻松筹的产品特色：①通过微信服务号"轻松筹"发起自己的众筹项目。②基于微信朋友圈，传播自己的众筹项目，并可以通过好友间的转发，达到大众传播的目的。③通过支付宝等第三方支付平台，完成对项目的支持。④完善的客服支持与财务管理，让项目平滑无缝顺利完成。

从 2014 年到 2019 年，轻松筹由单一的大病救助，发展成集大病救助、轻松互助、轻松保、轻松公益、轻松健康于一身的完整健康保障体系，且均取得不错的成绩。截至 2019 年，轻松筹平台汇聚了 6 亿用户的爱心，筹集善款超过 360 亿元，到 2020 年底累计捐款次数超过 20 亿人次，帮助众多大病家庭在第一时间解决了大病难题；2019 年轻松互助成为健康互助行业领军者，累计划拨互助金超过 5 亿元；为用户提供优质和高性价比的健康保障的轻松保，2019 年达到 8000 万用户；2019 年 12 月轻松筹通过首个公益区块链链接了中国红十字基金会等 180 多家机构，助力公益组织筹款超 2.5 亿元。

■ 本 章 小 结

随着互联网时代的到来，我国保险金融领域的发展速度越来越快，各类众筹互助模式的类保险平台也逐步兴起。互联网保险中的信息安全、政策制度监管和消费投诉问题逐渐突出。互助众筹的平台属于民间自发组织，偿付能力风险和经营风险大。本章介绍了互联网保险与互助众筹的概念与发展情况，以及潜在风险与发展前景。在未来政策监管下，互联网保险将回归保险逻辑，互助众筹可以通过加强与第三方机构及医疗组织的合作、规范和完善个人求助的法律法规、建立捐赠人捐赠知情权通道，真正促进人们之间互帮互助。

思考与练习

1. 互助众筹的内涵是什么？其与互联网保险之间的区别与联系是什么？
2. 互助众筹的历史发展如何？前景如何？
3. 试分析互助众筹能否颠覆保险行业模式。

课程思政小思考

党的二十大报告提出"引导、支持有意愿有能力的企业、社会组织和个人积极参与公益慈善事业。"公益慈善力量在减小社会贫富差距、推进社会公平、实现共同富裕方面具有桥梁和纽带作用。结合互助众筹发展，公益慈善组织应如何进行改革与模式创新，从而加快实现全社会共同富裕？

第四篇 分 析 篇

金融科技的分析方法

【学习目标】

了解金融科技的分析理论与方法

掌握大数据在金融分析中的特征与工具

了解人工智能方法在金融领域的应用分析

第10章

金融科技分析理论与方法

【本章提要】

自 2017 年以来，各企业在金融科技领域发展迅猛。目前，我国金融科技企业已覆盖支付、信贷、智能投顾等多领域业务，并在人工智能、大数据、区块链等技术方面呈现出领先优势。随着金融科技不断向前发展，如何形成金融科技分析的核心理论与方法，是当前金融科技研究与教育所面对的时代课题。本章结合金融科技的内涵与传统金融理论方法，概括目前的金融科技分析方法领域，并利用博弈模型分析金融科技演化博弈。

■ 10.1　金融科技分析理论基础

2018 中国金融科技产业峰会提出了人工智能、区块链、云计算、大数据四大技术发展趋势及在金融行业的应用前景。金融科技带来了一个新市场且这个市场有无限的前景，吸引着大量的风险投资进入这个市场。同时，金融科技不仅渗透到社会生活各个方面，也成为世界上不少国家提升国家竞争力的重大战略选择。金融科技的发展仅仅只是开始，一场全球性的金融科技竞争正在兴起，不少国家都把发展金融科技作为提升国家竞争力的重要战略支撑。要在这场金融科技竞争中取得主导地位，就需要在思想观念、技术、法规、信用制度及消费理念等方面实现根本性的转变，形成金融生活的新概念。

10.1.1　金融科技的实质分析

金融科技是指利用各类科技手段创新传统金融行业所提供的产品和服务，提升效率并有效降低运营成本。当前金融科技主要是指由大数据、区块链、云计算、人工智能等新兴前沿技术带动，对金融市场及金融服务业务供给产生重大影响的新兴业务模式、新技术应用、新产品服务等。

金融科技的出现改变的主要是金融交易的实现方式。也就是说，从金融交易出现的时候开始，金融交易的本质从来没有改变过，但是，信用的识别、获得、评估等方式发生了根本性变化，这将导致金融交易的方式及金融市场的构成方式等都发生翻天覆地的变化，金融科技的出现也是如此。因此，金融科技就是在大数据技术下，利用现代科技掌握对信用进行识别、获得、评估、量化的新的工具与方式，以便全面提升对信用风险定价的能力，从而让金融市场的信用基础、信用关系、信用媒介及信用担保方式等都发生根本性的变化，并由此打造出新的金融业态、新的金融科技市场、新的商业模式。

一般来说，金融是指人们在不确定性的情况下通过特定媒介对资源的跨时空配置。从金融的定义来看，金融交易与一般商品的市场交易有比较大的差别。任何一种金融交易都必须通过一种特定媒介来完成和保证。可以说，任何金融交易都是通过合约来联结的，而合约又是一种企业、组织、个人或国家的承诺或信用。在金融交易过程中，不同的信用所具有的风险是不一样的，因此，金融又可定义为对信用的风险定价。

任何一种金融产品都是对信用的风险定价。金融产品的信用既有信用本身，也有信用担保。这两个方面，既可合一，也可分离。如果合一，就能够有效地对信用进行风险定价。如果分离，那么无论创新金融产品的企业还是投资者，都可能会把行为的收益据为己有而让整个社会来承担风险，这样容易增加金融市场的投资风险。同样，金融科技是在大数据技术下对信用的风险定价。由于信用是一种承诺，是一种当事人的心理状态，对于传统的金融分析工具来说，它往往又是无法定量分析的，但在大数据技术下，就是要让这些不可量化和不可见的因素定量化。也就是说，对金融科技来说，尽管金融所具有的信息不对称、交易成本、监管、风险等因素并不会由于新的科学技术出现而消失，或许可能让信息更为公开透明、及时准确，信息获得成本更低，从而降低交易成本及分散金融风险，但是在大数据技术下，不但金融市场所具有的风险明显不同，而且金融科技对信用风险的定价方式也面临着根本性的改变。所以，金融科技既不是互联网金融，也不是科技金融。

10.1.2　金融科技应用的特点分析

基于金融科技的角度，对科技在金融领域所发挥的作用做出进一步理论分析和方法创新。金融科技分析方法是通过综合计算机、语言学、心理学等众多学科，而形成一门具有应用性的分析技术方法，其核心在金融的智能化，具体包括以下特点。

1. 金融大数据处理能力大幅提升

作为百业之母的金融行业，与整个社会存在巨大的交织网络，沉淀了大量有用或者无用数据。数据是海量的，同时大量数据又是以非结构化的形式存在，如客户的身份证扫描件信息，既占据宝贵的储存资源、存在重复存储浪费，又无法转成可分析数据以供分析。通过运用人工智能的深度学习系统，金融体系能够实现数据建模，将非结构化的图片、视频数据转换为结构化的信息，并可进行定量及定性分析，既可避免直接储存造成的浪费，又能提升金融大数据的质量。表 10-1 总结了人工智能对金融数据的影响。

表 10-1 人工智能对金融数据的影响

项目对比	支付宝的证件审核时间及通过率	智能客服的远程客户服务情况	智能客服的交流过程
使用人工智能技术前	1 天，通过率较低	人力、物力投入较大，且收获的效果达不到预期	回答缓慢，客户投诉较多
使用人工智能技术后	1 秒，通过率提升 30%	实现了 100% 的自动语音识别，且蚂蚁金服 95% 的远程客户服务已经由大数据智能机器人完成	节省了大量时间，且在花呗等业务上，机器人问答准确率从 67% 提升到超过 80%

2. 金融行业服务模式更加主动

金融属于服务行业，从事的是关于人与人服务价值交换的业务，人是核心因素。金融机构需要投入大量人力物力资源用于客户关系的维护交流，从中发掘客户需求，以获取金融业务价值。在互联网技术大规模应用前，银行与客户发生关系的媒介主要在网点，客户与网点人员通过人与人的交流，能迅速地发现并满足客户的金融需求，甚至通过一些交谈、观察，了解客户的细节，挖掘到潜在的需求。通过一段时间的人与人交流，客户与银行工作人员建立了深厚的关系。而这种关系也提高了客户对于银行人员的依赖程度，我们称之为客户黏性。一旦黏性产生，客户就很少会去比较银行人员所推荐的金融服务，如购买理财产品的时候，不会去比较多个银行的收益水平。而在互联网时代，互联网技术和互联网金融企业的蓬勃发展，共同促使金融机构大力开展系统建设工作，而网上银行、App 的出现也降低了银行服务客户的成本。但由于不管是客户端还是网页端，均采用了标准化的功能模板，需要客户学习如何使用，并在众多菜单功能中找寻想要的金融服务，因而使客户与金融机构的交流变成单向的，并将"客户需求的成本"由金融机构转嫁给了客户。也就是在方便了金融机构的同时，不便于发现和满足客户的金融需求。这同样也使银行失去了创造更多金融价值的机会，而且无论如何优化功能菜单，客户总要付出这一选择成本。在这个过程中，客户的金融专业度被动提升（或者称为"使客户变聪明"）：他会去主动比较哪家金融机构提供的服务价格最优、服务效率最便捷。客户对金融机构的依赖度随之不断降低，随时可以被其他同业甚至互联网金融公司争夺走。银行这几年受到第三方支付机构的较大冲击，无论在支付领域还是其他金融服务领域，银行的创新灵活度都相对较小，政策监管尺度则相对较大，部分个人用户被互联网金融机构圈走。人工智能的飞速发展，使得机器能够在很大程度上模拟人的功能，实现批量人性化和个性化地服务客户。这会给身处服务价值链顶端的金融带来深刻影响，人工智能将成为银行沟通客户、发现客户金融需求的重要因素。它将大幅改变金融现有格局，使金融服务（银行、保险、理财、借贷、投资等方面）更加个性化与智能化。

3. 金融风险控制能力与手段加强

机器自主学习能不断完善知识体系，甚至能够超过人类的回答能力。尤其在风险管理与交易这种对复杂数据的处理方面，由于金融体系无时无刻不面临着来自各种渠道的风险或者危险攻击，依赖于人工的传统风险控制模型已不足以应对瞬息万变的新型技术，而人工智能的启动、应用，则可大幅降低人力成本并提升金融风控及业务处理能力，提高整个金融体系的安全度和稳定性。

■ 10.2 金融科技分析的理论方法

10.2.1 金融科技分析的技术方法

人工智能、区块链、云计算和大数据是金融科技发展的四大关键技术。从技术进步与应用创新视角，可以多维度地分析金融科技的技术理论，采用新技术方法分析金融科技发展理论架构与市场配置方式，并有效衡量金融科技市场效率。

比如，结合目前行业发展趋势，按照智能技术分类，分别整理金融科技应用场景方法新的设想。自然语言、机器学习等计算机技术方法可优先在金融行业进行应用。

1. 语音识别与自然语言处理应用

实现目标：基于语音和语义技术，可自动将银行海量通话和各种用户单据内容结构化，打上各类标签，挖掘分析有价值的信息，为服务与营销等提供数据与决策支持。

具体内容：语音语义分析自动给出重点信息聚类，联想数据集合关联性，检索关键词并汇总热词，发现最新的市场机遇和客户关注热点；同时，根据金融行业客服与客户的通话情况，进行业务咨询热点问题的梳理统计，由机器进行自动学习，梳理生成知识问答库，并作为后续机器自动回复客户问题的参考依据。

2. 机器学习、神经网络应用与知识图谱

1）金融预测、反欺诈

大规模采用机器学习，导入海量金融交易数据，使用深度学习技术分析金融数据，如分析信用卡数据，识别欺诈交易并提前预测交易变化趋势，制定相应对策。基于机器学习技术构建金融知识图谱，基于大数据的风险控制需要，把不同来源的数据（结构化、非结构化）整合到一起，可以检测数据当中的不一致性，分析企业的上下游、合作、竞争对手、子母公司、投资、对标等关系。

2）融资授信决策

通过数据筛选、建模和预测打分，对不同的资产进行分类并做分别处理。比如，坏资产可直接标注为"司法诉讼"，并提醒相关人员进行诉讼流程。提取个人及企业在其主页、社交媒体等地方的数据，可以判断企业或其产品在社会中的影响力，如观测 App 下载量、微博中提及产品的次数及对其产品的评价。此外，将数据结构化后，还可推测投资的风险点。借助机器学习，完成放贷过程中传统金融企业无法做到的对借款人还贷能力的实时监控，从而及时对后续可能无法还贷的人进行事前干预，减少因坏账而带来的损失。

3）智能投顾

实现目标：根据马科维茨（Markowitz）的现代资产组合理论，结合个人客户的风险偏好和理财目标，利用人工智能算法和互联网技术为客户提供资产管理和在线投资建议服务，实现个人客户的批量投资顾问服务。

具体内容：运用人工智能技术，采用多层神经网络，实时采集所有重要的经济数据指标，让智能投顾系统不断进行学习。它采用合适的资产分散投资策略，可实现大批量的不同个体定制化投顾方案，不追求短期的涨跌回报，而以长期、稳健的回报为目标，进一步深刻践行银行长期服务客户的理念。同时智能投顾解决方案可以降低财富管理成本，让更多人参与其中。

10.2.2　金融科技应用的具体模型构建

金融科技时代，大数据是金融企业的重要资产。如何应用大数据方法构建金融预测分析模型是金融科技具体应用的重要体现。大数据对构建机器学习模型的效果有直接影响，对金融预测和分析也有影响。

比如，借用机器学习等方法进行大数据金融建模，具体步骤：①建模任务的概念化。第一步确定模型的输出应该是什么（如股票的价格是否会在一周后上涨/下跌）、如何使用这个模型以及它将如何嵌入现有的业务流程。②数据收集。传统上用于金融预测的数据大多是来自内部和外部的数值型数据。这些数据通常是结构化的表格数据，包含列、行和单元格。③数据准备。这一步涉及原始数据的清洗和预处理。数据清洗是指处理丢失值、超限值等。预处理是指提取、聚合、过滤和选择相关的数据列。④数据挖掘。这一步包括探索性的数据分析、特征选择和特征构建。⑤模型训练。这一步包括选择一种或多种合适的机器学习方法，评估训练模型的性能，并相应地对模型进行调整。模型构建是一个迭代过程。一次迭代的结果可能会从步骤①重新开始进入下一次迭代。

在线新闻、社交媒体、内外部文档（如财务报表）和其他公开的文本型数据源是非结构化的。非结构化的数据源与传统数据源的建模方法不同，这主要是由大数据的特征决定的：体积庞大、变化频率快和性质多种多样。此类模型的构建步骤如下：①确定模型的输入输出。分析人员应当解决文本数据标准化的问题，以确定模型的输入和输出。比如，将语言文本（非结构化输入）转化为情绪分数（结构化输出）。②资料（文本）收集。通过爬虫程序收集相关的外部文本数据，这些程序从数据源头（通常是 Web 页面）提取原始内容。对于有监督的机器学习模型，还需要使用高质量、可靠的目标（因变量）标签对文本数据进行注释。例如，确定对某只股票的评估是看空还是看多。③数据准备。此步骤涉及数据的清洗和预处理，将非结构化数据转换为结构化的数据供模型使用。④数据挖掘。通过技术实现文本数据的可视化，如词云、特性选择和特征构建。输出的结果（如情绪预测得分）可以与其他结构化变量组合，也可以直接用于预测或分析。⑤模型训练。借助现有的结构化与非结构化数据进行模型的训练。

10.2.3　金融科技效率评价方法

对金融科技发展程度进行有效测度有赖于科学的评价指标体系（和指数）的构建。

通过建立金融科技指标体系和指数，并定期进行监测、比较与分析，客观反映金融科技发展状况，是一项具有重要理论和实践意义的基础性工作。

在充分借鉴国际组织和专家学者提出的金融科技评价指标体系框架基础上，从金融科技基础设施、金融科技和互联网金融服务可获得性、金融科技服务使用情况及金融科技服务质量四个维度，探索性地构建金融科技发展指标体系，在此基础上合成金融科技指数。

构建金融科技指标体系需要注意如下几点，一是覆盖的范围广泛。指标体系不仅包括了金融科技和金融科技服务的可获得性，还包括了金融科技服务使用情况及金融科技服务质量。二是选取指标尽量客观。在选取评价指标时，去除需要主观评价的指标，排除主观评价的差异性，以保证指标体系的科学性和客观性。三是指标设计力求符合国际惯例。指标框架体系要在充分借鉴国际组织的基础上构建，尽量和国际组织保持一致性，方便比较。四是指标设计基于具体金融科技发展现状与行业特色。在保持国际惯例的基础上，根据公开的可获得数据对指标体系进行调整，使之能够更加客观准确合理地评价金融科技发展情况。

具体金融科技评价方法和指标体系的设计存在多种情况。结合某一种金融科技指数，介绍金融科技指数的评价体系构建。具体如下所示。

（1）金融科技指数分析方法。构建用于金融科技指数分析的特定评价指标框架，其包括多个指标项：选择样本；采集样本与该特定评价指标框架中各所述指标项相关的指标数据；采用基于打分规则的层次分析方式，分析样本数据及指标数据，确定特定评价指标框架与样本数据中各要素相关的目标指标项的指标权重及各样本所述目标指标项的标准化得分；根据所述指标权重及标准化得分进行加权求和，以得到样本的金融科技指数值。

（2）采用基于打分规则的层次分析方式。根据评价指标框架与目标指标的权重，计算各指标项的标准化得分，包括：权威度、匹配度、贡献度、重要度；构建判断矩阵；根据所述判断矩阵计算最大特征根并对经归一化的特征向量进行一致性检验，在检验通过的情况下，根据所述特征向量得到各指标项的权重。

（3）权威度的计算方式、匹配度的计算方式、贡献度的计算方式、重要度计算方式。构建判断矩阵，进行一致性检验。

（4）评价指标框架按一层或多层分布各个指标项的量化。收集到的指标数据是经过数据处理的，数据处理包括数据清洗、关联、去量纲中的任意一种或多种方式。

（5）评价体系的存储与调用。将评价指标与方法程序化，将存储器用于存储计算机程序，形成一套金融科技指标评价体系调用软件。

■ 10.3　金融科技创新的演化分析

金融科技创新的过程也是理论演化的过程，可以借助演化博弈方法来分析金融科技实现过程。借鉴演化稳定策略和主体间通过试错方式达到博弈均衡的思想，构建金融科技创新选择策略的演化博弈模型，提出基于复制动态方程的演化稳定策略模型，并通过模拟仿真予以论证。

10.3.1　演化博弈模型的建立

模型假设如下所示。

假设 1：金融科技中的参与主体有两种类型的创新参与策略，分别是进行创新策略 s_1 和不进行创新策略 s_2，参与主体选择策略时是有限理性的，并且参与主体根据主体间紧密度衡量信息收益 R。

假设 2：金融科技创新中复杂的信息流导致参与主体间存在信息不对称，但博弈双方可以通过信息发布观察对方的行动策略，两种行动策略间可以相互转化。其中，选择不进行创新策略的损失为 c，同时获取其他信息的收益为 r。

假设 3：金融科技创新的信息搜集成本为 C，在初始状态下，整个参与主体中选择进行创新策略 s_1 的主体比例为 x，选择不进行创新策略 s_2 的主体比例为 $1-x$。表 10-2 为金融科技创新博弈分析。

表 10-2　金融科技创新博弈分析

类型		主体 2	
		关注 s_1^2	关注 s_2^2
主体 1	关注 s_1^2	$\lambda_{12}R-C-r, \lambda_{21}R-C-r$	$\lambda_{12}R-C-r, \lambda_{21}r-c$
	关注 s_2^2	$\lambda_{12}r-c, \lambda_{21}R-C-r$	$0,0$

其中，金融科技主体间紧密度 λ 由金融科技网络个体进行评价，金融科技主体间紧密度可以根据主体间是否相互关注、是否有共同关注等进行衡量。λ 越大则主体间紧密度越强（$\lambda \geqslant 0$），λ_{12} 与 λ_{21} 不一定相等。

在这个博弈模型中会产生如下三种不同的情形，如表 10-2 所示：①当参与主体均选择进行创新策略时，双方均获得创新收益，同时付出金融科技创新的信息搜集成本及失去获取其他信息的收益；②当参与主体采取不同策略时，选择进行创新策略的主体获得创新收益，而选择不关注的主体会损失创新收益；③当两个参与主体均选择不进行创新策略时，双方均无成本和收益。

10.3.2　演化博弈的策略选择

在参与主体间金融科技创新演化博弈中，参与主体选择进行创新策略的个体适应度为

$$f(s_1^1, s_1) = x(\lambda_{12}R-C-r) + (1-x)(\lambda_{21}R-C-r) \tag{10-1}$$

选择不进行创新策略的个体适应度为

$$f(s_2^1, s_1) = x(\lambda_{12}r-c) \tag{10-2}$$

总体的平均适应度为

$$f_1 = xf(s_1^1, s_1) + (1-x)f(s_2^1, s_1) \tag{10-3}$$

参与主体策略选择判断公式：

$$\Delta f = f(s_1^1, s_1) - f(s_2^1, s_1) = x[\lambda_{12}(R-r) - \lambda_{21}R + c] + \lambda_{21}R - C - r \qquad (10\text{-}4)$$

当 $\Delta f > 0$ 时，参与主体选择进行创新策略，当 $\Delta f < 0$ 时，参与主体选择不进行创新策略。

根据复制动态微分方程，可以分析金融科技创新中进行创新策略的主体比例的动态变化速度，复制动态方程如下：

$$\frac{\mathrm{d}x_i}{\mathrm{d}t} = x_i[(u_{s_i}, x) - u(x, x)] \qquad (10\text{-}5)$$

其中，x_i 为采用策略 s_i 的比例；(u_{s_i}, x) 为采用策略 s_i 时的适应度；$u(x, x)$ 为示平均适应度。

因此，参与主体选择创新策略的群体复制动态方程为

$$\begin{aligned}
\frac{\mathrm{d}x}{\mathrm{d}t} &= x[f(s_1^1, s_1) - f_1] \\
&= x(1-x)\{x[\lambda_{12}(R-r) - \lambda_{21}R + c] + \lambda_{21}R - C - r\} \\
&= x(1-x)\Delta f
\end{aligned} \qquad (10\text{-}6)$$

该群体复制动态方程表示选择创新策略的博弈方比例的变化率与该类型的博弈方比例成正比，与该博弈方的收益大于所有博弈方平均收益的幅度成正比。当各博弈方比例不再变化时，该演化博弈系统呈稳定状态，即 $\mathrm{d}x/\mathrm{d}t = 0$。

令 $\mathrm{d}x/\mathrm{d}t = F(x) = 0$，可得该演化博弈模型中的 3 个均衡点分别为

$$x_1 = 0, \quad x_2 = 1, \quad x_3 = (C + r - \lambda_{21}R) / [\lambda_{12}(R-r) - \lambda_{21}R + c] \qquad (10\text{-}7)$$

10.3.3 均衡点的稳定性分析

当一个策略被整个群体采用时，它能防止小部分采用其他策略的策略侵占，则这个策略被称为演化稳定策略。该策略反映了演化博弈模型均衡解的稳定性状态。

由于 $F'(x) = \lambda_{21}R - C - r + 2[\lambda_{12}(R-r) - 2\lambda_{21}R + C + r + c]x$
$\qquad\qquad - 3[\lambda_{12}(R-r) - \lambda_{21}R_{tc}]x^2$

则：

$$F'(x_1) = \lambda_{21}R - (C+r) \qquad (10\text{-}8)$$

$$F'(x_2) = (C+r) - \lambda_{12}(R-r) - c \qquad (10\text{-}9)$$

$$\begin{aligned}
F'(x_3) = &[\lambda_{12}(R-r) + (C+r) - \lambda_{12}\lambda_{21}R - (R-r) - (C+r-\lambda_{21}R)(C+r-c)] / \\
&[\lambda_{12}(R-r) - \lambda_{21}R + c]
\end{aligned} \qquad (10\text{-}10)$$

鉴于当 $F'(x^*) < 0$ 时，x^* 为该演化博弈中的稳定策略，本章提出以下命题。

命题 1：当两个参与主体间无紧密度，且选择不进行创新策略的损失大于获取其他信息的收益与金融科技创新的信息搜集成本之和时，平衡点 $x_1 = 0$ 和 $x_2 = 1$ 是该动力系统的局部稳定点，平衡点 $x_3 = (C + r - \lambda_{21}R) / [\lambda_{12}(R-r) - \lambda_{21}R + c]$ 不是局部稳定点。

证明：当 $\lambda_{12} = \lambda_{21} = 0$，且 $c > C + r$ 时，$F'(x_1) = -(C+r) < 0, F'(x_2) = (C+r) - c < 0$，$F'(x_3) = C + 2r - R - cr - r^2/c > 0$，根据微分方程解的稳定性可知，$x_1 = 0$ 和 $x_2 = 1$ 是系统的局部稳定点，$x_3 = (C + r - \lambda_{21}R) / [\lambda_{12}(R-r) - \lambda_{21}R + c]$ 不是系统的局部稳定点。

命题 2：当参与主体双方紧密度存在且相等，同时选择进行创新策略的收益大于选择

不进行创新策略的损失，并大于获取其他信息的收益与金融科技创新的信息搜集成本之和，选择不进行创新策略的损失大于获取其他信息的收益时，平衡点 $x_2 = 1$ 是该动力系统的局部稳定点，平衡点 $x_1 = 0$ 不是局部稳定点。

证明：当 $\lambda_{12} = \lambda_{21} = \lambda > 0$，$\lambda R > c > C + r$，$R > r, c > r$ 时，$x_3 = (C + r - \lambda_{21}R)/[\lambda_{12}(R - r) - \lambda_{21}R + c] = (C + r - \lambda R)/[c - \lambda r] < 0$，不符合原假设，舍去。此时，$F'(x_1) = \lambda R - (C + r) > 0, F'(x_2) = C + r - \lambda R + \lambda r - c < 0$。根据微分方程解的稳定性可知，平衡点 $x_2 = 1$ 是该动力系统的局部稳定点，平衡点 $x_1 = 0$ 不是局部稳定点。

命题 3：当参与主体双方紧密度存在且不相等，选择进行创新策略的收益大于选择不进行创新策略的损失与选择其他投资的收益，同时大于获取其他信息的收益与金融科技创新的信息搜集成本之和，选择不进行创新策略的损失大于获取其他信息的收益，金融网络上收集信息成本很小，此时平衡点 $x_2 = 1$ 是动力系统的局部稳定点，平衡点 $x_1 = 0$ 不是稳定点。

证明：当 $\lambda_{12} > \lambda_{21} > 0$，$\lambda_{21}R > c > \lambda_{12}r > C + r > r$ 时，$x_3 = (C + r - \lambda_{21}R)/[\lambda_{12}(R - r) - \lambda_{21}R + c] = (C + r - \lambda R)/[(\lambda_{12} - \lambda_{21})R + c - \lambda_{12}r] < 0$，不符合原假设，舍去。此时

$$F'(x_1) = \lambda_{21}R - (C + r) > 0$$

$$F'(x_2) = (C + r) - \lambda_{12}(R - r) - c = (C + r) - \lambda_{12}R + \lambda_{12}r - c < 0$$

根据微分方程解的稳定性可知，平衡点 $x_2 = 1$ 是该动力系统的局部稳定点，平衡点 $x_1 = 0$ 不是局部稳定点。

10.3.4　模拟仿真与结果分析

为了检验以上金融科技创新话题选择决策模型的实用性，本章对不同情况下的演化博弈模型进行如下的模拟仿真。

第一，考虑两个参与主体间无紧密度，且选择不进行创新策略的损失大于获取其他信息的收益与金融科技创新的信息搜集成本之和的情况，即 $\lambda_{12} > \lambda_{21} = 0$，且 $c > C + r$。假设金融科技网络参与主体在初始状况下的创新决策比例 $x \in (0,1)$，令 $R = 50$，$r = 10$，$C = 5$，$c = 20$，则由式（10-6）的演化结果可知，金融网络中没有参与主体有激励改变其行为决策的行为，各参与主体根据自身需求进行创新，同时金融科技的参与主体不会有统一观点的动力。

第二，考虑参与主体双方紧密度存在且相等，同时选择进行创新策略的收益大于不进行创新策略的信息损失，并大于获取其他信息的收益与金融科技创新的信息搜集成本之和，选择不进行创新策略的损失大于获取其他信息收益的情况，即 $\lambda_{12} > \lambda_{21} = \lambda > 0$，$\lambda R > c > C + r$，$c > \lambda r, R > r, c > r$。假设参与主体在初始状况下进行创新决策比例 $x \in (0,1)$，令 $R = 50, r = 10, C = 5, c = 20, \lambda = 0.5$，则由式（10-6）的演化结果可知，参与主体会在短期内迅速进行创新，并且其比例很快达到 100%，因此当参与主体双方存在紧密度时，金融科技网络上会产生关系羊群效应。

第三，考虑参与主体双方紧密度存在且不相等，选择进行创新策略的收益大于选择不进行创新策略的损失与选择其他投资的收益，同时大于获取其他信息的收益与金融科技创新的信息搜集成本之和，选择不进行创新策略的损失大于获取其他信息的收益，并且金融网络上

收集信息成本很小的情况，即 $\lambda_{12} > \lambda_{21} > 0, \lambda_{21}R > c > \lambda_{12}r > C+r > r$。假设参与主体在初始状况下进行创新决策比例 $x \in (0,1)$，令 $R=50$，$r=10$，$C=5$，$c=20$，$\lambda_{12}=1.6$，$\lambda_{21}=1$，则由式（10-6）的演化结果可知，金融科技的参与主体会在更短时期内进行创新，并且其比例会比第二种情况更快达到100%。因此，当参与主体双方存在紧密度且紧密度各不相同时，金融科技创新中上会更容易产生关系羊群效应。

第四，为探讨不同参与主体间紧密度不同的大小对创新策略收益产生的影响，进一步对该演化博弈模型进行模拟。在此情况下，考虑参与主体双方紧密度存在且不相等，选择创新策略的收益大于获取其他信息的收益和金融科技创新的信息搜集成本之和，同时大于选择不进行创新策略的损失与选择其他投资的收益，选择不进行创新策略的损失大于获取其他信息的收益，并且金融网络上收集信息成本很小的情况，即 $\lambda_{12} > \lambda_{21} > 0$，$\lambda_{21}R > c > \lambda_{12}r > C+r > r$。与第三种情况相比，假设该情况下的参与主体间不同且紧密程度更大，其他参数不变，即参与主体在初始状况下的创新决策比例 $x \in (0,1)$，令 $R=50$，$r=10$，$C=5$，$c=20$，$\lambda_{12}=4$，$\lambda_{21}=2$，则由式（10-6）的演化结果可知，金融科技参与主体会在更短时期内对特定话题进行关注，产生关系羊群效应。因此，在金融科技参与主体双方存在紧密度且紧密度各不相同，此时紧密度大的参与主体间会更容易产生关系羊群效应。值得注意的是，该情况与实际情况最为接近，根据我们的仿真结果可知在该情况下更容易产生社交网络话题的关系羊群效应。

10.3.5 社交网络话题策略的选择决策

通过以上理论分析和仿真结果可以发现，基于演化博弈的金融科技创新策略选择决策有以下三种结论。

第一，若参与主体间无紧密度，即两个参与主体不存在相互关注、共同关注等关联性时，金融科技创新选择的演化博弈类型为协调博弈。该情况下，金融科技创新中没有参与主体有激励改变其行为决策的行为，并且没有参与主体希望社交网络中有其他参与主体提出更多可供选择的话题，此时社交网络中的参与主体各自根据自身需求关注不同话题。

第二，若参与主体间存在紧密度，该情况下，在选择某一话题能得到较大收益的驱动下，具有关联性的参与主体之间话题选择开始出现冲突。这种为了追求更大收益的投机心理促使金融科技创新参与主体逐渐进行相同的选择决策，因此参与创新的数量比例逐步趋近100%。此时的金融网络中，由于信息不对称及参与主体的非理性抉择所产生的极端现象与行为金融学中的羊群效应类似。该羊群效应是基于金融网络产生和扩散的，因此为关系羊群效应。同时，若参与主体间双向紧密度不同，则在金融网络中更易引发关系羊群效应。

第三，在其他条件都相同的情况下，不同主体间的紧密度大小影响博弈结果即关系羊群效应的产生速率。网络中参与主体间紧密程度越大的部分，博弈双方会更快速地进行相同的选择决策。因此，本章将利用该部分演化博弈模型的推演和仿真结果，对现实金融科技数据进行实证检验。判断关系羊群效应产生部位的依据是参与主体间紧密度越大，越容易产生相同的选择决策。

■ 10.4　金融科技的理论拓展

金融科技发展对金融理论和金融市场运行的冲击与挑战，主要有以下几点。

10.4.1　信息不对称理论

金融中介之所以存在，是基于逆向选择和道德风险两个基本理论认识，它们是金融中介存在的基础。如果信息技术高度发展，使信息不对称性大幅度降低，那么，金融科技到底是金融中介演化为信息中介，还是信息中介天然具备金融中介的性质，抑或是两者的彼此接近乃至融合呢？

金融科技助推金融脱媒。实体经济与金融的关系从上一轮创新中的直接融资演变为收益更薄、垄断性更强的数据集中性中介。谁拥有更多数据，谁就会成为中介、垄断者。因为数据的天然集中性，导致了它可以被更有效地应用。这使一些货币市场基金快速发展，并短期内迅速超过了原本以零售业务为主的银行的储蓄存款。

10.4.2　效率市场理论

金融科技的发展给金融产业链和金融功能带来了冲击和影响。金融产业链的改善必然会带来资本市场运营效率的提高。金融功能的增强也必然是扩大资金融通效率的有力刺激因素。具体表现在以下几个方面：一是新技术促进产业市场生产率的提升，对资本市场运营提出了要求，也对资本市场的运营效率的提升提出了新要求。劳动生产率的提高，可以促进产业结构优化和调整，进而提高金融服务能力和效率。二是新技术本身直接促进金融业务的发展。通过新技术改变金融体系核心要素，实现金融业务效率的提高。

金融科技对实体经济企业自身科技创新、外部融资可得性、主营业务增长三方面提出了要求。从三方面分别解释为企业科技创新升级、优化金融结构以及提升消费水平。

第一，金融科技加速企业科技创新升级，提高金融服务实体经济效率。从三方面具体分析金融科技加速企业科技创新路径。一是金融科技缓解企业融资约束。相对普通业务来说，研发活动投入大、周期长、风险高及保密性强，更加重了信息不对称导致的融资约束，科技创新是一个耗时漫长且规模庞大的工程。二是提高服务的个性化、精准度和信贷效率。金融科技的赋能通过先进技术，解决信息不对称、征信不完整所导致的融资难问题，并提供更加多元的金融产品及服务，拓宽融资渠道，加大资金支持促进企业科技创新力度。三是提高企业技术竞争意识。金融科技本身作为金融创新和市场竞争下的产物，具有显著的金融创新扩散效应和竞争效应。金融科技竞争效应的广泛应用激发企业竞争活力。金融科技带来的优化升级，不仅推动了金融自身的技术发展变革，还形成了科技创新与金融发展水平相互促进的螺旋发展机制。此外，金融科技打破了时空的限制，实现了人力资本的跨区域共享和整合，丰富了人才储备。

第二，拓展融资渠道，优化金融结构。金融结构比例的平衡对金融及经济的发展意义重大。金融结构可分为银行主导（间接融资为主）和市场主导（直接融资为主），市场主导论者认为市场主导型的金融结构可以有效地促进企业发展。相比于传统金融，金融科技更加注重以技术为手段对产品及服务模式进行创新。金融科技深度介入金融领域，也令国有金融制度主导下的金融体系中出现了有影响力的民营金融力量。金融科技的广泛应用，有助于完善我国资本市场建设，可充分利用闲散资金并提高其向投资的转化率。

第三，提升消费水平，引导资金向实体经济流转。传统的金融机构因为技术受限，难以使金融更多地惠及长尾客户，而金融科技的出现颠覆了这一局面。金融科技服务对象是更为广阔的受众群体，金融科技通过新兴技术手段可以更精准地惠及更为广大的消费群体，有效刺激消费需求。金融科技的创新扩散效应及竞争效应，带动了企业自身的科技创新发展。企业可以收集到客户行为数据，能够对产品的使用情况跟踪记录，大量的多样化数据为企业进行消费者需求的挖掘和分析打下基础，有助于产品改进设计、创新等活动，进而加强企业的创新能力，提高产品竞争力，吸引消费者的消费需求和倾向。

10.4.3 数字货币理论

未来数字经济的货币角色由谁来承担？私人数字货币，抑或法定数字货币？对于自由主义者而言，答案无疑是前者。传统上，关于货币发行权归属，存在货币"非国家化"论与货币法定论两种理论。基于上述货币"非国家化"论与货币法定论，经济学界对货币发行权归属展开激烈的争论，时至今日，虽然最早的中央银行——英格兰银行已经成立了三百多年，但两种观点之间的争论依然没有停止。然而，需要指出的是，货币"非国家化"论与货币法定论讨论的对象是以信用为价值基础的货币，即通货、银行券、银行存款等。

从货币价值稳定性、公共经济学、交易费用理论三个视角来审视和讨论数字货币发行权的归属问题。第一，货币价值稳定性。理论上，货币应具备三类功能：交换媒介；价值核算单位，即计价功能；价值储藏。第二，货币服务的公共产品属性。鉴于货币"清偿服务"类似于准公共产品，因此根据它的属性特征，即清偿特性具有非竞争性，而清偿服务消费过程则具有排他性，应由政府主导货币"清偿服务"的整体制度设计，从而保障货币的清偿特性，如通过立法规定货币的清偿能力、建立社会支付清算体系等，但在具体"清偿服务"的生产和供给上，则可采取市场方式，由非公共部门（如商业银行、第三方支付）收费提供，消费者付款消费。货币"核算单位价值稳定化服务"具有非竞争性和非排他性，是纯公共产品，这就决定了货币发行和供给不能通过市场竞争、私人提供的方式，而应由政府主导发行，并以政府信用和社会整体财富为价值基础，承诺保障货币的核算单位价值稳定化。第三，货币交易费用。交换媒介是协调社会分工演进的关键，而在迂回生产的分工演进中，市场会选择交易费用最低的商品承担交换媒介的角色，从而内生出了货币。交易费用系数越小的商品，越有可能成为货币。

在数字货币时代，基础货币的发行依据、广义货币的创造与货币乘数、货币周转速度的度量都有可能发生演变，这将对传统的货币需求或供给理论构成新的认识论冲击。

中国人民银行法定数字货币应当以实现数字货币的十大特性为目标，采取以下建构思路：第一，遵循传统货币的管理思路，发行和回笼基于现行"中央银行—商业银行"的二元体系来完成；第二，数字货币本身的设计，运用密码学理论知识，以安全技术保障数字货币的可流通性、可存储性、可控匿名性、可追踪性、不可伪造性、不可重复交易性与不可抵赖性等；第三，数字货币的产生、流通、清点核对及消亡全过程登记，可参考区块链技术，建立集中/分布相对均衡的簿记登记中心；第四，充分运用可信云计算技术和安全芯片技术来保证数字货币交易过程中的端到端的安全；第五，充分运用大数据分析技术；第六，数字货币的用户身份认证采用"前台自愿、后台实名"的原则；第七，数字货币本身的设计应力求简明高效，数字货币之上的商业应用尽可能交给市场来做，同时把技术标准与应用规范做好；第八，构建由中国人民银行、商业银行、第三方机构、消费者参与的完整而又均衡有序的数字货币生态体系，保证数字货币的发行、流通、回收全生命周期闭环可控。

案例阅读

信用资本化：解释金融科技的一个新视角

根据信用资本化理论，金融科技对金融业最大的影响是使信用真正成为一种资本，从而使金融业的发展建立在信用的基础之上。金融行业一直是采纳先进信息技术的前沿，以人工智能、大数据、云计算等为代表的新信息技术应用到金融领域，其核心是推动了信用资本化。

1. 信用资本化的基本含义及其发展过程

信用是将人类社会组织起来的一个重要因素。在自给自足的小农经济阶段，信用在更多的情况下作为道德因素出现在社会中规范社会活动。这一阶段是"信用道德化"阶段，资本带有明显的人格化特征。到工业化时代，交易与交往范围扩大到整个社会范围，市场化机构使信用记录成为一种"信息产品"进入到市场，主要用于评价商品交易的可靠性。这一阶段是"信用商品化"阶段，资本不再具有人格化特征。

到信息时代，随着金融科技的大规模应用，信用发展到资本化阶段。通过信用来整合经济资源，在很大程度上把人类的经济活动和社会活动从对有形的经济资源的依赖中解放出来，信用成为配置整合社会资源的资本。信用资本化成为金融科技的核心。

2. 信用资本化理论对金融科技兴起的解释

一般认为，金融科技的兴起，主要是基于提升金融行业的信息处理效率，从而使金融的服务成本大幅度降低。根据信用资本化理论，金融科技通过大规模的数据收集、处理、分析，提供一种全新的信用评价模式，并使信用评价动态化，全面融入生产生活过程，从而使信用成为一种真正的资本，解决了工业化时代"信用"无法在金融中发挥更大作用的问题。

首先，基于大数据的个体信用评估，能够精准地刻画个体的诚信状况及其未来收入等情况，有利于金融机构做出更为精准的判断。也就是说，信用相当于一种资本。对个人而言，网络成为信任传递的载体，个体的数据身份与现实身份日益契合，数据成为信用评估的基础。对企业而言，基于工业互联网、数字化供应链的数据，能够对企业的生产、营销、库存等全过程进行分析，从而打开企业生产的黑箱，使金融机构对企业产生信任。金融科技公司开始利用大数据对原有的信用评估模型、风控模型等进行修正。

其次，金融机构能够利用信用对个体做出是否融资的决定。金融科技能够利用隐藏信息对个体的信用做出整体评估，从而使金融机构能够利用信用做出是否给予个体融资的决定，信用充当了硬资产的作用。

3. 从信用资本化理论看金融科技发展中的问题

现有的金融科技发展基于效率理论而非信用资本化理论，这产生了很多问题。

第一，传统金融机构忽略信用资本的作用，难以缓解中小微企业融资难问题。现有的金融服务依赖于资产抵押而非数据，小微企业很难获得金融支持。防控金融风险的重点在于识别信用，但现有的金融机构将所有交易对手都假想为不讲信用的，或者没有信用的。因此，在一切金融活动中几乎没有了信用的作用空间，直接导致交易成本上升、交易效率低下、金融资源配置严重不公。对整个社会来说，由于信用不能直接体现为价值或资本，积累信用资本也没有意义，整个社会陷入不讲信用的困境之中。

传统金融机构在引进金融科技后，并没有完全将金融科技用于改进其风险评估及信用评估，发挥金融资本的作用，而是强调对现有服务效率的提升，这并没有完全解决前述信用资本利用不足的问题。

第二，以技术为基础的金融科技公司强调以商业模式创新实现金融的广覆盖，忽略客户的信用资本，产生了一定的金融风险。随着大数据、云计算、人工智能、区块链等新一代信息技术的兴起，利用技术做出金融决策的可能性越来越大，这使智能金融、大数据金融、区块链金融等开始出现，并尝试重构金融业务体系、商业模式和风险控制体系，使金融业和科技的融合更为深入。但是，很多科技企业在涉足金融后，高度重视商业模式创新，强调互联网拓展客户方面的高效率，而忽略了金融发展过程中信用的基础性作用，使这些基于金融科技的金融商业模式在创新发展过程中，积累了一定的风险。

第三，在缓解风险识别能力缺乏下的信贷配给问题，推进金融供给侧结构性改革方面仍有较大的空间。在现有的金融风险评估模型下，由于信息不对称，金融机构在贷款市场上往往不能有效辨别"好"（诚实守信、准备还款）的借款者和"坏"（信用低、不打算还款）的借款者，因此它以所有借款者平均的信用质量决定贷款利率，并以它们拥有的资产质量作为信贷配给依据。在信息不对称的情况下，信贷配给是银行控制信用风险、改善信息不对称情况的基本工具，是银行制度下信贷的长期均衡，即银行选择将贷款贷给小部分符合银行风险管理要求的客户，而不是具有全部偿还能力的客户。

由于信贷配给，供给者（银行等金融机构）在市场中具有主导权，市场出清的利率水平将会进一步升水，这将会使低风险的借款者选择其他渠道融资。高风险的借款者对利率并不敏感，市场风险增大，金融机构将进一步缩小信贷业务规模，导致了信贷市场的萎缩。

金融科技的目标是将因银行信贷配给而被错杀的低风险的借款者识别出来。要做到这一点，需要更多的数据维度，除了利用硬信息（包括财务报表、资产评估报告、经营状况、抵押品等）之外，还需要收集大量的软信息。这些信息的收集难度大，且大部分属于非结构化的信息，传统的金融信用评估模型往往会有意无意地忽略这部分信息，而收集处理这类信息正是金融科技发挥其长处的地方。发挥软信息的作用是金融业供给侧结构性改革的重要内容，但这需要有良好的数据基础及不断优化的信用评估模型，目前金融科技在这两方面的能力仍有待于进一步提升。

■ 本 章 小 结

金融科技涉及的技术具有更新迭代快、跨界、混业等特点，是大数据、人工智能、区块链技术等前沿颠覆性科技与传统金融业务与场景的叠加融合。金融科技改变了对信用识别、获得、评估、风险定价等方式的运用。本章分析了金融科技创新的演化过程，总结了金融科技的理论难点。金融科技已成为新的金融需求发现、金融产品及服务创新、社会财富创造的动力与源泉。

思考与练习

1. 金融科技方法的内涵是什么？
2. 如何利用博弈理论说明金融科技未来的发展？
3. 人工智能分析方法的历史发展如何？前景如何？

课程思政小思考

党的二十大报告指出，加快实施创新驱动发展战略，加快实现高水平科技自立自强。金融服务行业基本上延续两条创新发展路径：金融需求与科技深化，且历经了传统金融、互联网金融与金融科技阶段。当前，高水平科技深度嵌入金融行业。结合新兴科学研究方法，举例说明未来金融科技理论与实践分析方法？

第11章

大数据金融分析的理论与方法

【本章提要】

金融机构积极利用大数据技术进行金融创新，并逐渐形成了大数据金融分析体系。本章介绍了大数据分析的基础理论、分析方法和软件工具等，以便了解目前大数据金融分析的基本做法以及服务体系，并选择合适的大数据金融分析软件工具。大数据技术在金融领域得到了广泛应用，金融业发展迅速，运用社交网络进行金融数据挖掘与分析，已经成为测度投资者情绪，及时规避金融风险的有效方法。

■ 11.1 大数据分析的基础理论

随着大数据时代的来临，数据正在成为国家的一种重要战略性资源。2013 年是中国大数据元年，"大数据"概念在 2014 年首次写入我国政府工作报告，2015 年国务院印发《促进大数据发展行动纲要》，此后我国大数据产业开始蓬勃发展。基于大数据技术的快速发展和广泛应用，许多新兴产业获得了蓬勃发展，传统产业也实现了转型升级，大数据技术的发展日益得到各个国家的高度重视，正在上升为各国的国家战略支撑。

11.1.1 大数据分析的基本概念

大数据概念最早由麦肯锡提出："数据，已经涉及各个行业与生活的方方面面，是重要的生产资料。对于大数据的挖掘和运用，预示着消费者剩余大幅增长的到来。"而 IBM 将大数据区别于海量数据的特征归纳为 4 "V"，即数据规模大（volume）、种类繁多（variety）、价值密度低（value）、处理速度快（velocity）。具体说来，第一，数据规模大，起始计量单位至少以 1000 TB 起步，甚至可以达到 10 000 000 000 000 TB；第二，种类繁多，文字、视频、图片都可以是大数据；第三，价值密度低，商业价值高；第四，处理速度快。

大数据分析是指对规模巨大的数据进行分析。大数据作为时下最火热的 IT 行业的词汇，随之而来的数据仓库、数据安全、数据分析、数据挖掘等围绕大数据的商业价值的利用逐渐成为行业人士争相追捧的利润焦点。随着大数据时代的来临，大数据分析也应运而生。

11.1.2　大数据分析的过程

大数据是一种从各种类型的数据中快速获取有效且有价值的信息的技术。在大数据领域，已经出现了大量新的且易于操作的技术。

1. 大数据访问

大数据访问包括现有数据访问，实时数据访问，消息记录数据访问，文件、文本、图片、视频和其他数据访问。大数据接入技术包括：Kafka、ActiveMQ、ZeroMQ、Flume、Sqoop、Socket（Mina、Netty）、FTP/SFTP（file transfer protocol/SSH file transfer protocol，文件传送协议/安全文件传送协议）。

2. 大数据存储

大数据存储包括结构化数据存储、半结构化数据存储、非结构化数据存储。大数据存储技术包括：HDFS（Hadoop distributed file system，Hadoop 分布式文件系统）、HBase、Hive、S3、Kudu、MongoDB、Neo4j、Redis、Alluxio（Tachyon）、Solr、Elasticsearch。

3. 数据分析挖掘

数据分析挖掘包括离线分析、实时分析、准实时分析、图片识别、语音识别、机器学习等。数据分析挖掘是要与各种数据库的客户端工具相结合的。比如说 P/L SQL（procedural language/SQL，过程化 SQL 语言）查询分析器 Navicat shell 等客户端工具如使用基于 Web 的 Treesoft 数据库管理系统，就能够同时连接 Mysql Oracle、SQL Server、MongoDB、Hive、SAP HAHA。使用基于 Web 的工具的好处：省时便捷，一次部署。大数据分析挖掘技术包括：MapReduce、Hive、Pig、Spark、Flink、Impala、Kylin、Tez、Akka、Storm、S4 等。

4. 大数据共享交流

大数据共享交流包括数据访问、数据清理、转换、解密、数据资产管理、数据导出。访问数据后，通常将其存储在数据库中，这方便了数据分析、清理、转换和脱敏。这些操作与数据可视化客户端工具密不可分，需要批量处理大量的大数据。任务分为子任务，并在不同的时间段进行处理。Treesoft 数据库管理系统提供数据计划任务管理、数据交换同步任务管理、统一任务管理、执行进度显示、处理日志和查看等。大数据共享交流技术包括：Kafka、ActiveMQ、ZeroMQ、Dubbo、Socket（Mina、Netty）、FTP/SFTP、RestFul、Web Service。

5. 大数据的呈现

大数据呈现图形包括：条形图、地图、饼图、雷达图、散点图、折线图、K 线图、箱形图、热图、关系图、矩形树图、漏斗图、仪表板、平行坐标。大数据呈现技术包括：

Echarts、Tabeau 和 Treesoft 数据库管理系统。利用这些技术可直接在图形中显示 SQL 查询结果，以快速显示分析结果。

11.1.3 大数据分析的学科特征

目前，大数据的分析技术主要构建在三个基本学科之上：统计分析、数据挖掘和机器学习。

1. 统计分析

统计分析是应用数学的分支之一，基于统计理论、随机性和概率理论建模，主要由两个方面构成：描述性统计和推断性统计。描述性统计主要是对数据进行精简或者对特征进行描述，而推断性统计则是对数据的预测和推理。在描述多个对象和多个互相关联的指标时，运用回归分析、因子分析、聚类分析和判别分析。

数据挖掘简单来说是在原始数据集中提取有用信息的一种计算过程，这里主要涉及的各种数据挖掘算法已经在人工智能、机器学习、模式识别等领域得到了应用。当然最新的技术，如神经网络和基因算法也包括在其中。

机器学习是一门研究如何让计算机可以自己完成一整套数据处理的学科。机器学习算法从数据中自动进行分析并自我迭代，从而让机器变得更加智能。在面对大规模集群的数据上实现高效并脱离人工自动化处理数据，从而实现既定的目标。

统计学主要是通过机器学习来对数据挖掘发挥影响，而机器学习和数据库则是数据挖掘的两大制程技术。

2. 数据挖掘

数据挖掘主要处理的两个基本问题是挖什么和怎么挖。前者是依据需要数据的特征，总结规律，后者则关乎效率，即怎么高效地挖到自己想要的数据。

在现在的研究中，主要的理论包括四个方面。

第一，简单假设需要挖掘的数据。要先确定需要记录收集哪些数据，数据的储存、处理都需要成本，因此要先对收集的数据内容进行合理的判断，做出合理的设想，再根据假设建立数据特征和挖掘模型。这样在对挖掘的内容有清晰的判断时，才能准确地判断和界定采集范围。

第二，尽可能多地收集数据。对于数据的假设做到准确无误往往是很困难的，由于种种的原因，无法做到完全准确判断哪些数据应该收集，哪些不应该收集。因此，我们在成本允许的条件下应该尽可能多地收集数据。更多的数据意味着更多的可能性，也许对将来的分析产生意想不到的帮助。

第三，将数据作为整体分析。在分析数据的时候我们应该考虑到数据的方方面面，让数据发挥出最大的作用。如果只分析某一个数据也许会因为局部的特殊关系而发生偏差。因此在建立模型的时候，数据应该尽可能从多个数据源中获取，并且进行处理整合。

第四，挖掘数据背后的数据。数据有时候并不是单一的，因为数据往往能带来更多的数据，在拿到数据时应该先对数据进行认识和观察。

3. 机器学习

让机器拥有智力，代替人类工作是人类一直以来的梦想。随着对人类思考方式的研究与计算机算法的发展，从 20 世纪 70 年代开始，人工智能进入了"知识期"。经过数十年的努力，实现了以数字网络和浏览器为核心的技术，让我们能不分时间与地域，方便地获取信息、利用信息和利用软硬件资源。以近些年热门的神经网络为例，Google 的阿尔法狗通过策略网络和估值网络结合蒙特卡洛搜索树算法来研究上万人的走棋以确定如何走棋。策略网络采用一个卷积神经网络来分析如何落子，而估值网络用来分析当前的胜率。

如何有效地把系统和机器学习算法结合处理海量数据，如何优化各种算法，如何处理凸优化和非凸优化问题，如何处理分布式优化，如何避免局部最优解，如何强化概率图模型学习和统计关系学习是近来的研究重点。

■ 11.2　大数据金融分析方法

大数据金融分析，又称金融大数据分析，是指对金融服务过程中产生的规模巨大的数据进行分析，挖掘有用的信息，为金融的管理决策提供依据。金融大数据分析平台经过数据采集对金融各渠道、各业务数据进行清洗、集成、转换，进一步进行数据挖掘分析，从而生成用户画像，结合金融公司自身业务，为用户提供精准化营销和服务，同时不断优化管理决策。

11.2.1　金融大数据统计

金融大数据统计工作可分为四个环节：数据收集、数据存储、数据处理和数据分析（图 11-1）。数据收集是将各个机构部门采集到的数据进行简单的归类和汇总。这是金融大数据统计的主要环节和基本环节。数据收集质量关乎金融分析工作的优劣。数据存储是采集数据后的第二个环节。随着互联网现代信息技术的迅猛发展，金融统计数据量变得越来越大，数据种类日渐繁多。数据处理是对采集到的金融数据进行深加工操作，诸如进行存储、检索、转换和传输的一系列操作，为后续的金融统计分析工作做准备。数据分析是指基于收集的金融统计数据对金融业发展的情况进行分析，预测金融业的发展趋势，数据分析是金融统计的重要构成部分，也能够体现出金融统计的重要价值。

图 11-1　金融大数据统计工作流程

11.2.2 构建金融大数据统计云平台

　　云服务的体系结构由四部分组成，分别是：基础设施层、虚拟化层、服务层和服务管理层。其本质是一连串互联服务的集成整合。其主要技术如下：基础设施层，依靠互联网将各个地点的物理机器封装到一起，形成一个大型数据中心。虚拟化层，基于底层虚拟化资源（如物理资源存储和计算等），并且可以使用虚拟化技术动态管理和按需分配平台资源。服务层将硬件基础设施、软件运行环境和应用程序抽象加以封装，形成高效、灵活、可操作和可管理的服务，来满足不同级别的应用程序需求。服务管理层构成了服务层的基础，为云服务的管理和维护提供不同的功能和技术，保证了主要服务的可用性、稳定性和安全性。

　　结合四层云服务的体系结构及金融大数据统计的工作流程，构建金融大数据统计云平台体系结构。如图 11-2 所示。

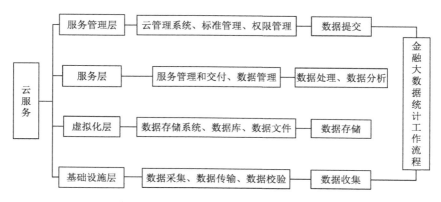

图 11-2　金融大数据统计云平台体系结构

　　采用虚拟化技术整合计算资源。虚拟化技术是资源的抽象表示，虚拟化技术应用程序使用传统方法来访问资源，而不必关注资源的物理形式和位置。对于云计算平台而言，一般组合相同或相似类型的 IT 资源以构成供应资源分配任务的虚拟资源池。

　　云存储在金融大数据统计云平台中的应用。将云存储引入金融统计信息服务平台，可以进一步加强资源整合，从而降低 IT 建设和运营成本，同时扩大数据存储领域。

　　确保金融统计信息的安全。利用统计数据中心存储数据，实施统一的病毒防护和数据灾难恢复计划，确保数据安全统计机构不需要花费大量时间来存储和管理数据，不必担心数据丢失或病毒干扰等问题。

■ 11.3　大数据金融分析的工具

11.3.1 大数据分析的软件工具

　　随着大数据分析技术的流行，很多软件公司制作了大数据分析软件，有时候甚至会让人眼花缭乱，完全不知道选择哪一款软件进行大数据分析。为此我们需要基于需求来确定选择合适的软件。

1. 大数据分析软件主要的需求

面对不同用户，大数据分析软件设计需求存在差异。有些工具的目标受众是新手用户，有的是专业数据分析师，有的则是针对这两种受众设计的。像 IBM SPSS Modeler、RapidMiner 工具、Oracle Advanced Analytics、SAP Predictive Analytics 自动分析版本这些产品，通常针对的是没有或只有一点统计学或数据分析背景的用户。用户对数据进行分析、开发分析模型和设计分析工作流，基本不需要编程。每个厂商都把核心分析组件深藏在直观的用户界面下，引导分析师进行数据准备、分析、模型设计和验证等分析进程，但是它们采用的方法可能有所不同，把一个独立的产品（如 RapidMiner）和一个套件产品（如 Oracle 产品）的一部分进行对比时，尤为不同。

2. 分析多样性

根据不同的用户案例和应用，企业用户可能需要具有不同类型的分析功能的特定类型的建模（如回归、聚类、分割、行为建模和决策树）。这些功能已经能够广泛支持高水平、不同形式的分析建模，但是还是有一些厂商投入数十年的精力，调整不同版本的算法，增加更加高级的功能。了解哪些模型与企业面临的问题最相关，根据产品如何最好地满足用户的业务需求进行产品评估，这些都非常重要。越成熟和高端（也相对更昂贵）的工具具有的分析广度越大。Oracle Data Miner 包括了一系列知名的机器学习方法，支持聚类、预测性挖掘和文本挖掘。IBM SPSS 产品的两个版本都提供多套分析技术和模型。SAS Enterprise Miner 支持许多算法和技术，包括决策树、时间序列、神经网络、线性回归和逻辑回归、序列分析与网络线路分析、购物篮分析和连接分析。

分析多样性也是编程语言和统计工具的集成，对现有库和用户自定义功能进行集成。事实上，与 R 集成可以说是越来越关键的区别点。Alteryx Designer、Revolution Analytics、SAS Enterprise Miner、Teradata Aster 大数据综合分析平台、Oracle ORAAH 和 KNIME 的分析平台，都提供 R 的接口，支持 R 的集成。

3. 数据范围分析

要分析的数据范围涉及很多方面，如结构化和非结构化信息、传统的本地数据库和数据仓库、基于云端的数据源、大数据平台上的数据管理等。但是，不同产品对非传统数据湖上的数据管理提供的支持程度不一。如何选择产品，企业必须考虑获取和处理的数据量及数据种类的特定需求。

4. 扩展和高性能支持

是否需要可扩展的性能，这是由企业数据量和分析需求决定的。小型企业数据量较小，使用的产品可以不具备与可用资源扩展的性能特点，如低端工具的入门级版本，可以在桌面系统上运行，不需要额外的服务器组件。大型企业需要分析的数据集库存更大，用户群更广。这就提出了两个额外的要求——高性能和协作便利性。产品对于高性能构架有适应性表明其具有可扩展性，大多数产品可以根据 Hadoop 的并行性进行适应性改变，或者采用其他能够实现更快运算的方式。

5. 协作

企业规模越大，越有可能需要跨部门在诸多分析师之间分享数据、模型和应用。企业如果有很多分析师分布在各部门，对结果进行解释和分析可能会需要增加更多的共享模型和协作的方法。

6. 预算和维护

几乎所有厂商的产品都分不同的版本，购买费用和整个运营成本各不相同。IBM、Oracle、RapidMiner、Teradata 和 Microsoft 的产品根据不同级别划分版本，许可证书费用与特性、功能、对分析数据的量或者产品可使用的节点数的限制成正比。KNIME 和 RapidMiner 提供免费或开源版本，对技术支持收费或者对企业级应用版本进行收费。相对而言，KNIME、RapidMiner 和 Alteryx 对数量少的用户收取的许可费用较低。如果考虑使用 SAS 和 SAP 的产品，需要直接找它们询价。

11.3.2　大数据分析典型架构

说起大数据，与之相关最密切的职业非数据仓库构架师莫属，如果和数据仓库构架师谈起为什么大数据这个世纪以来发展得如此迅速，他会告诉你，这就要谈起储存成本大幅降低和分布式计算的快速发展。其中应用最普遍的就是 Hadoop 架构。Hadoop 是一个由 Apache 软件基金会所开发的分布式系统基础架构。用户可以在不了解分布式底层细节的情况下，开发分布式程序，充分利用集群的威力进行高速运算和存储。Hadoop 实现了一个 HDFS。HDFS 有高容错性的特点，并且设计用来部署在低廉的（low-cost）硬件上，而且它提供高吞吐量（high throughput）来访问应用程序的数据，适合那些有着超大数据集（large data set）的应用程序。HDFS 放宽了 POSIX（portable operating system interface，可移植操作系统接口）的要求，可以以流的形式访问文件系统中的数据。Hadoop 的框架最核心的设计就是：HDFS 和 MapReduce。HDFS 为海量的数据提供了存储，MapReduce 则为海量的数据提供了计算模型。

在我们进行大数据的处理计算时，接触的理论非常复杂，各个机器之间需要协调工作。但是经过大量的实践与研究，人们发现有很多计算是重复的，也就是说这些计算之间有很多的共同点，它们都做着相似的工作。为了更高效地处理数据，把这些重复的工作充分利用起来，便诞生了 Hadoop。人们把这些相似的工作做成软件，以后再开发类似的分析软件就可以省去很多步骤，利用这些现有的框架，便能很方便地开发新软件。

那么，这些框架具体是什么样的呢？简单来说包括三个功能：Map、Shuffle、Reduce。

　　Map 是映射，负责数据的过滤分法，将原始数据转化为键值对；Reduce 是合并，将具有相同关键值的原始数据进行处理后再输出新的键值对作为最终结果。为了让 Reduce 可以并行处理 Map 的结果，必须对 Map 的输出进行一定的排序与分割，然后交给对应的 Reduce，而这个将 Map 输出进行进一步整理并交给 Reduce 的过程就是 Shuffle，这种模型被称为 MapReduce 模型。

　　到此我们便简单了解了关于大数据开发的理论实现方法。当然，在实际处理中还有更多更复杂的限制条件，如在我们处理以几百 GB 到几百 TB 为单位的数据时，有许多关联数据库队列的数据量和结果集合的宽度有严格的限制，通常在 255～1000 个变量之间，但许多的储存数据库依然只支持 255 个列。再比如，虽然现在硬盘储存空间的成本已经从 2000 年的 19.16 美元下降到了目前的 0.07 美元，但仍然远远不能满足人们对更大、更多、更便宜的储存空间的要求。Hadoop 便从软件层面提供了一些解决方案。

案例阅读

　　大数据分析旨在研究大量数据的过程中寻找模式、相关性和其他有用的信息，可以帮助企业更好地适应变化，并做出更明智的决策。下面介绍六个大数据分析工具。

1. Hadoop

　　Hadoop 是一个能够对大量数据进行分布式处理的软件框架。Hadoop 是以一种可靠、高效、可伸缩的方式进行处理的。Hadoop 是可靠的，它假设计算元素和存储会失败，因此它维护多个工作数据副本，确保能够针对失败的节点重新分布处理。Hadoop 是高效的，因为它以并行的方式工作，通过并行处理加快处理速度。Hadoop 还是可伸缩的，能够处理 PB 级数据。此外，Hadoop 依赖于社区服务器，因此它的成本比较低，任何人都可以使用。

　　Hadoop 是一个能够让用户轻松架构和使用的分布式计算平台。用户可以轻松地在 Hadoop 上开发和运行处理海量数据的应用程序。它主要有以下几个优点：第一，高可靠性。Hadoop 按位存储和处理数据的能力值得人们信赖。第二，高扩展性。Hadoop 是在可用的计算机集簇间分配数据并完成计算任务的，这些集簇可以方便地扩展到数以千计的节点中。第三，高效性。Hadoop 能够在节点之间动态地移动数据，并保证各个节点的动态平衡，因此处理速度非常快。第四，高容错性。Hadoop 能够自动保存数据的多个副本，并且能够自动将失败的任务重新分配。

　　Hadoop 带有用 Java 语言编写的框架，因此运行在 Linux 生产平台上是非常理想的。Hadoop 上的应用程序也可以使用其他语言编写，如 C++。

2. HPCC

　　HPCC（high-performance computing and communications，高性能计算和通信）。1993 年，美国科学、工程、技术联邦协调理事会向国会提交了"重大挑战项目：高性能计算与通信"的报告，也就是被称为 HPCC 计划的报告，即美国总统科学战略项目，其目的是通过加强研究与开发解决一批重要的科学与技术挑战问题。HPCC 是美国信息高速公路下实施的计划，该计划的实施将耗资百亿美元，其主要目标是开发可扩展的计算系统及相关软件，以支持太位级网络传输性能，开发千兆比特网络技术，扩展研究和教育机构及网络连接能力。

该项目主要由五部分组成：①高性能计算机系统（high performance computer system，HPCS），内容包括今后几代计算机系统的研究、系统设计工具、先进的典型系统及原有系统的评价等；②先进软件技术与算法，内容有巨大挑战问题的软件支撑、新算法设计、软件分支与工具、计算及高性能计算研究中心等；③美国国家科研与教育网（national research and education network，NREN），内容有中间站及 10 亿位级传输的研究与开发；④基本研究与人类资源（basic research and human resources，BRHR），内容有基础研究、培训、教育及课程教材，通过提供教育和高性能的计算训练，培养必需的基础人才来支持这些调查和研究活动；⑤信息基础结构技术和应用（information infrastructure technology and application，IITA），保证先进信息技术开发方面的领先地位。

3. Storm

Storm 是自由的开源软件，一个分布式的、容错的实时计算系统。Storm 可以非常可靠地处理庞大的数据流，可用于处理 Hadoop 的批量数据。Storm 很简单，支持许多种编程语言，使用起来非常方便。Storm 由 Twitter 开源而来，其他知名的应用企业包括 Groupon、淘宝、支付宝、阿里巴巴、乐元素、Admaster 等。

Storm 有许多应用领域：实时分析、在线机器学习、不停顿的计算、分布式 RPC（remote procedure call，远程过程调用）、ETL（extraction-transformation-loading，数据抽取、转换和加载）等。Storm 的处理速度惊人，经测试，每个节点每秒钟可以处理 100 万个数据元组。Storm 可扩展、容错，很容易设置和操作。

4. Apache Drill

为了帮助企业用户寻找更为有效的加快 Hadoop 数据查询的方法，Apache 软件基金会 2012 年 8 月发起了一项名为 Drill 的开源项目。Apache Drill 实现了 Google's Dremel。据 Hadoop 厂商 MapR Technologies 公司产品经理介绍，"Drill"已经作为 Apache 孵化器项目来运作，将面向全球软件工程师持续推广。

该项目将会创建出开源版本的 Google's Dremel Hadoop 工具（Google 使用该工具来为 Hadoop 数据分析工具的互联网应用提速）。而"Drill"将有助于 Hadoop 用户实现更快查询海量数据集的目的。

"Drill"项目其实也是从 Google 的 Dremel 项目中获得灵感：该项目帮助 Google 实现海量数据集的分析处理，包括分析抓取 Web 文档、跟踪安装在安卓系统上的应用程序数据、分析垃圾邮件、分析谷歌分布式构建系统上的测试结果等。通过开发 Apache Drill 开源项目，组织机构将有望建立 Drill 所属的 API（application programming interface，应用程序接口）和灵活强大的体系架构，从而支持广泛的数据源、数据格式和查询语言。

5. RapidMiner

RapidMiner 是世界领先的数据挖掘解决方案。其数据挖掘任务范围广泛，包括各种数据艺术，能简化数据挖掘过程的设计和评价。

其功能和特点：①免费提供数据挖掘技术和库；②100%用 Java 代码（可运行在操作系统）；③数据挖掘过程简单、强大和直观，内部 XML 保证了标准化的格式来表示交换数据挖掘过程；④可以用简单脚本语言自动进行大规模进程；⑤多层次的数据视图，确保数据的有效性和透明性；⑥图形用户界面的互动原型；⑦命令行（批处理模式）自动大规模应用；⑧Java API；⑨简单的插件和推广机制；⑩强大的可视化引擎，许多尖端的高维数据的可视化建模；⑪400 多个数据挖掘运营商支持。已成功地应用在许多不同的应用领域，包括文本挖掘、多媒体挖掘、功能设计、数据流挖掘、集成开发的方法和分布式数据挖掘。

6. Pentaho BI

Pentaho BI（business intelligence，商业智能）平台不同于传统的 BI 产品，它是一个以流程为中心的，面向解决方案的框架。其目的在于将一系列企业级 BI 产品、开源软件、API 等组件集成起来，方便应用的开发。它的出现使得一系列的面向商务智能的独立产品如 Jfree、Quartz 等，能够集成在一起，构成一项项复杂的、完整的商务智能解决方案。

Pentaho BI 平台是 Pentaho Open BI 套件的核心架构和基础，是以流程为中心的，因为其中枢控制器是一个工作流引擎。工作流引擎使用流程定义来定义在 BI 平台上执行的商业智能流程。流程可以很容易地被定制，也可以添加新的流程。BI 平台包含组件和报表，用以分析这些流程的性能。目前，Pentaho 的主要组成元素包括报表生成、分析、数据挖掘和工作流管理等。这些组件通过 J2EE、网络服务、SOAP、HTTP、Java、JavaScript、Portals 等技术集成到 Pentaho 平台中来。Pentaho 的发行主要以 Pentaho SDK 的形式进行。

Pentaho SDK 共包含五个部分：Pentaho 平台、Pentaho 数据库、可独立运行的 Pentaho 平台、Pentaho 解决方案示例和一个预先配置好的 Pentaho 网络服务器。其中，Pentaho 平台是 Pentaho SDK 的主要部分，囊括了 Pentaho 平台源代码的主体。Pentaho 数据库为 Pentaho 平台的正常运行提供的数据服务，包括配置信息、Solution 相关的信息等等，对于 Pentaho 平台来说它不是必需的，通过配置是可以用其他数据库服务取代的。可独立运行的 Pentaho 平台是 Pentaho 平台的独立运行模式的示例，它演示了如何使 Pentaho 平台在没有应用服务器支持的情况下独立运行。Pentaho 解决方案示例是一个 Eclipse 工程，用来演示如何为 Pentaho 平台开发相关的商业智能解决方案。Pentaho BI 平台构建于服务器引擎和组件的基础之上，可提供图表、工作流，进行内容管理与数据集成、分析和建模。这些组件的大部分是基于标准的，可使用其他产品进行替换。

■ 本 章 小 结

互联网时代大数据分析机遇与挑战是并存的。由传统的统计抽样分析转向大数据全样本分析，将大数据分析应用到金融中已成为一种不可逆转的趋势。要想让大数据技术在金融分析中充分发挥功效，需要科学地对待大数据金融分析的问题和困境，根据金融分析现实需要，从分析思维、核心技术、基本架构、保障制度等方面进行全面系统的创新，增强金融大数据分析的预测性、时效性、科学性，让金融数据管理与决策更加有效与可靠。

思考与练习

1. 试说明大数据分析方法与传统数据分析方法之间的区别与联系。

2. 大数据金融分析的内涵是什么？试说明大数据金融分析与传统金融分析之间的区别与联系。

3. 大数据金融网络分析的历史发展如何？前景如何？

4. 数据挖掘在大数据金融时代的应用如何进行优化？

第12章

智能金融分析理论与方法

【本章提要】

金融智能化是未来的发展趋势。本章通过对人工智能的核心部分——机器学习进行理论分析，揭示了智能金融的内在算法理论基础，总结了智能金融的应用状况，对智能金融有了更加全方位的认识。本章阐述了应用于回归与分类的监督学习和主要功能为聚类的无监督学习的算法基础，解释了特殊的机器学习——神经网络的结构和算法理论。本章阐述了智能金融理论的实际应用方法，并总结和反思智能金融理论在应用方面上的利弊，力图明晰无处不在的智能金融对人类社会的影响。

■ 12.1 人工智能方法概述

随着计算机技术不断向智能化方向发展，人工智能在金融领域的应用越来越普遍，人工智能与金融应用的结合正在逐步影响着传统金融的运作方式，朝着智能金融的方向发展。因为人工智能具有显著的效率提升及风险降低、转化等功能，现代的金融理论也逐步凭借人工智能技术进行新的创新性研究，智能金融的应用如火如荼地进行着，智能金融理论在探索和构建之中。

人工智能在学术领域中的应用是智能金融发展象征，人工智能技术五花八门，因此在学术研究中的应用方式也不同。在机器学习的研究应用方面，Tirapat 和 Nittayagasetwat（1999）就利用 1997 年东南亚经济危机中破产企业的样本数据进行 Logistic 回归模型证实宏观经济因素对于企业财务风险的影响；有学者运用支持向量机（support vector machine，SVM）对银行进行破产预警研究；有学者利用随机森林算法、支持向量机、KNN（K-nearest neighbor，K 近邻）算法等模型对社交借贷中的信用风险进行评估与控制，得到了基于随机森林算法模型的在准确率上更优的信用评估分数；有人主张利用无监督学习的聚类方法追踪指数以此建立投资组合，他们采用欧式距离计量股票价格序列间的距离的方法对各股票进行分层聚类，在获取的每个集群中建立投资组合，在此之后，Kim 等（2020）通过定义一个优先函数，引入股票交易量、市值、β 系数等因素加权筛选股票，从而建立投资组合。

在深度学习的研究应用方面，Odom 和 Sharda（2012）早在 1990 年运用人工神经网络构建模型，训练破产企业与正常企业的财务数据，得到的神经网络模型实现了高达 80% 的预测准确率；Ticknor（2013）提出利用贝叶斯正则化的神经网络预测个股未来某个时间的收盘价，并且获得了极高的准确率；国内学者在 2011 年利用附加动量法与动态调整学习率法对基于 BP（back propagation，反向传播）神经网络进行改进，对商品出口预测进行实证研究；有学者在 2016 年基于思维进化法优化了 BP 神经网络的初始权值与阈值，进行了股票的实证研究。

12.2　智能金融相关理论基础

人工智能的应用除了对传统的数据传输、运算、储存方面进行优化，海量多类别数据的分类识别、趋势预测、风险预测、数据归类分析等新兴应用也在金融领域逐步展开，智能金融的趋势十分明显。同时金融行业也在积极跟进智能金融的普及应用，各大银行券商在设立网上平台的基础上，运用人工智能的语音或文本识别、风险预测、决策优化理论为用户带来更加高效的金融服务和更加透明的金融产品，金融的智能化为各金融机构投资部提供了投资方案的预期风险参考状况，为信贷部门带来优化的公司财务数据分析及风险判断。总之，智能金融极大地改变了金融服务、风险管理、投资决策、授信融资等金融运作模式。

随着计算机应用的深化及通信技术的不断发展，各类蕴含人类社会发展秘密的数据出现爆炸性的增长，在数据库技术的普及下，我们面临着庞大的数据"海洋"，高效开发、利用这些数据，成为计算机领域发展的重要方向之一。伴随着人类社会发展而积聚的数据具有检验理论、揭露现象以及预测未来的价值，但是现实中数据的存在方式有着巨量且混杂的特点，使人类在海量数据之中寻找有价值的信息变得十分困难，机器学习的出现对推动智能金融的发展有巨大的帮助，机器学习的方法可以对巨量的金融数据进行收集整理、分类识别、回归分析、聚类运算，对优化金融分析、预测、理论推导都有重要的影响。神经网络的应用则优化了计算机的数据学习过程，使得计算机技术在应用中更能应变、适应与拟人，因此机器学习及以神经网络为核心的深度学习是智能金融的理论基础。

12.2.1　机器学习之监督学习

机器学习的学习方式主要可以分为四种：机械学习（记忆学习）、通过传授学习、类比学习以及通过事例学习。计算机通过学习得到模型之后，应用于实际领域。机器学习作为人工智能的核心部分，它在金融领域的应用促进了智能金融的发展，本节从学习形式角度对机器学习进行分类，将其分成监督学习及无监督学习，并对机器学习的理论基础进行阐述，剖析机器学习在金融领域应用的运行本质。

监督学习是指利用一组已知类别的样本数据调整生成函数或模型的参数，使其达到某种性能要求的过程，通过一个组 n 个数据的训练数据集 $(x_i, y_i)(i = 1, 2, \cdots, n)$，其中 x_i 为第 i 个样本数据，y_i 为 x_i 的标注信息，通过不断训练使得作用在映射函数 $f(x)$ 上得到的"损失"之和最小，即 $\min \sum_{i=1}^{n} \mathrm{Loss}(f(x_i), y_i)$。损失函数如表 12-1 所示。在标注信息 y_i 的指导下，映射函数逐渐符合性能要求，最终能够以未知数据集测试映射函数。标注信息就像是模型的"指导老师"一样，在模型进行样本训练时，纠正模型损失，保证训练函数的经验风险最小，即 $\min \sum_{i=1}^{n} \mathrm{Loss}(f(x_i), y_i)$，同时在未知数据的训练下能够保证其期望风险最小，即 $\min_{f \in \Phi} \dfrac{1}{n} \int_{x*y} \mathrm{Loss}(y, f(x_i)) P(x, y) \mathrm{d}x \mathrm{d}y$。

表 12-1　损失函数

损失函数名称	损失函数定义
0-1 损失函数	$\mathrm{Loss}(y_i, f(x_i)) = \begin{cases} 1, f(x_i) \neq y_i \\ 0, f(x_i) = y_i \end{cases}$
平方损失函数	$\mathrm{Loss}(y_i, f(x_i)) = (y_i - f(x_i))^2$
绝对损失函数	$\mathrm{Loss}(y_i, f(x_i)) = \lvert y_i - f(x_i) \rvert$
对数损失函数/对数似然损失函数	$\mathrm{Loss}(y_i, P(y_i \mid x_i)) = -\log P(y_i \mid x_i)$

监督学习方法又可以分为生成方法与判别方法，学习到的模型分别称为生成模型与判别模型。生成模型是通过学习数据中的联合分布 $P(x, y)$ 来进行预测，典型的生成模型包括贝叶斯方法与隐马尔可夫链等。判别模型则是直接学习判别函数 $f(x)$ 或条件概率分布 $P(Y|X)$ 作为预测的模型，判别模型关注给定输入数据下预测的数据输出值，典型的判别模型是回归模型、支持向量机等。

监督学习可以分为回归分析与分类识别两个类别。在回归分析中，通过学习可以得到一个将输入变量连续映射到输出空间的函数，目的是求得回归函数，揭示输入变量与输出变量之间可能存在的连续性函数关系。而在分类识别中，则学习到一个离散的函数，如人脸图片的输入可以使函数具有分类识别人脸的功能。因为回归分析在许多操作软件中得以实现的原因是其主要以最小二乘法为理论基础，本章主要通过介绍监督学习分类识别的代表算法——逻辑回归与提升算法，来揭示分类识别的算法本质。

1. 逻辑回归

逻辑回归，又称 Logistic 回归，是一种广义线性回归方法，主要应用于数据挖掘、经济预测与可能性判别。逻辑回归是一种回归分析方法，也是一种分类方法。逻辑回归模型是对于逻辑函数的概率估计，来衡量因变量与若干个自变量之间的关联性。从一个简单的标准逻辑回归模型开始解释，定义一个逻辑函数 $f(x)$ sigmoid 函数：

$$f(x) = \frac{1}{1 + \mathrm{e}^{-x}} \tag{12-1}$$

其中，$x \in (-\infty \leqslant i \leqslant +\infty)$

而变量 x 则是 n 个自变量 $t \in \mathrm{R}$ 的线性组合，x 可以表示为

$$x = \alpha + \beta t \tag{12-2}$$

因此逻辑函数又可以被表示为

$$f(t) = \frac{1}{1 + \mathrm{e}^{-\alpha + \beta t}} \tag{12-3}$$

逻辑函数将可能为无穷大值域的变量转化为 $0 \sim 1$ 的连续变量，使得理解概率问题更加直观，甚至可以将逻辑函数 $f(t)$ 设置为两点分布的函数：

$$f(x) = \begin{cases} 1, x \geqslant 0 \\ 0, x < 0 \end{cases} \tag{12-4}$$

通过最小二乘法估计或者极大似然估计则可以求出 $\hat{\alpha}$ 与 $\hat{\beta}$，进而利用偏差及似然比进行检验，使因变量的取值意义转化为取值"成功"的概率，在完成了对样本分类的任务的同时，利用发生概率除以未发生概率的对数，达到对回归结果的判断操作。

通过对简单的逻辑函数模型的解释，我们可以认识到逻辑函数在分类与决策中的便利。逻辑函数模型将函数 $f(t)$ 视作样本 t 作为正比例的概率，对分类进行可能性预测，并且不需要事先假设数据的分布类型，从而避免了分布不准确带来的误差问题，同时逻辑函数在求取最优解上更加方便。不过逻辑函数存在以下使用条件。

（1）因为因变量属于数值型变量，所以要避免对重复计数类型指标进行逻辑回归。

（2）残差值与因变量都要服从二项分布。

（3）自变量与逻辑概率呈线性关系。

（4）各个观测值之间相互独立。

2. 提升算法

提升算法，又称自适应提升（adaptive boosting），在进行复杂的分类时，可以将其分解为若干个子任务（又称弱分类器），然后将若干个弱分类器的完成方法综合起来，形成一个强分类器，以完成该任务。假定包含 N 个标注数据的训练集合 Γ，$\Gamma = \{(x_1, y_1), \cdots, (x_N, y_N)\}$。$x_i (1 \leqslant i \leqslant N) \in X \in R^n$，$y_i \in Y = \{-1, 1\}$。提升算法从标注数据出发，训练得到一系列弱分类器，再将弱分类器组合得到一个强分类器，具体步骤如下所示。

（1）初始化每个训练样本的权重

$$D_1 = (w_{11}, \cdots, w_{1i}, \cdots, w_{1N}) \tag{12-5}$$

其中，$w_{1i} = \frac{1}{N}(1 \leqslant i \leqslant N)$。

（2）使用具有分布权重 D_m 的训练数据来学习得到第 m 个弱分类器 G_m：

$$G_m(x) : X \rightarrow \{-1, 1\} \tag{12-6}$$

计算 $G_m(x)$ 在训练数据集上的分类误差：

$$\mathrm{err}_m = \sum_{i=1}^{N} w_{m,i} I(G_m(x_i) \neq y_i) \tag{12-7}$$

其中，$I = \begin{cases} 1, & G_m(x_i) \neq y_i \\ 0, & G_m(x_i) = y_i \end{cases}$（$I$ 函数表示如果弱分类器 G_m 分类错误，记 1）。

计算弱分类器 $G_m(x)$ 的权重：

$$a_m = \frac{1}{2}\ln\frac{1-\mathrm{err}_m}{\mathrm{err}_m} \tag{12-8}$$

其中，权重 a_m 随着错误率 err_m 减少而增大，即错误率越小的弱分类器会被赋予更大权重。

更新训练样本数据的分布权重：

$$D_{m+1} = w_{m+1,i} = \frac{w_{m,i}}{z_m}\mathrm{e}^{-a_m y_i G_m(x_i)} \tag{12-9}$$

其中，$z_m = \sum_{i=1}^{N} w_{m,i}\mathrm{e}^{-a_m y_i G_m(x_i)}$，$w_{m+1,i} = \begin{cases} \dfrac{w_{m,i}}{z_m}\mathrm{e}^{-a_m}, & G_m(x_i) = y_i \\ \dfrac{w_{m,i}}{z_m}\mathrm{e}^{a_m}, & G_m(x_i) \neq y_i \end{cases}$。如果某个样本无法被第 m 个

弱分类器 $G_m(x)$ 分类成功，则增大该样本的权重，意义是该错误分类的样本在训练第 $m+1$ 个弱分类器 $G_{m+1}(x)$ 时会被"重点关注"。

（3）以线性加权形式来组合弱分类器 $f(x)$：

$$f(x) = \sum_{i=1}^{M} a_m G_m(x) \tag{12-10}$$

得到强分类器 $G(x)$：

$$G(x) = \mathrm{sign}(f(x)) = \mathrm{sign}\left(\sum_{i=1}^{M} a_m G_m(x)\right) \tag{12-11}$$

由霍夫丁不等式可知，在组合的弱分类器越多的情况下，学习分类的误差呈指数级下降，直至为零。提升算法本质上是最小化如下的损失函数：

$$\sum_{i} \mathrm{e}^{-y_i f(x_i)} = \sum_{i} \mathrm{e}^{-y_i \sum_{i=1}^{M} a_m G_m(x)} \tag{12-12}$$

12.2.2　机器学习之无监督学习

无监督学习指的是通过没有标注的样本调整和训练模型函数，从而达到某种性能的学习过程。因为无监督学习的训练样本没有标注的指引，无法如同监督学习一样对样本进行分类识别，而只能对样本进行聚类，得到具有相似性的数据集合。无监督学习的提出切合了现实生活中人工标注数据的高成本、缺乏先验知识等问题，无监督学习带来的训练结果是无标注的相似性数据的聚集，从图像、声音、文本等各类数据中获取其数据特征，从而定义一个基于计算得到的数据特征之间的相似性来定义的相似度函数，因此我们可以利用无监督学习对数据进行聚类。

无监督学习的主要功能是聚类，聚类的目的则是将相似的东西聚合在一起，聚类算法一般有五种方法，其中主要的两种是划分方法和层次方法。划分聚类算法通过优化评价

函数将数据集合分割为 K 个部分，它需要 K 作为输入参数，典型的分割聚类算法有 K 均值（K-means）聚类算法，K-medoids 算法、CLARANS 算法等。层次聚类由不同层次的分割聚类组成，层次之间的分割具有嵌套的关系，且不需要输入参数，典型的分层聚类算法有 BIRCH 算法、DBSCAN 算法和 CURE 算法等。以下解释 K 均值聚类的算法基础。

（1）首先定义：n 个 m 维数据 $\{x_1, x_2, \cdots, x_n\}$，$x_i \in R^n (1 \leq i \leq n)$。

（2）两个 m 维函数之间的欧式距离：$d(x_i, x_j) = \sqrt{(x_{i1} - x_{j1})^2 + (x_{i2} - x_{j2})^2 + \cdots + (x_{im} - x_{jm})^2}$，$d(x_i, x_j)$ 越小表示 x_i 和 x_j 越相似。

（3）聚类集合数目 k 的步骤如下。

第一步：初始化聚类质心 $c = \{c_1, c_2, \cdots, c_n\}$，$c_i \in R^n (1 \leq i \leq k)$，记每个聚类质心 c_j 所在集合为 G_j。

第二步：计算待聚类数据 x_i 和 c_i 的欧式距离 $d(x_i, c_j)$，后将每个 x_i 放入与其距离最近的聚类质心所在的聚类集合之中，即 $\underset{c_j \in c}{\arg\min} d(x_i, c_j)$。

第三步：求新的聚类集合的质心值，即 $c_j = \dfrac{1}{|G_j|} \sum\limits_{x_i \in G_j} x_i$。

第四步：进行算法迭代，不断求出新聚类集合的质心，同时与前次迭代进行比较，直到迭代次数到达设定的上限或某两次前后迭代的聚类质心基本不变，则停止迭代。

当然 K 均值聚类算法也有不足之处：人们在进行 K 均值聚类时并不清楚数据应该被聚类的数目，同时初始化聚类质心对于聚类结果具有较大影响，需要使用者确定聚类集合；迭代执行对于时间的开销较大；最初设定的欧式距离给每个数据维度都分配了相同的重要性，而数据集合中各单位数据的重要性并不是相同的。尽管如此，K 均值聚类算法在图像分类、文本分类上仍具有重要的应用，对收集相似性数据有突出的贡献，对智能金融领域中各类历史数据、行业数据等的聚类、分析、建立模型等都有着积极的帮助。

机器学习本质上是计算机在提供的原始数据中提取特征，逐步学习且构建出一个映射函数 f，再通过映射函数将原始数据映射到语义空间中，找到数据与任务目标之间的关系。机器学习是一门多领域交叉的学科，涉及概率论、统计学、逼近理论等多门学科知识，旨在研究计算机如何模拟或实现人类的学习行为，通过不断学习新知识、技能来构造自身知识结构，不断提升自身性能。机器学习是人工智能的核心，也是使得计算机拥有智能的根本途径，机器学习通过不同的算法（如线性回归、逻辑回归、决策树、支持向量机、KNN、随机森林等）学习训练出一个模型，而让我们利用这个模型完成预测、分析等任务。而深度学习则为特殊的机器学习，扮演着智能化的角色，神经网络作为深度学习的重要部分，利用学习技能大幅推进了计算机智能化的步伐。

■ 12.3　神经网络理论应用

BP 神经网络是一种神经网络学习算法，BP 神经网络是由 McClelland 和 Rumelhart（1987）提出的一种基于误差反向传播的多层前馈反向传播算法。BP 神经网络收敛速度慢，但是因其完整、简明，应用十分广泛。BP 神经网络广泛应用于人工智能领域，是深度学习模块的精华之处，它的应用已经逐步成熟深入，现如今它广泛应用于函数逼近、模式识别、分类以及数据压缩等领域，同时还针对其缺点进行优化，衍生出来大量神经网络系统，如贝叶斯正则神经网络、卷积神经网络等。BP 神经网络及其优化改进版的利用使得人类在机器智能上更进一步，它们对于金融领域的智能化也有着举足轻重的作用，本节介绍 BP 神经网络理论基础，以阐述人工神经网络运行在智能金融领域的本质。

12.3.1 神经元模型的理论基础

神经元，又称人工神经元，是人工神经网络技术的基本信息处理单位，人工神经元模型主要由三个基本元素构成。

（1）一组链接：表示数值输入及输出的方向，同时拥有权数 w_i，表示链接的强度。

（2）一个求和函数：对来自不同方向的数值进行加权求和 $u_k = \sum_{i=1}^{m} w_i x_i$。

（3）对求和结果进行非线性变换的函数（激活函数）：$g(x)$。

通过每个人工神经元中的激活函数对求和结果及置入的阈值 θ_i 进行非线性变换后得出输入函数 $y(x) = g(u_k + \theta_i)$，同时接受外部输入控制信号 s_i 调节，通过激活函数可以对输入函数进行非线性转化，负责将神经元的输入映射到输出端，同时激活函数给神经元引入了非线性因素，使神经网络能够任意逼近任何非线性函数，常用的激活函数如图 12-1 所示。

激活函数名称	函数功能	函数图像	函数求导
Sigmoid(S型生长曲线)	$f(x) = \dfrac{1}{1 + e^{-x}}$	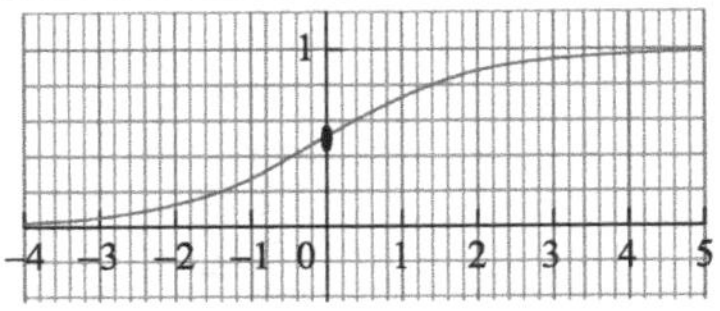	$f'(x) = f(x)(1 - f(x))$
Tanh (双曲正切激活函数)	$f(x) = \dfrac{1}{1 + e^{-2x}} - 1$	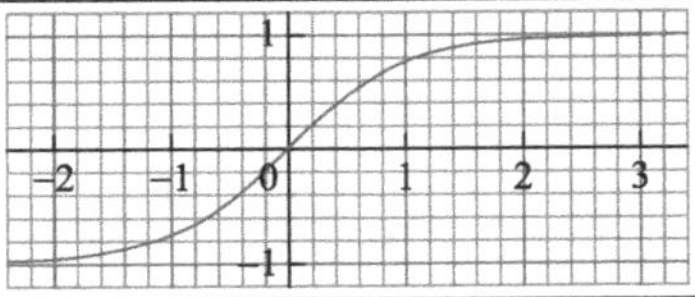	$f'(x) = 1 - f(x)^2$
Relu(修正线性单元)	$f(x) = \begin{cases} 0, x < 0 \\ 0, x \geq 0 \end{cases}$	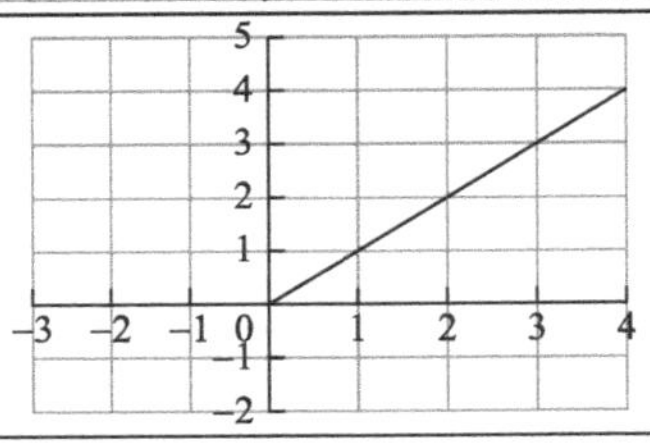	$f'(x) = \begin{cases} 0, x < 0 \\ 0, x \geq 0 \end{cases}$

图 12-1 常用的激活函数

12.3.2　BP 神经网络

　　BP 神经网络是一种具有多层前馈及反向误差传播功能的网络结构，整个结构可以分为三层：输入层、隐藏层以及输出层，输入层和输出层是若干人工神经元组成的单层神经结构，而隐藏层则是若干神经元组成的多层结构，同一层人工神经元之间不能相互传输数据，在一次数据传入处理中，只能是上层神经元对下层神经元进行数据传输，最后得到一组输出值，因此称前馈神经网络。而 BP 神经网络则是在前馈神经网络的基础上，用最后的输出结果与期望输出值进行对比，同时计算误差值，再以误差值作为信息源逐层传播反馈，对每层人工神经元进行误差矫正，动态调整神经元之间的权值及阈值。

　　从算法的操作层面来看，BP 神经网络通过一组样本数据的输入计算输出值与期望值的误差（一般取离差平方的二分之一），再通过每层输出值减去由下一层通过每层权重分配而来的误差与学习步长的积以达到逐层、逐个人工神经元调整连接权重的目的，反复进行样本数据的输入及误差的抵消，最终使整个 BP 神经网络逼近一个符合样本值的非线性函数。在一个样本的反复多次训练及多个样本的反复多次训练下，我们最终可以得到一个符合所有样本的输出函数。

12.3.3　BP 神经网络的算法

　　设置输入的 N 组第一层 p_1 个学习样本 $x_{i1}, x_{i2}, x_{i3}, \cdots, x_{ip1}$ 和对应的第 m 层 pm 个处理结果 $y_1^m, y_2^m, y_3^m, \cdots, y_{pm}^m$，以及第 m 层 pm 个期望输出样本 $d_{i1}, d_{i2}, d_{i3}, \cdots, d_{ipm}$，BP 神经网络算法的基本思想如下：

　　1. 建立目标函数

$$J = \frac{1}{2} \sum_{j=1}^{pm} \sqrt{y_j^m - d_j} \qquad (12\text{-}13)$$

　　2. 设置约束条件

$$u_i^k = \sum_j w_{ij}^{k-1} y_j^{k-1}, i = 1, 2, 3, \cdots, pk \qquad (12\text{-}14)$$

$$y_i^k = f_k(u_i^k), k = 1, 2, 3, \cdots, m \qquad (12\text{-}15)$$

　　3. 连接权值的修正量

$$\Delta w_{ij}^{k-1} \Delta w_{ij}^{k-1} = -\varepsilon \frac{\partial J}{\partial w_{ij}^{k-1}}, j = 1, 2, 3, \cdots, p_{k-1} \qquad (12\text{-}16)$$

其中，ε 为学习步长。

先求 $\dfrac{\partial J}{\partial w_{ij}^{k-1}} = \dfrac{\partial J}{\partial u_i^k} \dfrac{\partial u_i^k}{\partial w_{ij}^{k-1}} = \dfrac{\partial J}{\partial u_i^k} \dfrac{\partial}{\partial w_{ij}^{k-1}} \left(\sum_j w_{ij}^{k-1} y_i^{k-1} \right) = \dfrac{\partial J}{\partial u_i^k} y_i^{k-1}$ （代入 12-14） （12-17）

记 $\qquad\qquad d_i^k = \dfrac{\partial J}{\partial u_i^k} = \dfrac{\partial J}{\partial y_i^k} \dfrac{\partial y_i^k}{\partial u_i^k} = \dfrac{\partial J}{\partial y_i^k} f_k'(u_i^k)$ （12-18）

（1）对输出层的神经元 $\dfrac{\partial J}{\partial y_i^k} = \dfrac{\partial J}{\partial y_i^m} = y_i^m - y_{si}$ （12-19）

（2）输出层连接权值调整公式：$d_i^m = (y_i^m - y_{si}) f_m'(u_i^m)$ （结合式（12-18）和式（12-19））

（12-20）

（3）对隐藏单元层，则有 $\dfrac{\partial J}{\partial y_i^k} = \sum_l \dfrac{\partial J}{\partial w_{ij}^{k+1}} \dfrac{\partial w_{ij}^{k+1}}{\partial y_i^k} = \sum_l d_i^{k+1} w_{li}^k$ （结合式（12-18））（12-21）

$d_i^k = f_k'(u_i^k) \sum_l d_i^{k+1} w_{li}^k$ ——隐藏连接权值调整公式（结合式（12-18）和式（12-21））

（12-22）

$\Delta w_{ij}^{k-1} = -\varepsilon d_i^k y_i^{k-1}$ （结合式（12-16）、式（12-17）、式（12-18）和式（1-22））

（12-23）

BP 神经网络的运行就是按照以上基础算法进行，误差以连接权值为基础逐层反向传播，通过样本的多次训练使 BP 神经网络中各个神经元之间的连接权值与阈值的完美符合，得到一个能够反映样本与期望相关性的非线性函数。

12.3.4 BP 神经网络的优缺点

BP 神经网络成为深度学习的重要组成，是因为它有着许多优点。首先，它具有非线性映射能力，BP 神经网络三层传输结构包含着大量人工神经元，这些神经元都具有多种能将数据进行非线性转化的激活函数，同时 BP 神经网络可以通过调整人工神经元之间的权值及自身的阈值达到输出任意非线性连续函数的要求，对于透析内部机制复杂的样本具有优势；其次，BP 神经网络具有自学习及自适应的能力，它通过多重样本的反复输入输出得到样本函数，对样本数据的潜在关系进行学习，并且表现在记忆于神经网络的各权值、阈值中；再次，BP 神经网络具有泛化能力，它在深度学习之后对新样本或新模式的学习进行正确的分类，并且能将学习成果应用于新知识；最后，BP 神经网络具有较强容错能力，即使部分神经元受到损伤也能正常工作。

当然，BP 神经网络也存在缺陷：①学习速度慢。BP 神经网络收敛速度慢，因为当神经元输出值逼近 0 或 1 时，以梯度下降法为基础的 BP 神经网络在收敛时遇到平坦区，误差的改变很小，甚至几乎停顿，即使是简单的问题，一般也需要成百上千次学习才能达到收敛要求。②局部极小化问题。从数学理论的角度看，BP 神经网络通过反向传播调整网络权值，而权值的优化是局部的，导致权值可能收敛到局部极小值点，致使学习的失败。③BP 神经网络结构选择问题。在 BP 神经网络中，神经元的激活函数存在多种，同时神经网络的神经元层数设置及个数设置并没有统一标准或特定公式，导致神经网络结构的设置要经过多次训练，来摆脱不收敛或过拟合的结果。

案例阅读

人工智能分析工具的自动化、智能化是未来的大趋势。市场上的人工智能分析工具种类繁多，各有所长。最为大家所熟识的就有：SAS、RapidMiner、Alteryx、IBM、Anaconda、DataRobot 等。下面将聚焦于开源的人工智能工具，详细地了解 15 个著名开源人工智能项目。

1. Caffe

它是由贾扬清在加利福尼亚大学伯克利分校读博时创造的，Caffe（convolutional architecture for fast feature embedding，卷积神经网络框架）是一个基于表达体系结构和可扩展代码的深度学习框架。它的速度让它受到研究人员和企业用户的欢迎。根据其网站所言，它可以在一天之内只用一个 NVIDIA K40 GPU 处理 6000 万多个图像。它是由伯克利视野和学习中心管理的，并且由 NVIDIA 和 Amazon 等公司资助以支持它的发展。

2. CNTK

CNTK（computational network toolkit，认识工具集）是一个 Microsoft 的开源人工智能工具。无论是在拥有单个 CPU、单个 GPU、多个 GPU 的单一机器上或是拥有多个 GPU 的多台机器上它都有优异的表现。Microsoft 主要用它做语音识别的研究，其实它在机器翻译、图像识别、图像字幕、文本处理、语言理解和语言建模方面都有着良好的应用。

3. Deeplearning4j

Deeplearning4j 是一个 Java 虚拟机的开源深度学习库。它运行在分布式环境并且集成在 Hadoop 和 Apache Spark 中。这使它可以配置深度神经网络，并且它与 Java、Scala 和其他 Java 虚拟机语言兼容。

这个项目是由美国 Skymind 公司管理的。

4. DMTK

DMTK（distributed machine learning toolkit）是分布式机器学习工具的缩写，和 CNTK 一样，是 Microsoft 的开源人工智能工具。作为设计用于大数据的应用程序，它的目标是更快地训练人工智能系统。它包括三个主要组件：DMTK 框架、LightLDA 主题模型算法和分布式（多义）字嵌入算法。为了证明它的速度，Microsoft 声称在一个八集群的机器上，它能够用 100 万个主题和 1000 万个单词的词汇表（总共 10 万亿参数）训练一个主题模型，在一个文档中收集 1000 亿个符号。这一成绩是别的工具无法比拟的。

5. H2O

相比起科研，H2O 更注重让 AI 服务于企业用户，因此 H2O 有着大量的公司客户，如美国第一资本投资国际集团、思科、NielsenCatalina、PayPal 和美洲开发银行都是它的用户。它声称任何人都可以利用机器学习和预测分析的力量来解决业务难题。它可以用于预测建模、风险和欺诈分析、保险分析、广告技术、医疗保健和客户情报。

它有两种开源版本：标准版 H2O 和 SparkingWater 版，它被集成在 ApacheSpark 中。也有付费的企业用户支持。

6. Mahout

它是 Apache 软件基金会的项目，Mahout 是一个开源机器学习框架。根据它的网站所言，它有着三个主要特性：一个构建可扩展算法的编程环境、像 Apache Spark 和 H2O 一样的预制算法工具以及一个叫 Samsara 的矢量数学实验环境。使用 Mahout 的公司有 Adobe、埃森哲、Foursquare、英特尔、领英、Twitter、雅虎等。其网站列出了第三方的专业支持。

7. MLlib

由于其速度，ApacheSpark 成为一个最流行的大数据处理工具。MLlib 是 Spark 的可扩展机器学习库。它集成了 Hadoop 并可以与 NumPy 和 R 软件进行交互操作。它包括了许多机器学习算法如分类、回归、决策树、推荐、集群、主题建模、功能转换、模型评价、ML 管道架构、ML 持久、生存分析、频繁项集和序列模式挖掘、分布式线性代数和统计。

8. NuPIC

由 Numenta 公司管理的 NuPIC 是一个基于分层暂时记忆（hierarchical temporal memory，HTM）理论的开源人工智能项目。从本质上讲，HTM 试图创建一个计算机系统来模仿人类大脑皮层。其目标是创造一个"在许多认知任务上接近或者超越人类认知能力"的机器。

除了开源许可，Numenta 还提供 NuPIC 的商业许可协议和技术专利的许可证。

9. OpenNN

作为一个为开发者和科研人员设计的具有高级理解力的人工智能，OpenNN 是一个实现神经网络算法的 C++编程库。它的关键特性包括深度的架构和快速的性能。其网站上可以查到丰富的文档，包括一个解释神经网络的基本知识的入门教程。OpenNN 的付费支持服务由从事预测分析的西班牙公司 Artelnics 提供。

10. OpenCyc

由 Cycorp 公司开发的 OpenCyc 提供了对 Cyc 知识库的访问和常识推理引擎。它拥有超过 239 000 个条目、大约 2 093 000 个三元组和大约 69 000 个网络本体语言，是一种类似于链接到外部语义库的命名空间。它在富领域模型、语义数据集成、文本理解、特殊领域的专家系统和游戏人工智能中有着良好的应用。该公司还提供另外两个版本的 Cyc：一个版本是免费的，可用于科研但是不开源；一个版本是提供给企业的，但是需要付费。

11. Oryx2

构建在 ApacheSpark 和 Kafka 之上的 Oryx2 是一个专门针对大规模机器学习的应用

程序开发框架。它采用一个独特的三层 λ 架构。开发者可以使用 Oryx2 创建新的应用程序，另外它还拥有一些预先构建的应用程序可以用于常见的大数据任务，如协同过滤、分类、回归和聚类。大数据工具供应商 Cloudera 创造了最初的 Oryx1 项目并且一直积极参与持续发展。

12. PredictionIO

2016 年的 2 月，Salesforce 收购了 PredictionIO，接着在 7 月，它将该平台和商标贡献给 Apache 软件基金会，Apache 软件基金会将其列为孵育计划。所以当 Salesforce 利用 PredictionIO 技术来提升它的机器学习能力时，成效将会同步出现在开源版本中。它可以帮助用户创建带有机器学习功能的预测引擎，这可用于部署能够实时动态查询的 Web 服务。

13. SystemML

最初由 IBM 开发，SystemML 现在是一个 Apache 大数据项目。它提供了一个高度可伸缩的平台，可以实现高等数学运算，并且它的算法用 R 或一种类似 Python 的算法写成。企业使用它来跟踪汽车维修服务进度、规划机场交通、连接社会媒体数据与银行客户。它可以在 Spark 或 Hadoop 上运行。

14. TensorFlow

TensorFlow 是 Google 的开源人工智能工具。它提供了一个使用数据流图进行数值计算的库。它可以运行在多种不同的有着单或多 CPU 和 GPU 的系统，甚至可以在移动设备上运行。它拥有深厚的灵活性、真正的可移植性、自动微分功能，并且支持 Python 和 C++。它的网站有十分详细的教程列表，可以帮助开发者和研究人员沉浸于使用或扩展它的功能。

15. Torch

Torch 将自己描述为：一个优先使用 GPU 的拥有机器学习算法广泛支持的科学计算框架，特点是灵活性和速度。此外，它可以很容易地通过软件包用于机器学习、科学计算等方面，有助于提高图像、视频、音频等信号处理速度。它依赖一个叫作 LuaJIT 的脚本语言，而 LuaJIT 是基于 Lua 的。

■ 本 章 小 结

本章阐述了各类智能金融基本理论，分析了智能金融技术的理论基础和主要类型。高效的智能金融技术背后可能存在某些缺陷，复杂的算法直接掩盖了技术可能存在的缺陷，而完全沉迷于应用而无视基础理论的设置是有害的，在运用推广智能金融时，智能金融技术的确存在安全问题，学会发挥人工智能应用于金融领域的优势及更好地管控风险是重中之重。

思考与练习

  1. 智能金融分析的内涵是什么？其与传统金融分析之间的区别与联系？

  2. 人工智能方法的历史发展如何？前景如何？

  3. 试分析当前金融领域常用的智能分析方法及应用效果。

课程思政小思考

  党的二十大报告中提出：推动战略性新兴产业融合集群发展，构建新一代信息技术、人工智能、生物技术、新能源、新材料、高端装备、绿色环保等一批新的增长引擎。试分析智能金融对我国现代化产业体系建设有何作用和意义？

第五篇 风 险 篇

金融科技风险

【学习目标】

理解金融科技风险的内涵与类型

掌握移动支付风险的形成与影响

掌握数字货币风险的形成与影响

理解区块链风险的形成与影响

理解大数据风险的形成与影响

熟悉人工智能风险的形成与影响

第13章

金融科技风险概述

【本章提要】

随着社会现代化的快速发展，金融科技也正处于蓬勃发展的阶段，移动互联网电子商务、移动应用和其他消费软件等的推广普及，方便了人们的日常生活和财务管理，尤其是给人们的消费和投资生活带来了极大的便利。虽然金融科技的持续快速发展能够有效提高人们日常生活的质量和工作中的效率，但金融科技的发展也面临着诸多挑战，这些挑战都会给我国金融发展环境带来经济危害与社会威胁。因此，本章介绍金融科技风险的概念和特征、风险的形成以及对经济造成的影响。

13.1 金融科技风险的内涵

13.1.1 金融科技风险的概念

金融和科技相互融合的过程，不但改变着传统金融业务的期限转换、信用转换、收益转换以及风险转换，也在改变着金融体系自身的风险特征，对当前金融监管提出挑战。金融科技的快速发展对传统金融业务产生了巨大的影响，而这种冲击所造成的"鲶鱼效应"和"示范效应"推动着各类金融机构的内部变革。由于金融科技自身特性，金融机构在面临原有风险等问题的同时，还新增了一系列新的风险。金融科技风险指金融和科技相互融合及融合后的开发和应用过程中产生的一系列风险，主要包括数据风险、技术风险、运营风险、操作风险、信用风险、政策法律风险等。

13.1.2 金融科技风险的特征

金融科技在创新的同时，也存在诸多风险。创新是当今时代的代名词，金融科技同样也是对传统金融行业的创新，因此如何充分利用创新，推动金融行业的发展成为关键。创新既是机遇，又是挑战，有些风险无法避免，而此时互联网金融就需要制定切实可行的规制策略，将风险发生的概率降到最低，利用创新为社会经济的增长提供更加适宜的金融服务。关于金融科技风险的特征分析，主要从以下三个方面进行阐述。

1. 风险扩散速度快

不管是第三方支付，或者是移动支付、点对点网络借款、众筹、大数据、信息化等，这些金融科技都是以先进的网络技术作为依据，能够实现快速处理，使金融服务既方便又快捷，同时随着网络技术的快速发展，互联网金融支付、清算速度加快，金融风险的扩散速度也会加快，这一趋势的发展越来越明显。

2. 风险多样化

因为金融科技是以网络技术为依据的，所以其具备互联网虚拟性、开放性特点，对监督管理提出了较高的要求。不管是网上银行还是手机银行，交易与支付都是在网络平台上完成的，虽然不会受到时间与空间局限，但是交易中双方信息不对称现象极易存在，使得金融风险呈现出多样化。

3. 增加金融风险交叉传染可能性

在传统金融机构业务办理中，可借助分业经营、市场屏障的设置等不同的方法，避免不同金融业务之间的交叉风险。但是，金融科技应用下分业方法在使用时效果不明显，减弱了金融监管有效性。金融科技创新打破了企业分业监管的边界，增加了各类金融业务之间的相互影响，同时增加了金融风险交叉传染可能性。

13.2 金融科技风险的形成

13.2.1 金融科技数据风险的形成

1. 数据隐私问题

更多的数据有助于改进信用评估的效率，但大技术公司过度采集客户数据，有可能侵犯客户隐私。比如，Facebook 的数据泄密事件就显示了这种可能性。中国在 2016～2017 年现金贷高速增长期间，出现了借款人信息买卖的情况。

2. 数据反竞争和数据垄断问题

科技公司不仅可以依靠社交、游戏等采集大量数据，还能不断拓展新的数据来源，利用大数据技术分析客户偏好、习惯和需求，进而提供定制化的金融产品。相比之下，传统银行的客户规模和产品种类有限，汇集利用信息的能力较弱。此外，一般来说，监管部门会更加注重传统金融机构的客户信息要求，而忽视甚至无视科技公司。一旦科技公司在数据领域确立了主导和垄断地位，将客户个人信息用于信用评估，它们就可以进行价格歧视，影响信贷的公平性。

13.2.2　金融科技技术风险的形成

1. 技术开展存在时滞

金融科技存在技术开发未跟上金融科技快速发展的步伐的问题。虽然新技术的快速迭代和发展为大数据时代金融提供了先进的技术服务，但移动通信技术的发展与普及使伪基站、伪造银行服务信息、信息"拖库"、信息"撞库"等事件频发。现阶段金融科技在安全技术上仍未取得有效突破，金融科技本身在技术上的缺陷及其对信息系统的依赖性，会导致金融科技安全性能的降低和安全问题范围的扩大。

2. 技术应用评估不足

金融科技的新技术应用并未得到必要的风险评估，有的机构在未经过严密测试和风险评估的情况下，盲目地追求颠覆式技术，拔苗助长，急于求成，导致技术选型错位、资源浪费、安全事件频发等问题。特别是部分尚处于发展初期的新兴技术，通过舆论和资本的过度炒作，可能会沦为市场操纵、投机、诈骗的工具。

3. 安全技术不完善

加密技术不完善、TCP/IP（transmission control protocol/internet protocol）协议的安全性较差等都是互联网金融业的系统性安全风险的体现。系统性安全风险往往是指整个系统的安全性，而系统安全与否往往与计算机网络技术应用的合理与否是密不可分的。如果我们运用得合理、有效，那么出现该风险的概率就会降低；反之，风险概率就会大大提高。另外，互联网金融是技术推动发展的，对技术支持有很高的要求。技术支持风险往往是因为一些互联网金融机构或公司受到互联网技术的限制而导致的风险，技术的好坏与新旧总会对这个快速发展的行业产生或多或少的影响。如果技术更新缓慢不能符合形势的需求，互联网金融公司就会因此遭受风险，进而影响自己的业务。

13.2.3　金融科技运营风险的形成

1. 运营风险的形成

一方面，全天候金融服务可能会增加金融机构受到外部冲击的时间和概率，对实时监测和突发事件管理能力形成挑战。同时，金融科技将加深金融业、科技企业和市场基础设施运营企业的融合，增加金融行业的复杂性，如果风险管理不到位，面临市场冲击时可能会强化羊群效应和市场共振，进而增加风险波动和顺周期性。另一方面，金融科技公司的进入可能造成更高程度的市场集中，形成系统重要性机构。在云服务高度集中的情况下，一旦受到网络攻击，也可能形成金融风险。另外，如果采用相似的风险指标和交易策略，可能在金融市场中导致更多的"同买同卖、同涨同跌"现象，加剧市场的波动和共振。

2. 业务风险的形成

以往的金融业务具有的各种各样的业务风险，也可能在这个新兴的金融科技模式中体现。第一，资金流动性风险。当网络金融服务平台允诺客户可以随时按合同借款或者拿回自己的资产时，一旦公司的资金出现流动性问题，将会对公司造成很大的伤害，如余额宝等理财产品，这些理财产品的一大吸引力就是可以随时赎回，事实上，互联网金融企业一旦出现流动性问题，将会是灭顶之灾。第二，市场风险。像传统的金融行业一样，金融科技对市场的风吹草动非常敏感。互联网金融运营的产品会受到来自市场的多方面因素影响，如汇率、股票价格等。第三，利率风险。利率变化势必会影响金融行业的发展，拿最简单的例子来说，如果银行存款利率低，那客户更愿意去购买安全利率高的金融产品，反之则去存款，这样便对金融业的发展产生了打压的效果。目前，互联网金融业发展势头正旺，因此对利率风险需要更加谨慎。

13.2.4 金融科技操作风险的形成

金融科技的操作风险也不容忽视。首先是自身的支付操作失误，个人的支付方式不对，将金额接收人打错，或者密码被他人盗取导致操作失误、资金流失。其次就是公司层面的传递操作风险，互联网金融公司通常与其他公司有着密切的合作，一家公司出现风险，如果操作不当，极有可能将风险传递给其他公司。最后，网络潜在的操作风险往往在不知不觉中会让我们的资产流失掉。

1. 自身支付操作风险

支付宝、财付通等是对传统支付像现金、支票、汇票等方式的极大颠覆与创新。在方便的同时，会出现支付密码被盗等问题，自身支付操作风险是不可忽视的。

2. 公司传递操作风险

随着金融科技的快速发展，越来越多的互联网金融公司欲分一杯羹，这些公司的规模、资金、运营模式可能存在各种各样的问题。一旦某个公司出现问题，出现连锁反应，会使风险互相传递，进而引起更大的风险。

3. 网络潜在操作风险

大多数人对金融科技风险没有足够的重视，认为手机在我手，密码只有我自己知道，所以我的操作就是安全的。正是这样的想法才让我们忽视了网络的潜在操作风险。见到免费 Wi-Fi 就想连，不考虑它安全与否，如果在这样的环境中进行金融交易，难免会被不法分子窃取密码。

13.2.5 金融科技信用风险的形成

一方面，金融机构开展网上贷款业务容易引发信用风险。传统金融机构纷纷布局金融科技业务，但是由于我国征信体制不健全、信用录入数据不完整、征信监管环境不完善等原因极易引发信用风险。另一方面，传统金融机构容易受到金融科技公司风险的波及。金融机构在不断加强与第三方支付、网络借贷、众筹等机构的合作时，合作不规范、违规行为以及监管不完善所带来的连锁反应，极易引发对传统金融机构的责任追究，导致信用风险爆发。另外，不同信用主体的信用风险形成也有所不同。

1. 用户信用风险

鉴于我国信用体系的不完善，用户的许多信息并不能够被信任，借贷双方的基本信息没有一个官方的保障，因此有些不法分子就利用自己的虚假信息进行诈骗。另外，借贷双方都本着保护自己的原则，对真实信息有所保留，这使认证真伪变得困难，增大了用户信用风险。

2. 平台信用风险

互联网金融平台本身或多或少也会有信用风险。在个人信用体系不够完善的情况下，这些平台的入门门槛并不高，如点对点网络借款平台，只要有身份证、学历认证就可以通过信用评级。当然，受制于资金、规模、经验等，一些平台缺乏风险管理与控制体系，平台信用风险也随之增大。

3. 行业信用风险

除用户、平台存在信用风险外，纵观整个互联网金融行业，行业内部企业找人刷好评提高信用的行为屡见不鲜，信誉的高低很难让用户相信。除此之外，部分互联网平台仅有短期的数据，缺乏翔实的长期数据，并且各种风险计量模型也缺乏科学依据，存在行业信用风险。

13.2.6　金融科技政策法律风险的形成

1. 政策制度风险

一方面，金融科技发展将影响货币政策的制定和实施。金融科技发展将加剧金融业的竞争，使市场对利率的反应更加灵敏，从而提高货币政策的有效性。但是随着技术进步，无形资产占公司资产的比重不断上升，可能会削弱货币政策的实施效果。在货币政策目标方面，金融科技也可能通过算法技术及时调整商品和服务的价格，使价格变化更加频繁，从而给通胀带来一定的影响。另一方面，快速扩张能力会带来市场垄断和歧视问题。由于科技行业天生具有赢者通吃的属性，伴随其不断壮大，可能会形成寡头垄断，不利于竞争，导致行业的效力下降，财富会越来越集中于少数人或少数公司的手中，从而带来潜在的社会和政策风险。

2. 法律法规风险

金融科技的应用会催生新型金融交易模式和全新的权利义务结构，由于法律制度的滞后性和不完备性，容易造成金融科技创新与法律制度运行之间的不适应与不协调。在金融行业严格的准入管制下，金融科技公司在未取得相应的金融业务许可的情况下无法直接将金融科技投入应用，而金融科技公司在金融法律体系中的主体地位和权利义务尚不明确，其参与金融活动将可能面临法律评价上的不确定性。同时，金融科技的应用会对传统金融交易模式进行改造，在法律制度和监管规则未及时更新的情况下，金融科技的应用也会存在一定的合规风险。另外，技术和业务高度融合的金融科技在应用过程中，一旦出现技术失灵，导致金融消费者利益损害，往往很难将法律责任在技术主体和业务主体之间实现清晰界分，从而形成法律责任承担的困扰。

■ 13.3　金融科技风险的影响

13.3.1　导致信用违约风险上升

在金融科技的发展过程中，借贷逐渐成为一种普遍的消费情况，依托于虚拟交易平台，网络交易变得非常简单，但是网络交易却很难同时考虑到各个方面，因此在交易期间存在一定程度的信贷风险。在网络借贷过程中，贷款人很难及时掌握借贷人的资金使用情况，如果借贷人将贷款资金使用在了风险投资中，就会促使贷款违约风险进一步上升。在互联网金融的不断发展中，各类网络借贷平台的数量正在逐渐增多，其中大部分借贷平台在开展借贷业务时，往往只会针对资金供需方面提供一定的业务引导，而在借贷双方交易中并不能直接核查具体信息，当借贷平台无法顺利掌握资金情况时，就会导致信用违约风险上升。

13.3.2　引发征信体系风险

在金融科技开发和应用过程中，只有妥善控制金融风险，才能够促使金融产业长久发展下去。在整个金融科技产业中，征信系统的重要性毋庸置疑，政府征信是否完善将会直接影响到金融风险的控制质量。就实际情况而言，我国当前主要流行的征信体系依然存在风险问题。处于金融市场中的部分小微企业，并没有完全融入征信体系的管控，所以需要通过强化现存的征信体系来保证互联网金融在发展过程中的安全性。

13.3.3　高风险经营项目增多

现如今，金融科技已经成为信贷金融行业中不可或缺的重要环节，金融科技不仅能够有效降低业务成本，还能够对理财业务做出优化。这也导致众多想要投资的用户将原本存储于银行中的存款，投入到互联网理财产品中，而银行为了保证运营效果，就必须调整自身原有的资金获取方式，通过结合当前货币市场的特点来优化资金的获取方式。所以商业银行会选择开发部分风险相对较高的理财项目，以此来集中资金，这部分风险相对较高的互联网金融产品，将会对经济发展带来一定程度的消极影响。

13.3.4　影响商业银行发展

1. 加大了金融风险的管理难度

网上银行、第三方移动支付以及网络借贷行业的快速崛起为金融市场带来很多风险隐患，而我国企业和个人的征信体系还不完善，金融科技过快发展会导致金融市场存在诸多风险，这也在一定程度上加大了商业银行自身管理风险的难度。

2. 压缩利润空间

由于传统商业银行的利润来源主要是存贷利差，金融科技发展下互联网金融平台在经营上比较激进，在市场竞争中容易将金融市场的存贷利差进一步缩小。而商业银行经营保守，加之监管趋严，如果不能把控好风险与盈利之间的平衡，就会导致商业银行的互联网金融业务发展缓慢、商业银行的盈利无法得到保证。

3. 抢占中小客户资源

随着越来越多的人把资金投入到网贷平台，商业银行的客户特别是中小活期客户明显减少。对于商业银行来说，活期存款付息很少，优质的活期存款资源让商业银行获得很大的利差，中小客户的减少无疑会让自身经营面临很大的业绩风险。尤其是微信、支付宝等互联网金融平台，依托社交和电子商务的强大后台，在金融市场竞争中占据很大的优势。而且我国整体互联网金融网络借贷平台的交易规模和借款余额一直保持高速增长，这将对商业银行造成不利影响。商业银行如不能有效地采取应对措施，改善经营和服务模式，提升业务服务水平，势必会面临更大的挑战。

13.3.5　影响金融市场交易稳定

金融科技风险也可能通过行业间传导和其自身的广泛应用而影响市场稳定。金融科技通常是通过其规模效应实现效率的提升，这就意味着金融科技的应用需要渗透到金融交易的各个环节且掌握大量数据。一旦金融科技运行过程中出现风险，将不可避免地在同行业间发生横向的风险传导，以及在交易流程中的纵向传导，从而导致风险的扩大。同时，金融科技公司和应用金融科技的金融机构有可能因为金融科技的高度渗透而取得系统重要性地位，由互联网建立起来的金融关系网络使互联网金融的系统性风险不仅具有复杂、传染快、波及广等基本特征，而且具有"太多连接而不能倒""太快而不能倒"的新的表现形式。金融科技的长尾客户多为弱势群体，一旦风险爆发将对金融市场的整体稳定产生巨大冲击。

13.3.6　影响金融消费者权益

金融科技风险将对金融消费者权益保护造成新的挑战。一方面，金融科技并未改变金融交易的本质，金融消费者权益在金融科技时代同样面临着传统金融市场上的各类侵害。另一方面，金融科技风险也将给金融消费者带来新的问题。例如，依托互联网和大数据的金融科技，会带来金融消费者个人信息安全的隐患，有可能会出现个人信息数据泄露或被滥用的情况。金融科技的网络安全问题，也可能会危及金融消费者的资产安全。还有就是金融交易流程的电子化、数据化会导致侵权行为的隐蔽化，使金融消费者权利救济面临更大的困难。

案例阅读

2015 年泛亚"日金宝"挤兑事件涉及金额高达 430 亿元，投资者超过 22 万人，引起了强烈的社会反响。泛亚全称昆明泛亚有色金属交易所股份有限公司，成立于 2011 年，曾宣称是全球规模最大的稀有金属交易平台。泛亚推出的收益模式框架有三种（图 13-1）：①定金交易，类似于期货的性质，5 倍杠杆，T + 0 双向交易，高风险，高收益；②全额预定交易，参与者较少；③受托交易，又称货物抵押融资，投资者主要赚取交易滞纳金。作为一种互联网金融理财产品，"日金宝"的盈利模式是：稀有金属实际需求不大，买方多数为投机交易，只用 20% 订金交易，但若不付全款提货，生产商（卖方）的货物就无法交割，因此需要委托资金受托方垫付全部货款，并为委托方（买方）代持货物。同时，泛亚规定，买方若是投机交易（不交割），要每天向生产商支付 5‰ 的延期交割费。此外，泛亚还承诺"保本保息，资金随进随出"，这使得投资者对"日金宝"趋之若鹜。

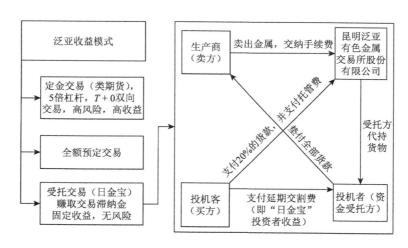

图 13-1　泛亚三种收益模式框架

2015 年 4 月起，"日金宝"的资金开始无法取回，到了 2015 年 7 月，泛亚账户的个人资金都被"冻结"。一时间，泛亚出现资金链问题的消息开始传出，越来越多投资者闻讯要求取回资金，最终酿成这场流动性危机。

■ 本 章 小 结

　　金融科技的应用能满足一部分中小微企业甚至个人的资金借贷需求，用户可以跨地区不受时间限制地办理自己的业务，降低了融资成本，当然还提高了资金的融通效率。但是事有利弊，金融科技同样存在风险，这些风险毫无疑问会给行业的壮大带来前所未有的严峻的考验。对此，我们要了解金融科技风险的概念，掌握其特征，分析其形成原因及其对各方面的影响，进而采取相应的措施来防范金融科技风险，让金融科技为经济社会发展创造更多更好的价值。

思考与练习

　　1. 金融科技的风险有哪些？其特征有哪些？
　　2. 金融科技风险的形成原因有哪些？
　　3. 金融科技风险会造成哪些不利的影响？

课程思政小思考

　　党的二十大对金融工作提出了明确的要求，指出要"加强和完善现代金融监管，强化金融稳定保障体系，依法将各类金融活动全部纳入监管，守住不发生系统性风险底线"。金融安全是国家安全的重要组成部分，防范化解金融风险是金融工作的根本性任务，也是金融工作永恒的主题。近几年，互联网金融风险专项整治工作顺利完成，近 5000 家网贷（P2P）机构已经全部停业；境内虚拟货币交易炒作得以遏制，中国境内比特币交易量在全球占比大幅下降。互联网平台垄断导致的金融风险传染性、涉众性和溢出效应更强，试举例分析金融科技风险成因及其影响？

第14章

移动支付风险

【本章提要】

随着互联网信息技术和金融科技的快速发展，移动支付方式已经广泛适用到各类生活场景当中，移动支付在改进体验、便利生活的同时，其风险也随之发生变化。本章简要介绍了移动支付风险的概念和分类，并对各类移动支付风险的形成机制和影响进行了分析和总结。随着人们对移动支付依赖程度的上升，需要对移动支付风险进行更深入地认识。

■ 14.1 移动支付风险概述

移动支付是指用户使用移动终端，通过 NFC 或连接通信网络完成支付信息交互，使资金从支付方转移到受让方的支付行为（移动支付的相关内涵、模式与发展情况可见第6章）。近年来，在移动互联网的大范围普及推动下，移动支付产业蓬勃发展。目前我国移动支付发展规模、渗透率等在全球处于领先地位，成为全球移动支付的第一大市场。中国人民银行支付结算司发布的支付系统运行总体情况报告显示，我国 2019 年移动支付交易笔数 1014.31 亿笔，金额 347.11 万亿元，同比分别增长 67.57%和 25.31%。艾瑞咨询 2019 年统计数据显示，中国已经成为移动支付规模最大的国家，而中国第三方移动支付交易规模达到 226.1 万亿元，同比增长 18.7%。第 46 次《中国互联网络发展状况统计报告》显示，截至 2020 年 6 月，国内网络购物用户规模达到 7.49 亿人，而网络支付用户规模达到 8.05 亿人。可见，移动支付以方便、快捷的优势迅速覆盖日常生活的各个场景。但目前移动支付的发展面临着支付安全、法律安全、技术缺陷、产业协调等问题，这些问题将给移动支付的用户、平台、监管部门等带来新的风险和挑战。因此，随着移动支付的不断普及，移动支付也面临诸多风险。

移动支付风险是指在移动支付的开发、使用和创新过程中由于各种因素损害移动支付相关主体利益的风险。移动支付具有移动性、可得性、便利性、隐私度较高等特征，这些特征在有助于移动支付发展的同时，也促进了移动支付风险的形成，增加了移动支付风险带来的损害。移动支付风险主要包括技术风险、操作风险、信用风险、业务运营风险、政策法规风险等。

14.2　移动支付技术风险

14.2.1　移动支付技术风险的概念

移动支付技术风险是指因移动支付的技术缺陷造成的风险，即移动支付体系安全漏洞、移动支付系统与软件不完善、技术人员专业能力不足等因素造成参与方利益损失的风险。一方面，这些技术缺陷给移动支付参与方带来了各方面的不便，给移动支付平台技术创新和移动支付用户安全意识都带来了挑战。另一方面，许多不法分子会利用这些技术缺陷为自身牟利，通过钻法规漏洞或非法行为损害移动支付参与方利益。因此，移动支付技术风险是源自技术相关参与方的风险，需要技术相关参与方通过技术开发和创新以减少对移动支付参与方造成的不利影响。另外，技术的开发和创新能控制移动支付技术风险，但也可能带来新的风险，需要在技术开发和创新过程中把握技术和安全的平衡。

14.2.2　移动支付技术风险的形成

移动支付技术风险来源于多种技术缺陷，所以从支付体系安全漏洞、移动支付系统与软件不完善和技术人员专业能力不足这三个主要技术缺陷方面分析移动支付技术风险的形成。

1. 支付体系安全漏洞下移动支付技术风险的形成

造成移动支付技术风险的支付体系安全漏洞或技术故障主要包括无线加密技术漏洞、二维码技术漏洞、识别技术漏洞、快捷支付技术漏洞等。第一，无线加密技术的不完善使得在支付过程中很容易出现用户信息泄露的情况，不法分子能通过钓鱼 Wi-Fi 等方式盗取用户手机隐私数据。第二，移动支付大多通过二维码扫码进行，检测恶意网址和恶意病毒的能力比较弱，在使用过程中容易造成信息泄露，威胁用户的资金安全和信息安全，从而影响消费者的移动支付。第三，从支付宝等平台使用的支付识别技术来看，指纹识别、面部识别等具有唯一性的生物特征识别技术陆续得到了应用，可以代替密码完成用户身份识别，用户通过认证这些信息可以直接完成转账和消费，从而加强用户财产保护。但在生物特征识别技术标准尚未建立的情况下，用户可能在移动支付平台留存个人数据或信息，一旦指纹等核心隐私数据泄露，将给用户带来较大安全风险隐患，所以生物特征识别技术应用的安全性、准确性仍然有待评估。第四，目前移动支付多是通过输入六位支付密码、短信验证等快捷方式进行，而这些快捷支付技术并不能帮助用户保密，一旦手机遗失，在失主未进行手机号挂失的情况下，不法分子可以轻易地通过手机验证更改密码和进行交易，窃取用户的账户财产。

2. 移动支付系统与软件不完善下移动支付技术风险的形成

从移动支付系统层面来看，国内手机用户主要通过 Android 操作系统和 IOS 操作系统下载微信、支付宝等各种应用软件在网络上进行移动支付。第一，由于移动支付交易需要在网络环境下进行，而网络本就存在一定的网络安全风险。移动支付交易的基础在于移动终端与开放网络环境之间的互联，通过移动智能终端采集身份认证交易信息，随后再将交易信息通过移动通信商传输到银行支付系统、第三方支付机构平台、银联清算系统等。而且，由于移动网络支付的便捷性及匿名性，钓鱼诈骗经常通过恶意网址及垃圾短信，将木马病毒植入移动智能终端，通过操控手机获取用户信息，盗取用户资金，甚至利用此身份进行非法洗钱等。第二，这两种操作系统开放性较强，应用产品来源广泛，但在不完善技术下仍存在一定的系统安全漏洞。这些操作系统漏洞的存在，使得移动支付安全隐患大大提升，黑客能够通过安全漏洞入侵用户手机获得账户、密码等信息，造成用户在进行移动支付时可能出现资金丢失风险。360 互联网安全中心发布的《2018 年度安卓系统安全性生态环境研究》显示，Android 操作系统就有 89 个系统漏洞；Google下属的 Project Zero 团队也揭露了 IOS 操作系统存在漏洞，黑客能够通过 iMessage 入侵iPhone 手机。第三，应用软件也是导致移动支付风险的重要原因之一。部分智能手机下载的 App 在接入移动支付时，App 未经用户的允许就采集支付用户的个人信息，这可能会导致信息泄露。还有许多应用程序属于恶意软件，这些恶意软件是由恶意代码构成的，而现有技术还不足以高效区分恶意与非恶意代码。一旦用户下载和使用了这些恶意软件，恶意代码就会进入智能终端后台且不被察觉，此时便能够获取用户第三方支付平台的信息，并通过读取用户键盘输入的方式来窃取用户的私密信息，如支付密码等，进而窃取用户的资金。另外，恶意代码也会诱导用户进入钓鱼网站，钓鱼网站也能够获取用户移动支付的相关信息，进而窃取用户的资金。目前公共无线网络逐渐普及，但有的公共无线网络并没有加密，安全性较低，这也给许多不法分子留下漏洞，一旦移动支付用户连接入这些安全性较低的无线网络，不法分子便能够从中获取用户的信息及相关操作记录，此时如果用户进行了移动支付，就很容易丢失资金账户及密码信息，进而造成资金财产损失。

3. 技术人员专业能力不足下移动支付技术风险的形成

移动支付是运用互联技术为交易双方提供交易平台的支付方式，它不仅要求相关从业人员具备纯熟、专业的计算机设备技术，还需要相关人员有谨慎的信息安全意识。移动支付是仰仗互联技术形成的庞大的互联网金融网链，随着互联网金融的发展，移动支付需要大量的技术为之提供核心竞争的支撑。虽然现阶段智能化数据已经为移动支付提供了便利，但具体的平台操作上，还需要相关专业技术人员的操控。当人为操作计算机技术时，会有不确定因素的出现，稍有不慎就会造成意想不到的失误和漏洞，这些失误和漏洞在以互联技术为核心的交易平台上，为不法分子窃取用户个人信息、隐私秘密等提供了契机。为了解决技术人员专业能力不足的问题，需要重视相关专业人才的培养。一方面，移动支付平台和移动支付技术公司需要完善相关技术人才的选拔、培训、考核等机制，避免出现人为导致的移动支付技术风险。另一方面，在政产学研结合趋势下，加强相关技术人才多层面培养，建立移动支付相关产业与高校、科研机构之间的高效合作，为移动支付技术的发展和创新型人才培养提供良好的环境。

14.2.3 移动支付技术风险的影响

移动支付技术风险可能会对移动支付参与方造成巨大的不良影响。对于移动支付用户而言，移动支付风险会对用户信息安全和财产安全产生巨大的威胁，造成用户信息泄露、财产丢失。对于移动支付平台而言，移动支付风险同样会造成平台利润的减少，而且平台安全性的降低也可能造成客户的流失。对于移动支付技术、产品、服务等相关参与方而言，移动支付风险使得这些参与方需要付出相当的成本用以技术、产品、服务等的维护、开发和改进，且一旦发生移动支付事件，将对这些参与方的利益和信誉造成巨大的打击。对于监管部门而言，也需要花费大量的人力物力用于移动支付体系安全的管控。另外，移动支付系统与软件不完善不仅关系到用户的信息与财产安全，还关系到各支付系统运营方和使用平台的利益。运营方和使用平台需要花费大量成本维护系统稳定，当系统出现故障或受到攻击时会使运营方和使用平台遭受巨大损失。

■ 14.3 移动支付操作风险

14.3.1 移动支付操作风险的概念

移动支付操作风险是指由移动支付用户操作不当导致的风险。一方面，移动支付用户的不当操作可能会造成移动支付效率的降低和不必要的损失；另一方面，有不法分子利用操作流程漏洞、用户操作方式不熟悉、用户安全意识不足等牟取非法收益。因此，移动支付操作风险是来源于移动支付使用方的风险，移动支付用户应重视操作问题，提高安全意识避免移动支付操作不当造成的损失。

14.3.2 移动支付操作风险的形成

在移动支付操作中存在诸多操作风险，操作不谨慎可能会导致多种多样的诈骗行为，而这些诈骗行为会导致用户的信息泄露风险，从而使得用户遭受损失。操作不当导致的常见诈骗方式有二维码诈骗和活动诈骗等。二维码诈骗是指由于平台相对开放，能够随意进行移动支付指令传输，用户可能因扫描不法分子传送的二维码等活动链接而承受账户资金被盗窃的风险。在移动支付交易过程中，用户时常会通过支付宝、微信等平台扫描二维码，而同时却不具有判断二维码链接恶意与否的能力，造成用户面临资金被转移的风险。活动诈骗是指不法分子以"奖励""赠送"为名，欺骗用户打开各种恶意链接，造成个人信息泄露。并且，许多用户在连接网络或接入链接时会绑定手机号和输入个人信息，这会进一步加剧信息泄露的可能。相较于支付平台，免费 Wi-Fi 存在的安全风险更高，而用户首先考虑的往往不是隐私保护问题，而是支付方式是否便捷，这造成移动支付存在较大操作风险。

另外，移动支付用户还存在诸多安全防范措施不到位、安全意识不足等问题，如不对手机进行加密、过度使用免密支付、轻信各种通信信息等。尤其是老年人对移动支付的相关操作不熟悉，新技术使用上手慢，且容易被"中奖信息""冒充相关部门""盗号诈骗"等骗局欺骗，识别风险能力较弱。因此，操作不当和操作过程中安全意识不足的问题容易造成移动支付用户，特别是老年用户的信息泄露和财产损失。

14.3.3 移动支付操作风险的影响

移动支付操作风险最直接的影响便是可能造成移动支付用户信息的泄露和财产的损失，特别是在不法分子针对特定人群实施诈骗活动时。除此之外，还产生了对经济和社会的不良影响。一方面，移动支付风险可能带来用户的损失，影响移动支付市场秩序，间接导致经济受到冲击。另一方面，移动支付风险可能引发更多的犯罪活动，对移动支付环境造成不良影响，增加监管和执法成本，造成不良的社会影响。

■ 14.4 移动支付信用风险

14.4.1 移动支付信用风险的概念

移动支付信用风险主要指在移动支付产业链中，各参与方因未尽到合同义务而带来的未来损失的不确定性。移动支付信用风险贯穿于整个移动支付产业链中，消费者、商家、银行机构、第三方支付机构等都存在信用风险。而且，移动支付信用风险的形式具有多样化特征，主要表现形式包括套现、恶意违约、冒名欺诈、骗取信用等，因此，移动支付信用风险可能来源于每一个合同义务方，需要移动支付产业链各个参与方的自觉管理，还需要对整个移动支付产业链的信用路径进行监管。

14.4.2 移动支付信用风险的形成

在移动支付产业链中存在诸多信用关系，在移动支付立法不健全、监管不完善、合同义务难追究等背景下，容易出现各种违约行为，并且这种行为可能在移动支付产业链中不断扩散，导致移动支付信用风险的传染效应。目前移动支付信用风险并不少见。例如，利用"蚂蚁借呗"虚假消费，商家将扣除手续费后的资金变现；某收单机构风险内控制度存在疏漏，犯罪团伙利用收单机构特约商户退款便利规则从事诈骗等。由于移动支付依赖互联网进行资金划拨，用户和移动支付之间存在空间和时间隔阂，这些移动支付信用事件使得消费者等被违约一方的合法权益难以受到保障，甚至导致部分消费者对移动支付不信任，特别是一些老年用户，影响移动支付的发展。而移动支付信用风险的控制，不仅需要合同义务方自觉遵守合同不发生违约行为，还需要另一方重视对方的信用情况和实际能力，也需要移动支付平台等第三方的监督和协调。

14.4.3　移动支付信用风险的影响

移动支付信用风险可能引发违约、失信、诈骗犯罪等问题，造成移动支付市场的失序，再加上缺少有效的监管和应对方法，更是使得移动支付信用风险可能给移动支付各参与方带来巨大损失。另外，移动支付信用风险往往较难得到控制，还可能通过传染、扩散和溢出对多个领域造成不良影响，特别是一些关系到移动支付的突发事件更是会加剧风险的传染、扩散和溢出，对整个移动支付产业链乃至社会经济产生不利影响。

■ 14.5　移动支付业务运营风险

14.5.1　移动支付业务运营风险的概念

移动支付业务运营风险是指移动支付平台由于业务运营不当、管理不善、竞争不正当等引发的风险。移动支付平台实质上是一个中介机构，为收付款双方提供公平交易的平台，维护移动支付交易的有序开展和移动支付市场的稳定发展。若移动支付平台的移动支付业务运营或整体管理出现了问题，将会影响参与平台的各方主体的利益。因此，移动支付业务运营风险来源于移动支付平台，风险的管控需要移动支付平台完善管理制度，促进移动业务高效开展，强化运营能力，避免不正当竞争。

14.5.2　移动支付业务运营风险的形成

移动支付业务运营风险依赖于移动支付平台，主要从移动支付业务运营不当、管理不善和竞争不正当这三个方面解析移动支付业务运营风险的形成。

1. 运营不当下移动支付业务运营风险的形成

移动支付平台的运营不当主要指移动支付业务过程中存在各种不当行为，包括消极处理业务的行为、违背客户需求的行为、违反法律或相关规定的行为等。这些行为会导致移动支付平台用户流失、成本增高、收益下降等，从而影响移动市场的稳定发展，产生业务运营风险。其中，违反法律或相关规定的行为尤为频繁。例如，近几年多家支付机构因实名制落实不到位、违反收单业务相关法律法规等遭受处罚或被注销支付牌照。移动支付平台运营不当会导致移动支付平台陷入困境，这也显示出移动支付领域业务风险不容忽视。

2. 管理不善下移动支付业务运营风险的形成

移动支付业务的管理不善主要指移动支付平台或其员工泄露用户个人信息、挪用用户资金等行为。①泄露用户个人信息。公民在注册移动支付平台的时候，需要提供个人的真实姓名、身份证号、个人照片、银行账号，甚至是家庭住址、个人指纹等，这些都是公民极其隐私的信息。这样一来，移动支付平台就收集到了海量的公民个人信息，在大数据时代下，公民个人信息是"无形的财富"，移动支付平台的员工可能在巨大的利益的诱惑下，利用自己所具有的便利条件泄露、出卖用户的信息，这给用户的个人信息的安全带来了挑战与风险。②挪用用户资金。对于移动支付平台而言，在资金流转的过程中，当买方已经付款购买商品，但货物未到，不能确认收货时存在一定的时间差，在这个时间差中，货款由移动支付平台冻结，卖家不能够提取，进而产生资金的沉淀，形成沉淀资金。沉淀资金包括客户备付金和虚拟账户中的资金，沉淀资金少则几亿元，多则几百亿元。

3. 竞争不正当下移动支付业务运营风险的形成

移动支付平台的不正当竞争也会导致移动支付业务运营风险的生成。目前零售支付市场是移动支付的主战场，各参与方根据自身利益拓展业务，甚至利用本机构和关联企业的市场优势地位，排除和限制竞争对手，易导致不正当竞争和市场的无序发展。

14.5.3　移动支付业务运营风险的影响

移动支付业务运营风险可能造成以下三个方面的影响。

1. 运营不当下移动支付业务运营风险的影响

运营不当下移动支付业务运营风险的直接影响便是对移动支付平台的利益造成损害，从而可能间接造成移动支付其他平台遭受牵连、移动支付行业受挫、移动支付用户流失等不良影响，不利于移动支付及平台经济的发展。

2. 管理不善下移动支付业务运营风险的影响

对于移动支付平台而言，沉淀资金相当于银行的"定期存款"，如此可观的利益使得移动支付机构不断壮大，利用沉淀资金帮助投资或从事其他的营利活动成为移动支付平台有利可图的重要挖掘点。然而，风险伴随着利益存在，当移动支付平台未合理运用这笔资金，或者由于其他金融内部结构不稳定性造成沉淀资金的获利失败，随之而来的金融风险、企业信用风险等都将使移动支付平台面临不可估量的损失。对于平台用户而言，用户基于对移动支付平台的信任，往往会将自己的资金放置于移动平台进行保存，如支付宝的"余额"、微信钱包等，这就可能为平台或者平台的员工挪用用户资金提供了便利，这其实也为用户的资金带来风险，一旦平台破产或者资金链断裂，用户的资产便会有追偿不了的风险。

3. 竞争不正当下移动支付业务运营风险的影响

移动支付平台运营中的不正当竞争虽然看似利于移动支付平台的利润增长，但实际上却打击了竞争对手，影响了市场秩序，造成了移动支付市场总福利的下降，不利于移动支付的长期发展，甚至可能引发移动支付市场萎缩的风险。而这些不良影响和风险又会反作用于垄断移动支付平台，导致其利益下降、发展受限，形成恶性循环。

14.6　移动支付政策法规风险

14.6.1　移动支付政策法规风险的概念

移动支付政策法规风险主要是指国家对移动支付相关的政策和法律法规的制定相对滞后，移动支付的规范不完善，使得移动支付使用过程中可能产生政策约束和法律纠纷，从而造成移动支付参与方损失的不确定性，即政策、法律的变动或者法律的不健全、不完善导致的风险。任何新兴事物的出现都难免存在这种风险，移动支付作为我国互联网金融的新兴模式，因其本身融合了互联网与金融的双重特性而变得更加难以预测，在政策、立法和执法监管方面仍然存在较多空白，但随着对移动支付政策法规研究的不断深化，移动支付的政策支持和法律规范会不断完善。因此，移动支付政策法规风险是来源于移动支付政策法规制定方的风险，需要不断完善和更新适合的政策法规以应对移动支付的快速发展。

14.6.2　移动支付政策法规风险的形成

移动支付政策法规风险的形成主要来自政策立法和司法监管两个方面的不足，因此从这两个方面解析移动支付政策法规风险的形成与影响。

1. 政策立法不足下移动支付政策法规风险的形成

从政策立法层面来看，有关移动支付的相关法律法规尚未得到完善，造成个人和企业行为难以得到有效约束。受这一因素影响，用户在开展移动支付交易时容易面临隐私泄露风险。正如前文提到了一系列风险背后的不当行为都缺乏相应的法律法规，使用户合法权益难以得到有效维护。自我国移动支付模式发展以来，国家出台了一系列关于电子支付的法律法规，但都未能针对移动支付模式、移动支付平台等进行明确、具体的立法。例如，目前有《电子银行业务管理办法》《中华人民共和国电子签名法》等法规中的部分条款对移动支付进行了规范，但缺乏对移动支付的系统性规范；中国人民银行制定的《非金融机构支付服务管理办法》和《非金融机构支付服务管理办法实施细则》改变了第三方支付平台没有法律监管实施依据的局面，但是对于当消费者和第三方支付平台发生纠纷时，纠纷如何解决的问题并不是完全适用，如果简单套用所规定的解决一般纠纷所利用的和解、调解、起诉、投诉、仲裁等解决手段，问题可能并不能得到有效解决，致使用户缺乏特定的权利救济途径。

2. 司法监管不足下移动支付政策法规风险的形成

从司法监管层面来看，移动支付的监管仍存在诸多问题。

第一，移动支付带有隐秘性特点，给法规制度落实带来了困难。例如，在开展移动支付交易时，用户会将资金放在第三方平台上，而按照现行《非金融机构支付服务管理办法》等规定，难以对平台操作进行全面监管，给平台或平台员工违规挪用资金提供了机会，用户需要承担一定资金风险。

第二，移动支付业务牵涉金融监管部门、商业银行、非银行支付机构、工信部门等众多行业和部门，对于不同类型的移动支付信息服务商，监管部门也不同，由于信息沟通不畅，易产生监管职责不清晰、交叉监管与监管真空问题。

第三，监管主体不够明确。当前我国主要监管部门是中国人民银行及中国银行保险监督管理委员会，各自监管的具体事项存在一定的交叉面，当风险增加时，互联网交易安全受挫，监管部门的缺位将导致用户来不及止损，存在第三方支付机构逃避责任的风险漏洞。与传统支付手段相比，我国对移动支付的监管并没有明确具体的监管部门。自移动支付诞生以来，各个监管部门都有权力监管移动支付，这就使得各监管部门权责不清晰，甚至出现监管真空和重复监管现象，这极大地降低了监管的有效性，消费者的权利难以得到有效维护，造成资源浪费。

第四，缺乏与法律法规相配套的监督机制。在具体的落实过程中，对于发现的漏洞与不足，应及时做出对策调整，以便不断完善法律，推动移动支付的长远平稳发展。移动支付行业蓬勃发展，与银行等传统支付行业相比，其受到的监管限制相对宽松，某些机构利用法律漏洞肆意妄为，规避监管。这就需要相关部门凭借熟悉行业业态的优势出台完善的行业标准，并加强执行力度，提高约束力。

14.6.3　移动支付政策法规风险的影响

移动支付政策法规风险不仅对经济社会等各方面造成了立法执法受质疑、监管成本高、不法分子破坏、移动支付市场混乱等各种不良影响，还给移动支付本身带来了不良影响。一方面目前移动支付标准体系虽然有标准规范，但并不统一，提高了整个移动支付的成本，浪费了大量资源；另一方面，支付标准体系的混乱、不系统、不统一，使移动支付形式较为繁杂、紊乱，由此催生了各种类型的风险，增加了支付环节的安全隐患。

课程思政扩展阅读

2019年，一种新型的移动支付诈骗方式在中国蔓延开来。诈骗分子通过虚假广告、钓鱼网站等手段，骗取用户个人信息和支付密码，然后利用这些信息盗取用户的资金。政府和相关机构迅速介入，警方加大力度打击移动支付诈骗犯罪团伙，追缴被骗取的资金；政府通过各种媒体加强对移动支付诈骗的警示教育提高公众的安全意识，并依托《中华人民共和国网络安全法》等法律法规，规范数字金融领域的行为。相关地方公安机关破获重大非法网络支付案件 15 起，抓获一大批犯罪嫌疑人，涉案资金 540 亿余元，其中辽宁大连警方破获的"922"专案在业内引起了巨大反响。通过应对移动支付风险，政府采取多种手段，包括制定法律法规、加强监管、推动科技创新，形成了多层次、多领域的风险防控体系，体现了国家治理体系的现代化和协同性。同时也展现了中国共产党的领导力和国家治理能力，加强了党的群众基础，增强了人民群众的获得感和安全感。

■ 本 章 小 结

　　移动支付是金融科技发展中的主要一环，但其在快速发展的过程中也形成了一系列风险。本章介绍了移动支付风险的概念和分类，结合当前移动支付发展现状，从风险来源、风险主体、具体过程等层面解析了移动支付风险的形成，从不同风险参与方角度分析了移动支付风险对这些参与方的影响，并揭示了技术风险、操作风险、信用风险、业务运营风险、政策法规风险的形成和影响。移动支付仍存在诸多风险问题，这需要引起相关参与方的重视，相关参与方要进行风险管理实践，降低移动支付风险，推动金融科技的快速发展。

思考与练习

　　1. 移动支付风险的内涵是什么？具体有哪些风险？

　　2. 具体的移动支付风险是如何形成的，来源于哪里？

　　3. 移动支付风险有怎样的影响？

第15章

数字货币风险

【本章提要】

作为金融科技的重要组成，数字货币进入了快速发展阶段，其为金融、经济和社会发展带来新机遇的同时，也带来了新的风险。本章从数字货币风险角度出发，介绍了数字货币风险的内涵与分类，分析了不同数字货币风险的形成和影响。随着数字货币的不断创新与发展，需要对其动态多样的风险加以重视和加强认识。

■ 15.1 数字货币风险概述

目前还没有数字货币的明确定义（数字货币的相关内涵、特点和发展等详见第7章），但其带来的风险早已暴露无遗。数字货币风险是指在数字货币的发行、储存、交易和流通的过程中给数字货币参与方带来损失的不确定性。而数字货币的技术复杂性和交易私密性致使数字货币中各类风险更不易识别和评估，加深了数字货币风险的不可预知性。数字货币风险影响经济、金融和社会各个方面，其中的利益相关方包括政府（国家）、数字货币持有者（投资者）、数字货币发行人（ICO融资者）以及数字货币交易商等，他们在数字货币体系中角色定位不同，承担的风险也各有差异。

依据数字货币风险形成方式的不同，数字货币风险可以分为技术风险、市场风险、信用风险、洗钱风险、平台风险、政策法规风险和流通环境风险等。

■ 15.2 数字货币技术风险

数字货币的发行、流通、回笼等环节均通过互联网实现，对各种技术的要求相当高，任一环节的疏忽都会导致数字货币系统出现故障，造成巨大损失。因此，技术问题会带来不可忽视的数字货币风险。数字货币技术风险是指信息技术不完善、网络环境不安全、存储介质不安全等造成的风险，所以从这三个方面解析数字货币技术风险的形成和影响。

15.2.1 信息技术不完善下数字货币技术风险的形成与影响

数字货币需要具备安全存储、安全交易和安全流通的特性，这对信息技术提出了相当高的要求。引发数字货币技术风险的信息技术问题有很多，主要包括分布式账本技术不足、算力技术不足和加密技术不足。

1. 分布式账本技术不足

分布式账本技术即区块链技术，与传统技术相比，分布式账本技术能通过去中心化、防篡改和高透明的方式让金融系统极大地降低成本。此外，区块链技术还能进行跨国业务的实时清算，大大提高全球金融效率，由此改变全球金融格局。现阶段区块链技术已在系统资源耗费及数据处理容量上取得突破，但还处于早期的发展阶段，未形成统一的技术标准，相关技术方案还在研发当中，为数字货币带来诸多不可避免的风险。虽然区块链技术的去中心化、分布式储存等特点具有广阔的发展空间，但是仍存在以下缺陷：一是从数字货币系统的底层技术架构上看，区块链技术的安全性主要体现在账本的不可篡改、不可逆上，但并没有对个人信息和安全性进行保护；二是相关配套技术较为落后，不法分子容易通过技术漏洞获取非法收益；三是区块链技术并非百分之百安全，虽说比特币网络系统因其稳健性和自我修复性而很难被彻底破坏，具有很高的安全性，但现实中比特币的算法已经被量子算法攻破；四是区块链技术的智能合约还未真正落地，智能合约双方出现分歧是一种常态，双方达成共识也非易事。这些区块链技术缺陷可能损害数字货币使用者信息和财产的安全，并可能加剧技术型非法分子的犯罪行为。

2. 算力技术不足

以区块链技术为技术底层的数字货币还需要技术的可扩展性，可扩展性主要体现在算力的增长上。一般来讲，可以通过扩展资源，如 CPU、服务器等来实现算力的增长。但应用分布式账本技术每进行一笔交易，系统都要对数据进行全面的计算和存储，因此增加节点不会线性地提高算力，而会影响数字货币交易的处理效率。当面临大规模的交易时，需要具备极强的并发处理能力才能保证数字货币交易系统的稳定性。例如，中国人民银行数字货币在以分布式账本技术记录每笔交易时，系统要对每笔交易进行全面计算和存储，这必然会降低中国人民银行数字货币的交易效率，特别是在"双十一"、春节期间，同一时间大量的线上交易要求数字货币系统需要有每秒 10 万笔的数据交易处理能力，这无疑对中国人民银行数字货币提出了较高的技术要求。因此，算力不足会影响数字货币参与方的收益和运营效率。

3. 加密技术不足

数字货币的高安全性依赖于其加密技术，而目前加密技术不足，仍存在货币账户和数字货币的交易平台被黑客攻击的风险。一是私钥的存在既提高了保密性又增加了信息风险。以比特币为例，私钥是用户比特币所有权的唯一证明，那么黑客只需盗取用户的私钥就可以获得比特币。同时，比特币的匿名性使得比特币的去向很难锁定，被盗的用户无法向相应的仲裁机构申诉，即使可以申诉，被盗的用户已经无法通过私钥来证明自己的所有权，导致取证困难，难以挽回损失。二是没有一个原生的加密机制，还是依靠传统的加密机制，因此拥有数字货币的社会公众需要保存好自己的私钥，如果遭受黑客蓄意攻击，将面临财产损失的风险。三是由于没有有效的高级加密算法可供使用，目前的区块链技术安全性并不能得到绝对保障。黑客只要找到区块链的代码本并进行解码，就可以控制整个系统，任何一个脆弱的切入点都可能会危及整个结构，后果难以估计。

15.2.2　网络环境不安全下数字货币技术风险的形成与影响

数字货币的发行、流通等环节均需要经过网络，而网络安全一直是一个难以解决的问题，木马、病毒、黑客攻击、伪基站等事件数不胜数。在国家计算机网络应急技术处理协调中心的统计数据中发现，2015 年发生的仿冒页面、恶意程序等安全威胁，较 2014 年增长 6.37 倍。在这些安全威胁中，不少是国内不法分子以牟利为目的的安全威胁，更有来自国外出于政治目的的网络攻击。网络环境的不安全使得不法分子有机可乘，不法分子能够通过网络技术漏洞入侵数字货币的各个环节从而造成多方的巨大损失。以美国 USDT（泰达币）为例，USDT 不可避免地面临着严重的网络安全风险。2017 年 11 月 19 日，Tether 公司的 Treasury 钱包被黑客攻击，黑客一共盗走了价值超过 3000 万美元的 USDT。该事件引起了投资者的广泛议论，USDT 的价格短时间内全线下跌。截至 2020 年 9 月，区块链生态被公开的区块链安全事件共 21 起，其中数字货币诈骗事件 8 起，占比最多，影响较为严重。

15.2.3　存储介质不安全下数字货币技术风险的形成与影响

数字货币的存储介质也存在不安全的问题。一方面，对于可移动的存储介质，由于没有实体，加密货币以一串数字代码的形式存储于计算机硬盘、U 盘等电子设备之中，而这些实物移动存储介质有被盗、损坏、丢失等风险，并且没有对"数字货币钱包"备份，就没有第三方证明用户的数字货币的所有权，那么也就意味着可能失去这些数字货币。另一方面，对于不可移动的存储设备，加密货币同样依附于如笔记本、电脑等设备之中，不仅对设备性能、网络连接质量、外部维护等有一定的要求，还可能面临停电、老旧、故障等风险。因此，存储介质不安全会通过这些介质的不安全特性传导到数字货币，形成数字货币技术风险。

■ 15.3　数字货币市场风险

数字货币市场风险来源于数字货币币值的波动和市场的挤兑与竞争。

1. 数字货币币值的波动

数字货币币值波动较大，容易引发投机行为。这种投机风险主要来自两个方面，一是投资者的预期，二是投机分子操纵。前者主要是因为数字货币算法较严密，在具体时段产生的数字货币有限，在某个时刻数字货币供给总规模不变的情况下，投资者预期未来数字货币的价值会增加，就会储藏更多的数字货币，导致市场上用于交易的数字货币减少，价值上升。随着数字货币价值上升，投资者更倾向储藏更多的数字货币，从而造成数字货币储藏的恶性循环，导致通缩，最后可能造成其退出市场，给投资者带来巨大损失。这主要是因为数字货币的价格受诸多不确定性因素影响，波动剧烈，容易被投机分子操纵。数字货币价格波动原因是其发展时间短、法律界定模糊、认可度和透明度不高、应用范围有限，但是关注度高、参与者多。投机分子正是利用这些特点，对数字货币进行恶意炒作，人为干预操纵其价格，从而对市场秩序造成不利影响。

2. 市场的挤兑与竞争

一方面，部分市场参与者对数字货币过分狂热，而部分市场参与者对数字货币持怀疑态度，这些市场参与者的各种行为使得数字货币作为一般等价物的功能不能取得共识，从而导致数字货币可能遭受挤兑风险。例如，当投资者怀疑数字货币发行方储备金不足，可能会选择卖出数字货币或兑换为其他货币，而由于羊群效应这些行为可能产生集体性恐慌，形成数字货币价值的不确定性。另一方面，数字货币还面临着其他稳定币的激烈竞争而导致价格波动的市场风险。目前稳定币市场仍属于一个快速发展的市场，各种新的稳定币不断推向市场。2018 年 9 月短短一个月内，有 15 家公司宣布发行稳定币，稳定币出现了爆发式的增长，导致了数字货币市场的激烈竞争。例如，Paxos 公司推出的稳定币 PAX 和 Gemini 推出的稳定币 GUSD 引人注目，原因是这两个稳定币除与 USDT 的发行流通机制基本一致外，GUSD 和 PAX 的发行还主动寻求被监管，获得了纽约州金融服务部的官方许可，相比 USDT 而言更加透明，兑付能力更有保证。显而易见，GUSD 和 PAX 未来会给 USDT 带来竞争压力，从而可能引发市场风险。

■ 15.4　数字货币信用风险

传统纸币在发行、流通、使用及保存的过程中，都有国家信用作为担保，有着非常完善的保障措施，即使是近年来新出现的电子支付手段，也一直受到各方的信用担保。而数字货币作为一种全新的法定货币，仍处于探索期，没有太多前人的经验可以借鉴，也没有较为完善的信用救济途径，若使用者的相关权益受到侵害，必然会使发行方的信用受损。数字货币缺少法定机构和国家政府政策支持，容易出现信用风险问题。特别是在整个数字货币交易过程中，各主体只有依靠交易双方、第三方交易平台、技术的信用来完成数字货币交易，一旦交易任何一方不支持，交易就会受到阻碍。

另外，不同于人民币基于国家信用，私人数字货币的发行是一种算法信用，如比特币是通过进行大量运算来建立新区块从而获得比特币。只有接纳这种算法信用的群体，才会接受比特币，而对这些算法技术不了解或者不认同的群体，是难以接受的，这就带来了信用上的风险。这种信用风险自然是由其设计本质决定的，同时还有其他因素会影响群众对加密数字货币的信心，降低其对数字货币的信任值，使得信用风险表现为币值的高度不稳定。以比特币为例，比特币价格主要取决于公众信心，一旦政策上有什么风吹草动或者"黑天鹅"事件，比特币价格就会暴涨暴跌，价格很不稳定，对平台、用户、市场产生巨大影响。

■ 15.5 数字货币洗钱风险

数字货币在发展的同时也给不法分子提供了洗钱的途径，形成了数字货币的洗钱风险。

第一，交易匿名易被洗钱分子所利用。区块链构建的数字货币可以提供匿名、假名，保护了隐私却有利于黑色产业交易，为洗钱犯罪提供了便利。不法分子通过数字货币进行无纸化交易和匿名交易，交易结果和数据被存储在不同交易平台及第三方支付平台，保全证据链较难实现，因此监管部门难以进行强有力的监控。

第二，交易快速便捷导致洗钱犯罪发现困难。数字货币交易具有快速便捷的特点，加之其国际流通属性能够实现短时间内的多次转化，便于资金洗白，想要达到及时有效追查洗钱犯罪交易数据的效果，还存在一定困难。

第三，国际监管要求不一，降低了洗钱犯罪约束。各个国家和地区，在司法领域、金融领域和新兴金融科技领域法律、规定的不同及利益上的差异，使得基于全球互联网通信的数字货币难于监管。

第四，ICO 交易金额收益双高易被利用于洗钱犯罪。ICO 接受数字货币或其他虚拟货币形式的投资，投放市场后将收益兑换成法定货币。ICO 交易金额和交易量较大，并且价值波动也较大，因此与传统洗钱活动相比，借助 ICO 及相关投融资活动进行洗钱的成本更低，获得的收益更高，造成的不良影响也更大。

■ 15.6 数字货币平台风险

数字货币的发行、交易、流通等环节都离不开各数字货币平台，而平台出现问题便会导致数字货币各环节出现问题，引发数字货币风险。而平台出现主要问题包括平台发行审计不透明和平台非法操控数字货币价格。

1. 平台发行审计不透明

数字货币发行平台需要经过发行审计才能获得发行资格，但目前发行审计不透明导致平台可能存在超发的问题。一方面，审计不透明使得平台存在道德风险，超发数字货币，而平台超发数字货币会导致货币价值的波动增加，不利于数字货币市场的有序发展，对市场和数字货币本身造成不良影响。另一方面，平台审计不透明会增加市场对数字货币的怀疑，影响数字货币的流动和价值，不利于数字货币的发展。

2. 平台非法操控数字货币价格

数字货币发行平台可能存在操控数字货币价格非法牟利的风险。数字货币平台通过操控数字货币的价格，增加其数字货币的交易数量和市场份额，造成数字货币市场竞争的不公平，不利于市场的有序发展。而平台非法操控数字货币价格的手段多样，包括增发数字货币、传播内幕信息、提供错误信息披露等，而这些手段在缺乏有效监管的情况下，使得数字货币平台风险不容忽视。

15.7 数字货币政策法规风险

数字货币政策法规风险主要来源于政策法规变动和法律不完善，所以从这两个方面分析数字货币政策法规风险的形成与影响。

15.7.1 政策法规变动下数字货币政策法规风险的形成和影响

政策法规与数字货币的发展之间存在密切联系。政策法规与数字货币之间相互影响，政策可以帮助或打击数字货币的发展，数字货币可以帮助政策法规执行或造成政策法规失效，从而使得数字货币具有政策法规风险。例如，货币政策对货币供应和信贷总量进行监督管理从而影响数字货币的发行和流通，而合法的数字货币能够利用其极高的流通便利性，极大地改善信贷市场的不完全性和信息不对称问题，从而提升货币政策的有效性。因此，数字货币相关的政策法规变动会通过影响发行价格和数量、投资者对数字货币的看法、数字货币市场的运作、数字货币跨境流通等形成数字货币政策法规风险。例如，中国人民银行等五部委于 2013 年就联合印发《关于防范比特币风险的通知》，指出比特币应当是一种特定的虚拟商品，不具有与货币等同的法律地位，不能且不应作为货币在市场上流通使用。

15.7.2 法律不完善下数字货币政策法规风险的形成和影响

数字货币目前仍处于早期研究阶段，现行的法律体系仍以传统货币为适用对象，无法满足法定数字货币发行、流通和监管的要求。法律不完善导致数字货币存在以下政策法规风险。

1. 数字货币法律不完善

现有法律体系是以传统货币为法律对象，并未将中国人民银行数字货币列入法律规制范围。中国人民银行数字货币相关法律还在完善之中。①数字货币的发行依据问题。数字货币缺乏经立法明确发行权，依法纳入人民币范畴，赋予同纸币、硬币同等的法律地位，并在发行、使用和流通等问题上缺少法律规制及立法保障。②数字货币的法偿性问题待解决。根据《中华人民共和国中国人民银行法》和人民币管理的有关规定，任何单位和个人不得拒收以人民币支付的中华人民共和国境内的一切公共的和私人的债务。数字货币作为一种新型货币，在其发展过程中势必会受到一定程度的质疑，公众基于安全性的考量将更倾向于持有传统货币，从而拒收数字货币。另外，数字货币的支付也需要终端硬件设备支持，现实中缺乏设备或者不具备操作技能都将导致流通受阻，从而影响数字货币的法偿性权威。③数字货币具有所有权转移的问题。数字在本质上可理解为具有价值特征的加密字符串，它的形态是数字化的，较之于传统的纸币和硬币，所有权的转移很难界定，需要在立法上加以明确。根据规定，动产所有权设立和转让的公示方式是占有和交付，不动产所有权设立和转移的公示方式是登记。数字货币的所有权转移立法，也应考虑所有权的公示方式，所有权人对数字货币需拥有独占性、排他性的支配权。因此，还需要修订相关法律以适应数字货币发行制度的演进，必要时可加入免责条款。

2. 数字货币法律判别不完善

部分涉及数字货币的违法行为目前难以进行准确判别。

第一，缺少数字货币造假相关的法律判别。根据现行法律规范，假币是指伪造、变造的人民币，规定存取款机构在发现假币时应立即收缴，并加盖戳记登记造册。数字货币由于其特殊的货币形态，在涉及造假问题时势必区别于传统货币。造假者一方面可以通过技术化手段破解数字货币算法从而伪造货币，另一方面可以通过代投、低价互换等方式以假换真，数字货币持有人在没有假币鉴别能力时，资产容易遭受损失。

第二，缺少数字货币洗钱相关的法律判别。根据现行法律规范，我国的反洗钱体系由中国人民银行、金融机构和特定非金融机构、中国反洗钱检测分析中心组成，通过识别客户身份、监控大额可疑交易等方式对洗钱行为进行管控。数字货币的便携性、匿名性及跨国流通性，为洗钱提供了更为便利的条件，基于"点对点"的交易结算方式，也使得现有的以金融机构报告为主的反洗钱监控手段无法有效实施，资金的跨境套利也更容易逃避监管。

第三，缺少信息泄露相关的法律判别。数字货币以个人身份信息代码和私钥来确定所有权的归属，以电子信息传输实现所有权的转移，一旦遭遇黑客盗取、系统故障等导致信息泄露，将会带来大额损失，需要针对此种现象推出相应的法律识别信息泄露的程度和违法性，以保护数字货币持有人的权益。

3. 数字货币监管不足

数字货币的创新和发展使数字货币的监管也面临许多新挑战。比如，在对传统货币的监管过程中，银行在发现假币时可以立即收缴并登记造册，但数字货币是一种不以实物形式存在的货币，其造假方式和监管方式不同于传统货币。数字货币所有人在遭到黑客盗取或系统故障时所遭受的损失，将远远超过传统货币。而且，在以往的货币交易过程中，每一笔都会由结算机构进行确认，来保证交易的线性，以防出现同一货币重复支付的现象，避免使用者因此遭受损失。这一确认体系在长期的运行和发展中已较为完善。

而数字货币作为新事物，在其经验探索方面存在不足，监管层面也没有设置完整的法律体系，仍存在一些漏洞，可能会被某些不法分子利用，以此为借口聚资敛财的案件也曾有发生，使得部分民众遭受财产损失。

■ 15.8　数字货币流通环境风险

数字货币的流通，需要有完整的、可扩展的、高弹性的系统架构。首先，从应用场景来看，数字货币将在传统银行和社会公众之间流通，也将在交易所、信用中介等金融机构及社会组织之间流通，甚至将跨国别流通，这都要求数字货币系统具有可扩展性。其次，区别于传统货币，数字货币要求搭建一套全新的金融架构和底层操作体系，要建立该体系需要有实际数据支撑，目前全球已积累的数据及案例相对匮乏。虽然全球已投入的金融基础设施超过数万亿个，但对于新系统的投入还是未知数。区块链技术对数据存储的要求很高，每一个节点要保存系统里所有的交易信息，现有的以太币一个节点为 50 G、比特币为 100 G，而且交易量很小，可见交易量提升后，对数据存储及硬件设备都会是一个挑战。最后，目前区块链行业的专业人才极为匮乏，缺少既了解技术又了解金融市场的全方位人才，特别是将区块链技术应用于资本市场以实现更好的功能的人才。

数字货币还为各参与方带来了许多影响。

第一，增加金融机构和电信运营商的硬件配置和软件升级成本。对于金融体系来说，鉴于大多数采用的二元体系模式，商业银行网点需要配置相关服务终端，同时整合新老系统，还需定期进行软硬件的维护，导致运营成本增加。对于电信运营商来说，数字货币系统有可能遭受电力和互联网连接中断的影响，在电信基础设施覆盖薄弱的地区，有可能存在服务失败的风险。

第二，增加人员培训成本，配置专业人员以服务社会公众。在数字货币推出以后，可预见的是，商业银行等关联方将投入更多的人力推广宣传数字货币。

第三，数字货币需要以移动终端设备为载体在社会公众间流通。目前的移动终端设备以智能手机为主。《中华人民共和国 2020 年国民经济和社会发展统计公报》显示，中国手机上网人数达 9.86 亿人，互联网普及率为 70.4%。而在拥有手机的群体中，中老年人群在获取新知识方面会有所欠缺。此外，鉴于我国地区之间发展差异较大，边远地区民众对于智能移动终端的使用接受度也较低。对于企业和商家，也需要配置相应的硬件接收终端以应对大额数字货币收付。因此中国人民银行在推广数字货币时需要考虑移动终端市场建设的问题。

第四，由于数字货币是虚拟存在的字符串，没有实物形态，很难去颠覆民众现有的观念，而且在数字货币发行初期，民众需要学习新的系统和技术操作。如果无法有效地推进数字货币交易，社会公众会更倾向于持有传统人民币资产，从而对数字货币形成挤兑，导致其推广受阻，违背发行数字货币的初衷。此外，民众还需要学习如何妥善保管数字货币，防止私钥丢失和应对被盗风险。

案例阅读

本章提供两个典型的数字货币相关案例，以展示数字货币风险及其不良影响。

1. USDT 发行案

Tether 公司作为数字货币 USDT 的发行方，通过增发数字货币的方式操控 USDT 的价格和市场份额，从而影响比特币的市场价格，达到从中获利的目的。2018 年，美国司法部对 Tether 公司展开了调查，希望查明其是否通过发行 USDT 来操纵比特币市场价格。2019 年 4 月，纽约总检察长认为 Bitfinex 交易平台挪用了 Tether 公司总计约 8.5 亿美元的储备金，以"欺诈"的名义对 Bitfinex 交易平台和 Tether 公司发起诉讼。该诉讼直接导致 Bitfinex 交易平台的资金被法院冻结，主流数字货币价格普遍下跌，对 USDT 的信用造成了严重破坏。此外，调查还发现 USDT 可能存在严重的洗钱犯罪。

2. Mt.Gox 比特币丢失事件

Mt.Gox 是位于日本东京的一家比特币交易所，早在 2010 年就开始开展比特币交易业务，是最早参与这项业务的平台之一，由于其参与早，竞争对手少，当时一度成为世界上最大的比特币交易所，中国的很多比特币用户最早也都在 Mt.Gox 上做交易，Mt.Gox 一时风光无限。但在 2014 年，作为全世界最大比特币交易所的 Mt.Gox 被盗约 85 万枚比特币，宣布破产，一时间众说纷纭。直到 2017 年 2 月 24 日，Mt.Gox 强制暂停了所有交易活动，并将交易所下线。一份被泄露的内部信显示，该公司被黑客盗取了 74.44 万枚比特币和交易所本身的 10 万枚比特币，累计约 85 万枚。而之后的调查则发现此次事件不仅是黑客作祟，也存在着监守自盗的问题。如今，谁是真正的幕后黑手已无从得知，但一项研究证明，Mt.Gox 此前一直在操纵比特币的市场价格。

■ 本 章 小 结

数字货币的快速发展给金融、经济和社会带来正向影响的同时，也带来了一系列风险，而这些风险可能造成严重的负向影响。本章介绍了数字货币风险的基本概念和分类，从风险来源、风险主体、具体过程等层面解析了各种数字货币风险的形成和影响，并揭示了技术风险、市场风险、信用风险、洗钱风险、平台风险、政策法规风险、流通环境风险等的形成和影响中移动支付参与方的各方面不足。数字货币存在诸多风险问题，且随着数字货币的快速发展还可能引发新的风险，需要数字货币参与方的重视和干预。

思考与练习

1. 数字货币风险的概念是什么？具体有哪些风险？

2. 具体的数字货币风险是如何形成的?

3. 数字货币风险有什么样的影响? 如何对各种风险进行管理?

课程思政小思考

党的十九大以来, 中国人民银行扎实开展数字人民币研发试点各项工作, 坚持人民性、市场化和法治化原则, 历经理论研究、闭环测试、开放试点三个阶段, 推动数字人民币走出一条符合中国国情的发展道路。在数字货币风险防范方面, 试分析我国应该采取哪些措施, 以促进数字货币市场的健康发展?

第16章

关键技术风险

【本章提要】

区块链、大数据、人工智能是金融科技的关键技术，在为各领域带来新的发展前景的同时，也带来了各种风险。本章揭示了区块链风险的内涵，并进一步解析了区块链风险的形成与影响。随着区块链的发展，其风险也将更加多变，为了避免风险带来的破坏，需要加强对区块链及其风险的认识。本章还介绍了大数据和人工智能在发展过程中产生的风险，剖析了金融领域中的大数据和人工智能技术风险，深入分析了人工智能风险的特殊性，总结了大数据、人工智能风险的形成及影响。

16.1 区块链风险

随着比特币的发展，区块链技术进入了人们的视野，成为一项被公众所重视并开始在多领域被使用的新技术。区块链是指通过分散和信任来管理可信数据库的技术解决方案，区块链技术是集合了加密技术、点对点网络时间戳等技术的一个分布式账本数据库，采用时间戳服务器，依托点对点网络将各种类型的交易数据连接起来，并借助地位相同、存储独立的节点进行传递。加上时间戳的数据区块，在散列状态下互相链接，就演变成为区块链。区块链技术从根本上说，是一种利用密码学、哈希算法等技术，来实现分布式、去中心、信息共享和对称的数据库，是一种实现信息对称和共享的技术设计理念和方式，利用块链式数据结构来验证与存储数据，利用分布式节点共识算法来生成和更新数据，利用密码学的方式保证数据传输和访问的安全，利用由自动化脚本代码组成的智能合约来编程和操作数据的一种全新的分布式基础架构与计算方式。区块链技术具有高度的可信性和不可更改性。

16.1.1 区块链风险概念

区块链技术与实体经济深度融合，正在成为促进我国数字经济发展和数字化转型的新动能，但是区块链技术本身仍存在一定风险，区块链技术应用中也会产生一定的风险。借助社会系统理论，将区块链风险分为技术风险与应用风险。

1. 区块链技术风险概念

区块链技术风险指的是共识机制漏洞、智能合约困境、密钥丢失危机、跨链技术瓶颈等，涉及区块链系统的技术领域与架构设计。区块链技术涉及分布式系统、密码学、计算机学等众多技术领域，包括数据层、网络层、共识层、激励层、合约层和应用层共六个层级的体系架构，区块链系统的数据、共识机制、智能合约等重要构成部分就封存在对应的层级中。区块链技术风险是区块链技术领域与机制设计存在的漏洞，诸如区块链的智能合约问题、共识机制问题等。按照区块链的层级结构来划分，区块链技术自身的风险主要包括共识机制漏洞、智能合约困境和密钥丢失危机三个部分。这类风险暴露的是由区块链技术不成熟所造成的可能无法广泛应用和高效应用的短板，直指区块链的未来发展潜力。区块链技术本身的风险在短时间内无法解决，只有不断推动区块链机制的完善与技术革新才能逐步消弭。技术会在"消弭现有风险→出现新风险→再次消弭现有风险"的周而复始中不断得到完善。

2. 区块链应用风险概念

区块链应用风险包括全网传播造成冗余、链前数据难以保真、隐私泄露、信息安全难以保证、技术滥用、匿名交易难以追责、秩序重构引发混乱等，是区块链技术在实际应用中出现的安全隐患，与业务应用相关联。它随着信息技术的发展、应用领域的延伸以及社会管控程度的提高而逐渐显现，并给使用区块链应用场景的消费者与投资者带来损失。它主要包括区块链的可扩展性问题、链前数据真实性问题、隐私泄露问题、虚拟代币犯罪问题、应用标准不一问题、权责追溯问题、监管法规滞后问题、体系冲突问题等方面。比如，区块链技术与金融、政务、版权、供应链等多个领域的深度融合，不可避免地会涉及投资人、参与者、普通消费者等多方的利益，应用风险将会造成诸多社会问题及对社会秩序的冲击。当前的风险防范的理念与手段，在区块链应用场景中已经不再具有适用性和有效性，需要建立一个新的风险防范框架，以解决这一新兴技术在各种应用场景中遇到的法律问题与社会问题。

16.1.2　区块链风险的特征

区块链风险主要有以下两个特征。

1. 涉及范围广

得益于区块链优越的信息储存与证明功能，区块链的应用不只局限于虚拟货币的交易，而是涉及经济体中所有的部门。除此之外，区块链技术与大数据、云计算、人工智能等其他新兴技术的交叉与融合，使区块链技术牢牢把握着数字时代创新的钥匙，其应用场景以"三环扩散"的水中涟漪形态扩散到社会中的各个领域。

2. 监管难度大

相较于传统的风险监管，区块链技术风险的监管对象、监管技术和监管体制都有变化。从监管对象来说，区块链的监管是面向去中心化的、在全球范围内广泛分布的、存储完全相同的分类账目的各网络节点；从监管技术来看，区块链的分布式加密的特点，无法完全或者大部分依靠人力进行监管，因而对监管技术提出了新的要求；从监管体制来说，现有监管体制必须革新，因为区块链风险构成更复杂，风险传递更迅速，区块链的优势与风险往往只有一墙之隔，如何把握创新与监管的边界也是一大难题。

16.1.3　区块链技术风险

区块链技术本身的风险源自区块链技术不成熟和区块链机制设计。区块链是技术集成式创新，区块链系统的共识机制、智能合约、数据管理等核心设计是区块链技术系统风险的最大来源，机制设计中本身存在漏洞与矛盾点。区块链技术本身的风险主要有三类：共识机制漏洞、智能合约困境和密钥丢失危机。

1. 共识机制漏洞下的区块链风险形成与影响

共识是区块链设计的核心，也是区块链能够满足去中心化设计的关键所在，但它的运作通常由简单的多数投票机制组成，这些机制可能容易受到游说者或特别活跃贡献者的影响，这既会威胁用户利益，又会破坏节点之间的公平原则。目前，区块链常见的共识机制主要有 PoW、股份授权证明机制（delegated proof of stake，DPoS）、PoS 等。攻击者通过对不同机制的漏洞设计相应的攻击手段，以获取非法收益。例如，针对 PoS 的 51% 算力攻击可以使矿机联合形成矿池，垄断采矿权、计费权和分配权，可以通过篡改账本信息来控制交易运作，影响区块链的生态安全，甚至波及货币体系。

2. 智能合约困境下的区块链风险形成与影响

智能合约是去中心化的区块链系统的核心设计，智能合约实际上是正确执行公开指定程序的共识协议，它通过预先编写好的程序代码，使网络中的节点按照合约指定的运行规则行事。但是，智能合约"智能"却非"全能"，目前任何一个智能合约的设计都会存在开发者编程语言不当、程序结构不完善等安全漏洞，所以智能合约的应用常常无法达到预期效果。如果主体的治理和信任完全依赖于代码库，攻击者就可以利用智能合约的设计漏洞，在代码允许内"合法"获利，这会造成难以估计的损失。在区块链实施和执行智能合约的过程中，还可能出现因认知不足而造成损失。用户对智能合约的法律理解和覆盖范围不清楚，法律代码能否精准、有效地转换为智能合约也存在疑问。

3. 密钥丢失危机下的区块链风险形成与影响

区块链技术运用密码学原理中非对称的加密技术来生成与储存密钥，但是这种技术并非无懈可击。密钥可能遭到病毒和恶意软件的入侵，如果将密钥储存在非加密文件中或通过电子邮件、短信等非加密中介传输，则密钥可能会因受到损害而落入他人手中。一旦托管类钱包的密钥被盗，无法通过一般途径寻回与重置，用户就会丧失该密钥所保管的资产的控制权，对方可以使用这个密钥合法访问密钥保护的资产，从而给密钥所有者造成财产损失。用户也有可能因为遗忘非托管类钱包私钥的助记词而导致数字资产被永久性封存。

16.1.4　区块链应用风险

区块链技术与不同场景的结合是区块链风险在社会系统中的体现。这类风险主要涉及两个方面：一是对用户个体造成的风险，二是对传统体系的挑战。前者是从微观层面考察用户的隐私保护和资产安全等问题；后者则是从宏观层面考察由于区块链技术的加入对原有的经济体系与社会生活造成的冲击与不稳定。区块链的技术缺陷通过应用场景放大，既影响区块链技术应用于实践的广度、深度与长久性，又会因区块链应用场景的风险带来经济损失、社会损失。目前区块链应用中暴露出来的风险主要表现为以下六个方面。

1. 网络传播造成冗余下的区块链风险形成与影响

链上数据全网传播会造成数据冗余，加剧参与节点在信息存储、同步等方面的负担，可能导致系统性能和运行效率下降。这主要涉及区块链的可扩展性问题。可扩展性指区块链技术在处理输出时，能够满足目标吞吐量水平，同时最小化系统组件等待另一个系统组件执行任务时的时间间隔或延迟的能力。在更新或更改数据库中的某些记录时，需要将新的数据附加在原有数据库中，以保证数据无法在传输和交互过程中被篡改，维持数据的一致性与准确性，将成倍数消耗剩余的存储容量，这要求区块链系统节点有一个比较大的数据容量，以保证区块链的稳定运行。区块数据长期的积累与冗余会超过节点可以负荷的最大限度，导致节点无法容纳。发生节点发生不稳定或者停止运作的情况，会给市场带来极大的不确定性，甚至造成经济损失。机构主体在提供网络服务的过程中，会将数据全网同步传播，因此将处理和存储大量的数据，这也增加了它们的计算工作量，耗费区块链算力，使处理交易的速度变慢。目前许多企业和行业都因为区块链的交易处理速度缓慢而放弃应用区块链这一技术，这限制了区块链的大规模应用与推行。另外，区块链技术的可扩展性还会遭到黑客的恶意攻击。针对区块链的可扩展性存在的限制，有攻击者发起分布式拒绝服务攻击，即通过发送大量的垃圾信息堵塞目标节点，使该存储节点超负荷运载，从而阻止区块链的用户从中获取有用信息，给用户带来损失。

2. 数据虚假与隐私泄露下的区块链风险形成与影响

区块链数据的不可篡改的特性是一把"双刃剑"，如果上链前的数据真实性、合法性有问题，区块链会将错就错。目前还缺乏可以有效检测上链前数据是否真实、合法的技术，因此，当一个虚假或者恶意的信息被写入系统，这个信息将在节点的复制与传输中传递至整个区块链，给所有链上用户带来风险。保护个人数据隐私和商业秘密是区块链行业稳健发展的基础，然而，区块链系统面临着安全和隐私方面的严峻风险。区块链系统中的隐私分为两部分，即身份隐私和交易隐私。身份隐私表示与用户身份有关的信息；交易隐私是指存储在区块的字符串中的交易数据。虽然区块链的底层技术是基于非对称加密和哈希算法的密码学原理来对数据进行保护，但是这通常针对的是存储在块中的交易数据。区块链技术的交互需求与各个节点的安全性的不一致造成了区块链系统对于用户的身份隐私保护存在疏漏。例如，可以通过监视元数据以获取区块链网络上任何公共地址的活动的相关活动类型和信息，如果监测时间足够长，就可以汇编信息，"追溯"参与交易的各方。通过大数据分析技术，也可以轻易找到公钥，然后通过交易时间、交易对手、公开银行信息等确定公钥的拥有者。随着区块链技术的更多扩展和广泛应用及接入节点的成倍增加，隐私泄露风险也成倍增加，一旦发生隐私泄露的情况，会造成经济损失与生活不便。

3. 技术滥用和衍生犯罪活动下的区块链风险形成与影响

基于区块链技术的加密货币及其衍生品是如今犯罪行为频发的领域。比如，以比特币为代表的分散化的加密货币体系已经成为一个全球性的货币体系，存在被不法分子滥用的风险。区块链技术的特性是加密货币交易风险凸显的原因：一是区块链将比特币的交易置于一个去中心化的系统中，交易时无须核验身份信息，也缺乏第三方的有效监管，因此，部分不法分子很有可能会运用加密货币及其衍生品从事逃税、洗钱、敲诈勒索、毒品和武器交易、恐怖分子融资等非法行为；二是由于区块链节点的分散性，跨境监管执法的难度较大，这些活动常以跨境支付为载体，在法律监管难度较大、力度较弱的地方，从事违法犯罪活动。此外，凭借区块链代币进行投机及非法集资的行为近年来也屡见不鲜，极大地危害了用户与投资者的资产安全，对金融稳定、货币稳定、社会稳定构成威胁。

4. 标准规范和法律法规滞后下的区块链风险形成与影响

不同的区块链缺乏统一的应用标准，在区块链应用时存在跨链的可用性风险。目前主流的跨链技术有公证人机制、哈希时间锁定和侧链/中继链三种，但都存在孤块问题、长程攻击问题、多链数据同步超时问题、跨链重放攻击问题、升级兼容性问题等。一方面，在同一领域的应用中，不同的企业选择不同的区块链技术提供商，用户使用区块链时受到的约束不同，会给用户造成诸多不便，造成业务的低效率；另一方面，各公司之间数据无法互通，可能会形成众多的新的数据孤岛，无法真正达到区块链所设想的数据互联互通、透明共享的目的。面对区块链风险的挑战，监管层难以准确捕捉到新技术给市场基础设施、用户和整个社会带来的所有风险。当前监管体系面临两个困境：一是监管规则无法适应区块链的发展。分布式账户是跨区域、跨国界的，因为应用场景产生的风险无法受到现有国际监管规则的约束，而且跨国监管和执法的难度远比以前大。比如，各国对区块链资产、智能合约监管等既存在不同态度又存在规则空白。二是区块链去中心化与现有中心化的监管模式存在矛盾，法律与代码需要协调，区块链的"自治"与当前监管方式需要统筹。各国政府和行业正在探索形成协同监管体制，制定新的监管规则，以解决区块链系统中的治理和监管问题。

5. 匿名交易难以追责下的区块链风险形成与影响

区块链的匿名交易的机制，使交易者忽视其他交易参与者身份的真实性，隐藏真实身份的代码增加了穿透式监管的难度。这会使数据安全和保密的责任置于分散的多方，给区块链应用中发生的安全事件和犯罪行为源头的追溯与管制带来的新挑战。如果没有行之有效的责任落实体系，将损害消费者和投资者权益。

6. 秩序重构下的区块链风险形成与影响

区块链技术是具有颠覆性潜力的新兴突破性技术，有可能从生产关系的层面改变经济主体之间的交互，必将对原有的经济与社会秩序产生"创造性破坏"。在区块链提供的技术制度框架下，数字经济时代的信任关系将重建，个体与个体、社会关系和国际关系有可能基于区块链技术的应用被重构，智能合约有可能代替传统合约，区块链预言机给未来带来巨大想象空间。区块链系统的机制设计会重塑原有金融体系的运作模式，打破原有的组织边界、产业结构和市场秩序，引发商业体系的革命性变化。比如，加密货币可能改变整个货币系统，重新定义货币体系的运作方式。如果不能及时有效地应对区块链带来的秩序重构，市场与社会秩序会陷入混乱。区块链应用不能出现凯文·凯利（Keven Kheli）笔下"失控"的结局，而应该引领人类走向一个信任、繁荣、有序的世界。

因此，随着信息技术和计算机软硬件技术的不断发展，区块链技术近年来得到了飞速发展，也带来了新的风险。

■ 16.2 大数据风险

随着云计算和互联网技术的发展，大数据的价值得到了越来越多的发掘和利用，其应用领域涉及广泛，涵盖人们生活的方方面面，大数据的重要性也引起了各国政府的关注，并相继制定了大数据研究及发展规划。2012 年美国颁布了《大数据的研究和发展计划》；2012 年日本发布了《创建最尖端 IT 国家宣言》；2012 年韩国国家科学技术研究委员会就大数据未来发展环境发布战略计划；2013 年英国发布了《数据能力发展战略规划》。我国也于 2015 年发布了《促进大数据发展行动纲要》，这一纲要的发布，从战略层面体现了我国对大数据研究的重视。

金融行业由于天然具有数据量大的优势，成为大数据应用的重要领域，具体主要包括大数据风控和大数据征信两大方面。然而，大数据是一把"双刃剑"，机遇与风险并存。大数据的生命周期如图 16-1 所示，数据从产生、采集、传输、存储、共享、挖掘、交换、应用到销毁全过程的生命周期中，存在的风险有十几大类，所有的对网络空间的安全威胁，同样会威胁到大数据系统，如黑客的入侵、恶意代码的侵害、数据的泄露、交易中的抵赖问题等。本节介绍了大数据存在的风险、金融大数据应用面临的风险，分析了大数据风险的特征、探究其形成原因和可能造成的影响。

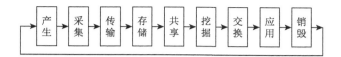

图 16-1 大数据的生命周期

16.2.1 大数据风险概述

大数据风险是大数据的开发、应用、监管等过程中出现损失的不确定性。纵观国内外大数据的运用情况，大数据风险包括了大数据技术风险、大数据欺诈风险、大数据泄露风险和大数据法律风险。

1. 大数据技术风险

大数据的运营高度依赖于相关技术的同步创新和升级，因目前国内的大数据产业发展尚处于初期，产业的技术支撑还不够成熟。大数据技术风险包括技术不足风险、技术开发风险、技术创新风险、技术使用风险、技术保护风险、技术转让风险等。这些风险的叠加给大数据的运用带来了严峻的威胁。例如，针对大数据平台的高级持续性威胁（advanced persistent threat，APT）攻击、网络病毒、拒绝服务和分布式拒绝服务攻击等较为常见，而依靠传统的防火墙、防病毒入侵检测、访问控制等单一的安全防护技术已无法有效应对。

2. 大数据欺诈风险

随着大数据的运用，消费者个人信息在网络环境下被反复调取和利用。不法分子通过搜集到的用户信息，利用诈骗电话、钓鱼网址、伪基站短信等手段实施精准诈骗，其手段的复杂度、隐蔽性和更新性对广大消费者造成不同程度的损害。据腾讯发布的《2017 年第一季度反电信网络诈骗大数据报告》，2017 年仅第一季度全国专线报案总数高达 25.3 万件，涉案金额 33.4 亿元，如果按照 13 亿人口计算，人均被骗近 3 元。在网络虚拟环境下，欺诈风险已成为当前大数据中不可忽视的重要风险类别。在金融领域特别是在个人消费金融业务中，大数据欺诈风险是金融机构所面临的最大风险隐患，严重影响金融行业的健康发展。加大研发反欺诈技术成为各行各业在大数据运用过程中的重要风险防范举措。

3. 大数据泄露风险

在大数据时代，随着产生、存储、分析的数据量与日俱增，隐私的边界在缺乏行业界定和保护的情况下不断被模糊，用户隐私信息的泄露风险已经成为大数据行业的重大风险类别。一方面，在利益驱使下，触犯商业诚信原则和公司价值观底线的行为横行，终端恶意软件、恶意代码成为黑客攻击大数据平台、窃取数据的主要手段之一；另一方面，网站、应用系统、云存储、安全检测防护等网络基础设施或技术的漏洞导致黑客组织乘虚而入，对用户的价值信息进行伺机窃取和加工交易，从而牟取暴利。大数据信息泄露给专业能力较弱的中小消费者用户造成巨大损失，严重影响行业发展的正常秩序。

4. 大数据法律风险

大数据的价值在于对海量的用户信息进行撷取并分析,从中获取商业价值。然而,大数据企业在对个人和企业用户重要数据信息进行采集、整理、分析、使用等过程中所牵涉的法律风险问题不容小觑。大数据法律风险主要体现在以下两个方面:一方面,传统的相关法律法规已不适应于大数据场景,如在用户的数据权属问题上,若用版权的方式来进行操作和保护可能存在一定的局限;另一方面,大数据的运用过程中产生了新的法律问题,在大数据运用过程当中,对包括同意权、获取权、知悉权、使用权、补充权在内的个人、企业等数据主体的一系列权利进行界定较为困难,用户的隐私保护难度也较大。

16.2.2 大数据风险的特征

其他行业风险相比,大数据风险表现出了信息噪声大、交互传染广、隐蔽渗透深、价值密度低等主要特征。

1. 信息噪声大

大数据时代,用户数据来源众多且多来自异构环境,其中包括结构化、半结构化以及非结构化的数据,这种多源异构信息的融合是大数据运用得以发展壮大的关键和价值所在。大数据这种价值的体现也正是基于数据信息的真实有效。而随着大数据几何倍数的增长,劣质数据信息充斥着整个市场环境,数据质量低、信息噪声大。据国外权威机构统计,美国企业数据信息系统中 1%~30% 的数据存在各种错误和误差。大数据信息噪声大主要基于以下两个方面:一方面,在信息源上,市场空间中充斥着伪造或刻意制造的数据,而错误的数据信息被提取运用后往往会误导企业做出错误的经营管理决策和市场预测。例如,一些点评网站上"水军"的虚假评论数据混杂在真实评论中,使得用户无法分辨,容易误导用户去选择那些实际上非常劣质的商品或服务。另一方面,在信息传播上,数据存储和分析处理过程存在暗箱操作,人工主观干预的数据采集过程可能出现误差,导致数据失真与偏差,最终影响数据分析结果的准确性。这种信息噪声降低了大数据的运用效率,是大数据风险区别于其他行业风险的特征之一。

2. 交互传染广

通过交互式分析方法和交互技术迭代对"人、机、物"三元世界的各自价值信息进行有机融合,有利于人们更为直观和高效地洞悉大数据背后的使用价值。但与此同时,这种广泛交互也带来许多问题和挑战。用户信息数据的交互传染直接导致安全边界不断模糊,加速了风险的外溢和传染。大数据不再只是被动记录用户的行为信息,而是通过算法演化积极参与用户的行为决策,也就是说大数据具有内生性特征,而这种内生性特征使得大数据在交互过程中具有传染性。其一,大数据交互打破了风险传导的时空限制,同时又缺乏风险防火墙机制,使得风险传染的速度更快、范围更广;其二,跨行业、跨场景、跨区域的大数据产品和服务日渐丰富，其风险易被层层的产品包装所掩盖，难以有效识别和度量，使得风险传染的隐蔽性更强。交互传染广加剧了大数据风险传染和外溢，是大数据风险区别于其他行业风险的特征之二。

3. 隐蔽渗透深

随着大数据的不断延伸，用户行为习惯不断在虚拟网络空间留下"烙印"。在加密技术、爬虫技术、信息隐藏技术、挖掘技术等新型网络技术的驱动下，虚拟网络空间的复杂性和隐蔽性越来越高，危害范围不断扩大，大数据风险具有明显的隐蔽渗透深的特点。在数据存储环节，随着信息隐藏分析方法的不断创新，用户对各自信息的控制权明显下降，用户个人信息特别是有商业用途的价值信息容易被暗藏，导致个人数据能够被轻易收集储存而丝毫不被察觉。在数据挖掘环节，受到人为设定的"黑箱模型"的影响和约束，信息披露的透明度降低，其风险通过大数据产品和服务深层渗透网络中，给服务器内存储的用户名、密码、服务器证书、私钥等敏感数据安全带来严重隐患。2017 年 5 月，互联网上出现针对 Windows 操作系统的名为 WannaCry 的勒索软件，利用此前披露的 Windows SMB 服务漏洞攻击手段，通过大数据技术向终端用户进行渗透传播，已有超过 150 个国家的 20 多万家机构的电脑渗透感染，并在不断变种渗透。大数据风险这种隐蔽渗透深的特征加大了风险防范的难度，是大数据风险区别于其他行业风险的特征之三。

4. 价值密度低

大数据的来源广泛，主要由移动计算、社交网络、监控设备和传感器等信息源产生，囊括了海量的用户基本数据、消费数据、行为数据、地理数据、社交数据、财富数据等多渠道的异构信息。这种海量数据信息来源的复杂性和信息类型的多样性使得数据在完整性、一致性、关联性、准确性等方面易出现质量问题，进而导致挖掘出的价值信息相对于用户数据体量而言非常小，表现出大数据价值密度低的特征。用户的这些低质量数据信息与用户的行为特征相关性较弱，无法直接通过严谨的因果逻辑关系联系起来。如果在大数据分析中不关心因果关系，忽视数据之间的生成机制，那么也就无法处理用户有意识的行为变化影响数据根本特征的问题。价值密度低增加了大数据运营成本，是大数据风险区别于其他行业风险的特征之四。

16.2.3 大数据应用风险

1. 金融科技巨头可能产生数据垄断

一些金融科技巨头凭借其在互联网领域的固有优势，掌握了大量数据，客观上可能会产生数据寡头的现象，可能会带来数据垄断。有的机构掌握核心的信用数据资源，有的机构掌握电商交易数据和金融数据，有的机构掌握集团的传统金融机构和互联网金融平台的金融数据，有的机构则依托大股东掌握大量线下交易数据，还通过合作的方式掌握合作企业的数据，但缺乏分享的激励机制，导致与征信的共享理念存在冲突。

2. 存在数据孤岛现象，数据融合困难

政府和企业都面临数据孤岛难题。大数据时代，数据已经成为核心资源，企业出于保护商业机密或者节约数据整理成本的考虑而不愿意共享自身数据，一些政府部门也缺乏数据公开的动力。数据孤岛现象的存在，导致大数据信用评估模型采用的数据维度和算法有所不同，大数据征信模型的公信力和可比性遭到质疑。

3. 数据安全和个人隐私保护难度升级

目前，大数据的获取大致有四种方法：自有平台积累、通过交易或合作获取、通过技术手段获取、用户自己提交的数据等。但是由于相关的法律法规体系尚不健全，数据交易存在许多不规范的地方，甚至出现数据非法交易和盗取信息的现象。大数据来源复杂多样加大了用户隐私泄露的风险。①我国金融大数据行业的发展乃至金融科技行业的发展，在很大程度上得益于互联网应用场景的发展，而大数据从互联网应用场景向金融领域的转移往往发生在一些金融科技企业的集团内部，这个过程缺乏监管和规范，可能会侵犯到用户的知情权、选择权和隐私权。②应用数据存在多重交易和多方接入的可能性，隐私数据保护的边界不清晰。③技术手段的加入，加大了信息获取的隐蔽性，一旦出现隐私泄露纠纷，用户将面临取证难、诉讼难的问题。④大数据采集数据的标准不一，用户的知情权、隐私权可能受到侵犯。可见，在大数据环境下，个人数据应用的隐私保护是一个复杂的消费者权益保护问题，涉及道德、法律、技术等诸多领域。

16.2.4　大数据技术风险

随着社会各界对大数据风险类别和特征的不断关注和研究，市场的风险防范意识开始逐步增强。但当前大数据风险治理体系尚不健全，大数据的运用存在潜在的风险隐患。大数据技术风险的成因与影响主要集中在以下六个方面。

1. 大数据缺乏信息安全保障

大数据信息安全涵盖了国家信息安全、行业信息安全以及企业和个人信息安全。大数据的运用在提升用户便捷体验的同时，也给行业内各参与主体的信息安全带来严重的信息安全隐患，行业风险也随之高度集中。

一方面，部分互联网大数据技术公司多场景、多渠道无序汇集甚至非法窃取用户信息，形成大数据流并进行商业化滥用，而传统的数据信息安全技术手段已经不能满足大数据时代的信息保障要求，使得在缺乏大数据安全技术保护的情况下用户信息泄露面积广泛，一旦出现问题，就不再是单一的数据丢失问题，而是系统性的数据安全问题。另一方面，大数据在生产、存储、加工与运用等过程中均容易出现数据信息的泄露和安全隐患，交互过程复杂、迭代性快，难以进行追本溯源。再者，用户普遍缺乏信息保护意识，被"羊毛党"通过微信、QQ、论坛等渠道利用，造成"欺诈式繁荣"，给企业带来巨大的风险。

2. 大数据缺乏行业规范管理

大数据优势已成为企业的核心竞争力之一，在市场商业价值的驱使下，大数据企业无序竞争，市场呈现出"三无"的发展格局。一是无监管。大数据的广泛运用模糊了产业与技术的业务边界，在行业监管空白的市场环境下，大数据与产业跨界融合导致市场秩序混乱、缺乏行业正确引导，存在一定的管理风险。二是无门槛。中小型互联网企业、征信机构、类征信机构、科技企业、个人移动终端设备生产企业甚至一些外资企业等越来越多的公司在商业利益的驱动下非法从事数据库经营业务，全面挖掘个人信息，导致信息被滥用。三是无标准。大数据运用泛滥，不少大数据企业对用户数据资源特别是涉及用户隐私的信息随意采集、随意共享、随意使用，缺乏行业内统一的标准。大数据行业呈现出的这种"三无"发展格局，短期来看会给市场带来恶性不正当竞争和粗放式发展，营造出一种"虚假繁荣"，长期来看会在一定程度上对网络生态造成"污染"，且后续的治理成本巨大、难度空前，不利于行业长期健康发展。

3. 大数据法律约束不足

大数据的跨界融合使得业务边界不断模糊，在缺乏法律约束的情况下容易侵犯用户的合法权益，使得行业法律风险和利益纠纷频发。当前传统的相关法律滞后，不能适应大数据运用特征给行业带来的法律问题，很难有效保障消费者群体的合法权益。比如，大数据权属问题贯穿于数据的产生、采集、传输、存储等全过程，情况错综复杂，但目前我国对大数据本身的权属不明且业内争议较大。反观国外，美国、英国等至少50个国家政府相关部门制定了专门保护个人隐私的法律，美国、欧盟等还专门针对大数据时代特征完善了隐私方面的法规。国外对数据隐私的保护给予了相当的重视，通过立法来打击数据隐私侵害行为，但当前中国这方面的法律相对薄弱，虽然2021年8月20日通过《中华人民共和国个人信息保护法》，但在个人信息保护实务方面较为欠缺。

4. 大数据应用标准与配套服务不够

从大数据运用标准来看，共享的大数据基准、标准和指标对大数据基础设施生态系统的良好运作至关重要。而当前，国内大数据相关的配套专业化服务机构偏少、大数据运用的标准规则参差不齐，大数据企业缺乏大数据标准的指导。

从大数据经营者的情况来看，不少大数据经营者缺乏自律意识和职业操守。在商业暴利的驱使下，大数据"黑产"横行，从黑客病毒式撒网盗取公民信息，到多场景话术实施诈骗、非法财富转移，整个链条分工越来越细，规模越来越大。《2019年网络犯罪治理防范白皮书》显示，各大套路贷团伙通过购买黑产的"大数据"，快速找到诈骗的目标。部分大数据经营者的职业道德风险日趋严峻，给大数据行业的健康发展带来了负面影响。

5. 大数据专业人才不足

人才是大数据挖掘和发挥社会有用价值的核心要素。随着大数据采集、大数据存储、大数据挖掘、大数据分析等数据技术的全面运用，大数据人才供求矛盾日益突出。大数据人才供求矛盾主要表现在以下几个方面。

（1）供求缺口大。《2020 中国大数据产业发展白皮书》显示，2020 年中国大数据行业的人才需求规模将达到 210 万，2025 年前大数据人才需求仍将保持 30%～40%的增速，需求总量在 2000 万人左右。大数据人才层次可分为四类，本科学历占到高达 68.3%，硕士及以上占 18.1%，专科占 13.6%。大数据行业作为一个新兴行业，对人才的学历要求普遍较高。

（2）积聚效应差。目前行业内中小型大数据平台市场参与热度高，导致了大数据人才技术资源分散和浪费，市场积聚效应差。

（3）匹配程度低。要在大数据时代屹立数据之巅，离不开高精专的大数据专业人才。国家信息中心发布的《中国大数据发展报告（2017）》显示，大数据行业高端复合型人才短缺问题日益突出。在实践过程中，大数据分析、大数据采集、大数据挖掘和大数据结构等四类高精专人才严重稀缺，而当前行业内中低层次的单一技术性人才较多，市场匹配度低，满足不了大数据行业的发展需要。纵观处在大数据发展前列的国家，诸如美国、英国、澳大利亚、法国等均将大数据人才发展作为专项重要计划，纳入到推进大数据发展的重要议程中。

6. 大数据风险管理文化薄弱

作为大数据企业文化的重要组成部分，风险管理文化是大数据风险治理体系的"灵魂"。健康的风险管理文化将对推动大数据业务健康发展起到重要作用，而不良的风险管理文化则会导致大数据企业以牺牲用户的利益为代价，增加大数据欺诈、泄露、侵权等不当行为导致的操作风险和道德风险，进而可能引起公众担忧，甚至导致声誉和品牌受损。从当前的大数据运用来看，大数据企业普遍存在风险管理文化建设薄弱这一客观现实。部分大数据经营企业的大数据风险管理文化建设基本处于空白，忽视了全员风险管理文化对公司企业文化的重要作用，从而在利益的驱使下损害了广大消费者和网民的信息权益；公司员工对风险管理体系和内容也缺乏了解和认识，忽视不当技术的研发和运营可能会对社会经济造成的潜在危害或负面影响；不少大数据运营商特别是"黑产"企业员工对职业道德和法律法规采取漠视态度，没有"红线""底线"思维；大数据行业员工的流动性也大，行业内缺乏对有不良技术行为人员的档案共享管理。

16.2.5 大数据风险影响分析

随着网络化社会的不断发展和技术水平的不断提升，大数据风险的影响也与日俱增。

1. 数据垄断加速了行业垄断的风险问题

大数据时代，"万物皆数"并不表示"人人有数"。真正意义上掌握数据所有权的往往是个别的国际互联网大公司和政府。IBM、Amazon、Oracle、Google、Microsoft、易安信、纳斯达克、Sybase、惠普、沃尔玛、Clustrix、Cloudera 等作为全球知名的大数据公司，无论技术上还是数据占有量方面都具有绝对的优势。这些企业组织提供的技术基础架构代表着行业的标准和门槛，它们占据前沿，是一线战场的主力军，对整个行业形成垄断之势，新兴组织欲打破标准垄断是要付出巨大代价的。企业在一线，是大数据技术的直接践行者，它们拥有先天的技术优势。世界各国纷纷建立数据中心，大数据行业遍地开花，但依旧难逃"数据垄断"的厄运，"数据垄断"呈现出两极分化的格局。

2. 数据隐私模糊化了隐私边界的风险问题

首先，绝大多数个人数据对政府、企业而言是隐私，而对个人而言，许多数据不算隐私。例如，一个人的长相容貌、性别、穿着等对于个人而言几乎没有隐私意义，但是对政府和企业而言，其意义重大。政府需要这些数据对个体进行身份确认和识别匹配（如案发现场），企业需要这些数据进行广告推送。其次，个人的身份、血型、指纹、虹膜、财务状况等数据从出生就归政府所有，对政府而言不算隐私，但就个人而言是隐私。最后，有些个人数据无论是对其他个人还是政府团体而言，都是隐私，如日常生活通话记录、休息时间关注的内容等，事实上，这些隐私早已被入侵。因此，隐私边界的模糊是隐私风险放大的主要原因，也是大数据技术风险滋生的原因之一，就目前的智能技术而言还不足以分清这条界线，依然需要通过人工处理和判断。

3. 监管缺位放大了数据安全的风险问题

当今，互联网云平台兴起，以往高昂的互联网基础设施现如今变得廉价易得，甚至人人皆可使用。以往的人们想要开个人博客或网站是一件非常奢侈的事情，而现如今基础设施服务商通过云计算建立虚拟服务，可以最大限度地分发资源，实现人人共享的大平台。但与此同时也增加了许多安全风险议题，人身的基本权利受到前所未有的挑战。随着大数据挖掘技术的进步及数据业务的猛增，数据取证迎来了春天。但是，由于市场监管问题，数据取证仅仅局限于"正规渠道"，对于"地下数据链"则失去了效力。2014 年，"银坊金融"网络借贷平台负责人失联，上千名投资者没有拿到其宣称的高额投资利息，反而连本金也赔了进去，这对投资者来说无疑是场噩梦。公安机关在收集证据过程中困难重重，因为"银坊金融"网络借贷平台是通过线上签订电子合同的形式进行非法集资的。互联网金融的兴起，给人们带来了极大的便利同时又造成了不少的风险。金融数据化的背后缺乏及时有效的监控和防范，不仅会造成财产损失，还会触及人格尊严的底线。

4. 数据化加剧了数据歧视的风险问题

一方面，数据挖掘技术的进步、"互联网＋线下场景"的推广、政府和商业的推崇都使得元宇宙（metaverse）蔓延开来。元宇宙利用新兴信息技术手段构建与传统物理世界平行的全息数字世界，数字技术达人如鱼得水，而不熟悉数字技术的人逐渐被边缘化，生存空间渐渐缩水。另一方面，越来越多的核心数据向着权力中心、技术中心、经济中心转移，数据集中化明显。数字达人的中心化日益突出，核心数据的垄断将成为他们竞争的有力"武器"。取得核心数据垄断地位的政府、高新企业处于中心地位。当然，在人类进化史中，拥有核心技术的总比没有技术的要过得更好。中心化与边缘化的实质是数据歧视，尽管技术进步，社会日益发达，但人类在处理各种关系的时候难免会受到自然法则的束缚，优胜劣汰的竞争机制是一道残酷而又客观的命题。

因此，大数据虽然蕴藏着巨大的价值，给各行各业的发展提供了重大的机遇，但是随之而来的挑战也异常艰巨，尤其是大数据的风险问题，它是我们在享受大数据时代所带来的便利的同时无法忽视和回避的难题。大数据技术的不断发展和广泛应用，为政府实施有效社会治理提供了新的技术、新的手段和新的方法，为人们的学习、生活和工作提供了极大的便利。但是，作为技术的大数据在极大便利人们生活的同时，也会使得各种大数据风险问题不断发生。

■ 16.3　人工智能风险

当前，我们正处于人工智能的启蒙时代。被称为人类历史上第四次工业革命的人工智能，以其迅猛发展带动人类社会从信息时代跨入智能时代。这无疑会更加充分地实现人的自由，并带来前所未有的发展机遇。但同时，如同硬币的两面，机遇总是伴随着风险。近年来与人工智能相关的大事件不胜枚举，不断引发社会各界对人工智能自身的能力和对社会带来的影响的持续关注和讨论。2019 年，波音 737MAX 系统控制高于人工干预导致空难，机上 157 人全部遇难；2019 年 7 月 24 日，Facebook 与美国联邦贸易委员会达成和解，须支付 50 亿美元罚金，因其对个人隐私保护不力；2019 年 10 月，伊利诺伊州市民抗议 Facebook 使用人脸识别技术采集用户上传的照片，此案涉及 700 万用户，Facebook 可能会面临为每个用户赔偿 1000～5000 美元的罚款，总金额最高将达到 350 亿美元。

16.3.1　人工智能风险概述

人工智能技术的突飞猛进，使人们产生了技术无所不能的幻象，"这个社会在技术上越来越完善，它甚至能够提供越来越完美的解决办法，但是，与此相关的后果和种种危险却是受害人根本无法直觉到的"。人工智能技术风险主要包括数据泄露给个人、企业带来的巨大风险；人工智能可能威胁人的主体性地位，使人沦为机器的奴隶；人工智能生产效率的提高会给社会带来失业等负面影响。

1. 人工智能技术失控风险

人工智能技术超越人类的控制能力，使得人类失去对人工智能技术的控制。例如，假设将来出现可以自主学习，同时在不同领域普遍超越人类能力的人工智能，则必然出现技术失控，人类将沦为人工智能技术的奴隶。人们对人工智能发生技术失控的担忧远超历史上任何其他技术。根据上述分析，以强力法、训练法为代表的现有人工智能成果（包括深度学习）的技术条件是封闭性准则，即现有人工智能技术只可以在封闭性场景中应用，所以只要人类不把不成熟的人工智能技术投入使用，就不可能出现技术失控。

迄今出现的断定人工智能必然发生技术失控的各种"预测"，都是脱离人工智能技术条件的主观推测，而脱离技术条件预测技术风险，是缺乏科学依据的，并且对于人工智能的健康发展是极其有害的。人工智能伦理和治理必须建立在人工智能发展规律的科学判断的基础上，而这种规律集中体现为技术条件。基于技术条件的判断方法，不仅适用于现有人工智能技术成果，也适用于未来成果。假如未来出现了超越封闭性准则的人工智能技术，则必须相应地识别出新的技术条件，并依据新的技术条件判断风险，在保证可控的前提下开展研究。

2. 人工智能技术的非正当使用风险

人工智能技术的非正当使用风险包括技术误用和滥用，前者是无意的，后者是故意的。必须指出，人工智能技术的非正当使用风险是当前存在的主要风险，尤其是用户隐私、数据安全、算法公平性等问题，已引起较大反响。这些现象显然违背了社会公认的伦理原则，因此国内外提出了大量通用性伦理原则，并主张通过立法让这些原则得到遵守。然而，这一主张不符合新兴产业的客观实际和发展规律，不能真正解决问题。面对人工智能技术非正当使用风险，存在三大挑战和机遇：可执行的行业规则的制定、研发体系制度建设（消除传统设计范式的伦理非封闭性）和能力建设（发展能够处理长期效应、跨界效应的设计研发能力）。

3. 社会效应风险

在不发生第一种和第二种风险的情况下，新技术应用可能产生严重的负面社会效应。例如，假设新技术的广泛应用引起工作岗位总体上的大量减少，即使没有发生技术失控和技术非正当使用，这仍然是一种严重的负面效应，将对社会产生巨大、深远的影响。对于这种潜在风险，人类现有预测能力不但严重不足，而且预测方法也不适应新形势的需要，从而给判断和决策带来困难。本书认为，有必要建立一种风险与机遇一体化的预测机制，并满足下列要求：把握人工智能等新技术的科学原理、技术条件和适用范围；把握相关学科领域之间的普遍性关联；把握科技成果与产业需求之间普遍性关联和匹配关系；对直接效应和跨界效应、正面效应和负面效应进行一体化预测；信息来源和成果发布的渠道畅通、覆盖充分。同时应认识到，准确地预测一切是不可能的，社会发展也不可能完全建立在预测的基础上。

4. 法律制度缺失的风险

人工智能风险无疑属于风险社会中科技风险的范畴。作为现代社会治理的主要方式，法律遵循着自身固有的属性与脚步，习惯于对科学技术发展产生的社会问题做出缓慢和滞后的回应。法律的稳定性和滞后性，与人工智能技术的快速发展及由此而产生的新的法律需求，形成了强烈的对比。2017年10月，当人们还在讨论人工智能是否具有人格时，沙特阿拉伯已经授予机器人索菲亚公民身份。而更加让人惊诧的是，这个世界上第一个机器人公民却扬言要毁灭全人类。在自动驾驶领域，技术创新和秩序安全两种价值始终在进行博弈。除了少数国家颁布了无人驾驶相关法律法规，大多数国家的交通法律制度还停留在前互联网阶段。但无人驾驶的车轮已经越走越远，即便世界范围内已经出现了多起无人驾驶引发的交通事故，也未能阻挡新的尝试。此外，侵权的责任如何界定也尚未清晰。

16.3.2 人工智能技术风险

1. 人工智能技术风险的特征

人工智能技术风险之所以会给人类社会带来巨大的风险，是因为人工智能技术本身的特殊性。

第一，人工智能技术应用层面广。它在人类社会的方方面面都有应用。在工业、服务业、自动驾驶、医疗行业、金融行业、教育行业、法律行业、军事方面等都有应用。人工智能技术应用层面广会导致风险程度的扩大。

第二，人工智能技术的智能性。智能性是其他技术所没有的，即使像核技术这样可以对人类造成巨大危害的技术也没有智能性，智能性是人工智能所特有的。人工智能技术是模拟人类智能的技术，所以它会取代人类部分岗位，会导致社会结构变化，社会结构变化可能会导致人类脑力劳动逐步被智能机器所取代。

第三，人工智能技术的不可预测性。由于目前人工智能技术发展还处于初级阶段，是否可以实现通用人工智能，甚至是强人工智能，还不可预见，所以未来可能带来的风险程度也是不可以预见的。

综上所述，人工智能技术的应用层面广、智能性和不可预测性足以使人们将人工智能技术风险置于特殊位置，这也是业界人士对人工智能风险一直争论不休的根本原因。

2. 人工智能技术风险的形成

（1）人工智能设计者的主观因素导致风险。不同的设计人员有着不同的成长经历和教育背景，从而形成了每个人相对独立和稳定的价值观，也形成了根深蒂固的偏见和习惯看法，不同的设计人员对于同一件事的观点和看法可能大不相同，所以对于人工智能技术的风险认识会有所不同。因此，设计出来的人工智能也会相应缺乏对于风险的准确把控。设计者的设计意图也会导致风险。设计者的设计意图与利益驱使、企业目标等有关，设计者为了自身利益最大化，企业为了盈利最大化，人工智能技术的使用者为了自身利益得到保障，而去追求最高的收益，从而带来如破坏社会公平、污染环境等不良后果。在各方利益的驱使下，部分人工智能技术的设计者刻意忽视社会公平、环境保护等方面的因素会给不使用人工智能技术的人带来巨大风险和挑战。

（2）人工智能技术中的算法引发风险。人工智能的核心运行支持是算法，而算法具有的不透明性和运行自主性，是造成人工智能具有风险的客观原因。算法因体现出来的"客观性"，被认为具有相当的决策权力，"越来越多的权力存在于算法之中，它不仅塑造社会与文化，直接影响与控制个人生活，甚至获得了真理的地位"。算法的不透明性即"算法黑箱"，也就是算法程序的可解释性困难，算法的可解释性即"展示自己或其他主体做出的决定所依赖的原因"，算法内部的运行机制缺乏足够的可解释性，所以不难理解为什么会产生各种各样的"算法歧视"，算法的不透明性则直接挑战了人类的知情权和主体地位。另外，一旦缺乏可解释性的算法运行起来，那么这种智能程序将获得相当程度的自主性，意味着在一定时间和范围内可以根据既定算法自主决策，如依靠人脸识别系统自主识别犯罪在逃人员，当一个和在逃人员长相相似的人出现的时候，算法既不透明，又自主运行，很可能将这个人认定为逃犯，从而给这个人带来困扰和麻烦。算法的不透明性和运行自主性是人工智能技术存在和发展难以逾越的技术阻碍。

（3）人工智能技术的设计目的与结果脱离产生风险。设计者作为专业知识的掌握者和技术的应用者，他们处于技术活动的"第一线"，是技术人工物创造的首席执行者。人工智能技术设计的初衷与实际的运用结果可能大相径庭，正如同贝尔发明电话的初衷是解决听力障碍者的听力困境而并非作为通信设备一样，人工智能技术也面临这种情况。人工智能技术的设计师按照自己的意愿和理念设计出来的人工智能技术人工物与技术人工物的实际使用情况并不能完全符合设计者预期，甚至会产生完全相反的效果，科学家应该认识到机器人或是其他高技术人造物，能够对社会的发展造成影响，这个影响可能与技术设计的初衷相违背。人工智能技术的发展初衷是提高人类的生活水平和生活质量，但是现实情况却是更多的人被人工智能技术所迷惑，为智能技术所支配或排斥，从而客观上降低了实际的生活水平和生活质量，这些现实结果毫无疑问与人工智能技术的设计初衷背道而驰。人工智能的设计离不开设计者的努力，所设计出来的人工智能凝聚着设计团队的心血和智慧，但是并不是所有的设计者都是"完人"，由于设计者或者设计团队的偏见、错误的认知、思考的局限性等人为因素的影响以及编制算法存在缺陷等技术漏洞，设计出来的人工智能也会存在一定程度的缺陷。

16.3.3　人工智能应用风险

人工智能应用风险主要包括法律法规风险、信息采集应用风险、监管风险、政治安全风险等，以下从这些方面分析人工智能应用风险的形成。

1. 法律法规风险

首先，人工智能在金融领域的深入应用需要立法层面的依据，而我国无论是在监管法律的规范化，还是相关详细的监管政策细则上，仍停留在互联网金融层面，尚未出台系统规范的法律法规，法律法规的缺乏让监管边界较为模糊，许多人工智能相关的商业形式只能参照传统金融和互联网金融领域的法律法规来管理，一旦发生纠纷，法律责任的认定时常会缺乏法律依据。其次，人工智能的创新应用和发展对金融监管体系提出了新的挑战，虽然我国现已颁布了一系列相关的指导意见，但仍然需要进一步细化不同产业的相关扶持政策，改善行业的"法律空白"和"监管真空"。最后，人工智能在金融市场中的深化运用，导致金融运营模式和监管模式的变革，如何做到与时俱进，不断地完善法律体系也是相关机构需要关注的重要课题。

2. 信息采集应用风险

首先，从信息采集角度来看，作为信息密集型产业，为保障金融交易的顺利进行，在金融业务中人工智能时常需要分析、采集和处理大量的客户行为数据，随着数据采集范围的不断扩大，由于缺乏相关的采集标准和规定，在具体实践中时常存在数据采集的合法性问题。其次，从数据使用角度来看，一旦人工智能有关的通信和金融基础设施受到攻击，个人信息极易被黑客攻击或被不法分子控制，会给用户造成财产损失甚至危及用户人身安全。而且，人工智能技术尚未发展成熟，其安全漏洞的修补速度较慢，不法分子可利用相关技术准确识别潜在目标，对系统进行实时攻击，危害整个社会信用体系。再次，从数据存储角度来看，在互联网时代，大量的数据通常是存储在硬盘中，人为有意或者无意的丢失、损害都会造成数据泄露风险。最后，从数据传输角度来看，当前，我国金融业务中使用的算法应用标准，信息控制和披露标准不一致，用户的知情权和人工智能系统的信息机密性难以得到保障，同时，也限制了数据集成和传输的能力，导致历史数据质量参差不齐，极易出现部分数据丢失和错误等问题。

3. 监管风险

一方面，金融风险变得更加隐蔽和复杂。人工智能在金融市场的应用虽催生了诸多金融新业态，但并未改变金融业的原有风险属性和类型，反而使风险特征变得更加复杂和难以识别。具体来说：一是人工智能等现代技术推动金融业的快速变革，新产品、新业务、新模式层出不穷，整合了不同领域的业务，增加了金融风险的复杂程度。二是风险可控性降低。在人工智能等金融科技的影响下，金融交易发生即清算，风险传播将以更快的速度和更广的范围覆盖金融市场，金融监管机构进行救市和风险隔离的难度增加，金融市场挤兑风险将被迅速放大，加剧市场中参与主体的恐慌。三是金融风险更加隐蔽。人工智能在金融领域中的应用使得金融活动参与主体可能同时具有多重身份，监管缺失使得金融风险难以被识别，金融风险隐蔽性更强。此外，人工智能的应用降低了金融业务的进入门槛，金融机构从事高风险经营活动的动机被强化，整个金融系统的风险偏好更加凸显。

另一方面，随着人工智能的不断推广，金融监管机构不仅要应对传统金融业务行为和模式中的老问题，还要面对随着技术发展金融领域产生的新问题，这给金融监管提出了新的挑战。但在当前的金融监管体系下，风险责任认定相对较难，还会增加后续处理成本。同时，人工智能存在特定场景模拟缺乏的情况，极易导致任务及判断在执行中出现偏差，使金融市场出现异常波动，从而危害金融市场秩序的稳定。

4. 政治安全风险

人工智能的发展使信息的获取和使用更加复杂，甚至会影响一个国家的政治安全，这主要体现在以下几个方面。一是人工智能使社会图像和声音处理更加方便。拥有人工智能技术的公司或团体可以利用人工智能技术收集信息，了解当前的社会意识形态，进而达到影响社会意识形态和政治趋势的目的。二是制造虚假新闻，影响政治选举。这一点在西方国家表现得更为明显。例如，大型科技公司利用人工智能等先进技术收集选民的政治偏好，还可以制作美化或诋毁候选人的视频或新闻，定期、精确和有效地推送给选民，从而影响他们的选举决定。三是混淆信息的真实性，影响信息获取渠道，操纵人们的行为。人工智能技术在一些组织或团体的社会信息获取渠道中加入噪声，混淆信息的真实性，从而达到扰乱社会秩序、威胁社会稳定的不法目的。

16.3.4 人工智能风险影响分析

1. 人工智能可能引发就业危机

人工智能技术的应用将改变产业结构和就业结构。人工智能可能取代大量工作岗位，进而引发大规模结构性失业。企业有利用人工智能降低人工成本的冲动。对于一个以营利为目的的企业来说，利用有限的资本产生最大的收益是企业所有者的主要目标。通常，企业的所有者可以通过购买设备，提高技术水平或者雇佣劳动力两种方法扩大产出。根据传统的经济学模型，在某一生产力水平下，二者会在某个比例达到一个平衡，即同样的资本投入到技术和劳动力上所获得的收益相等。但是人工智能有可能带来生产力与生产关系的改变，打破这种从技术进步到新的平衡的良性循环。在 $Y = F(K, L, A)$ 方程式中，Y 为产出，K 为资本，人工智能既代表了技术进步（A），也在逐步替代劳动者（L），成为企业主眼里新的劳动者。这就是为什么随着人工智能的能力越来越强，以前的高智力就业也开始面临危机。工业革命把手工工匠的工作转化成大量常规工作（如生产线工作），而人工智能革命将彻底取代这些生产线工作。人工智能已经不再像以前的技术那样需要人与技术的配合，而是大量替代人类在生产中的作用。人工智能技术的进步使更多人类工作被替代，这样的演化有可能使人类失去大部分的工作。

2. 人工智能带来的隐私与数据泄露风险

随着数据信息电子化和网络化，数据的获取和传播更加便捷，但同时也造成数据更易泄露和扩散。目前的人工智能对数据的依赖更加剧了信息的安全风险。一方面，人工智能系统需要大量数据进行训练，并采取爬虫方式自动化获取大量个人数据；另一方面，人工智能算法依据个人数据进行分析，对出行数据、购物记录、入住信息、身份信息、生物特征数据及其他敏感信息数据等进行关联，侵害公民的隐私权。为了限制企业侵犯数据主体的权利，各国及地区陆续出台了相关的法律法规。2018 年 5 月，欧盟出台的《通用数据保护条例》生效实施。其中一项重大修改即删除权（被遗忘权）条款。这一条款极大地保护了公民作为数据主体的权利，但同时对企业利用人工智能获取、使用数据造成很大困扰。例如，当人工智能在已有数据上训练生成人工智能算法并推广应用之后，公民要求企业删除控制的数据和扩散出去的数据，企业有时候难以做到，或者成本巨大。如何平衡个人权利与社会发展，建立适应人工智能时代的法律体系成为各国关注的焦点。

3. 人工智能带来的社会信任危机

人工智能与人类世界和物理世界不断进行交互，颠覆性的用户体验大幅提升了人类认知和改造世界的能力，使得人们在"虚拟"和"现实"间无缝穿梭。"斯坦福监狱实验""米尔格伦实验"等大量的心理学实验证实，虚拟现实可能会对人的行为产生影响，而这种影响会延续到现实世界中。在虚拟社会"相逢不相识"的情况下，可能出现道德主体社会感淡漠现象，容易发生"逾越"行为，形成网络暴力或恶意信息的大规模传播，对社会诚信造成冲击。

人工智能算法具备强大的学习模仿能力，由此带来的伪造技术的升级使日常生活所用到的合同、契约、证书及相关法律文本的防伪鉴定面临新的困难，对社会秩序的各个层面构成了严重威胁。宣扬错误政治观点的政客伪造视频、对抗网络生成的"虚拟特工"、使用基于通用语言模型 GPT-3 的"最强假新闻生成器"造假等种种问题已经在影响着社会秩序，巨大的舆论压力对伦理安全和社会安全也造成了新的威胁。

案例阅读

1. 全球范围遭受勒索软件攻击

2017 年 5 月 12 日，全球范围爆发针对 Windows 操作系统的勒索软件（WannaCry）感染事件。该勒索软件利用此前美国国家安全局网络武器库泄露的 Windows SMB 服务漏洞进行攻击，受攻击文件被加密，用户须支付比特币才能取回文件，否则赎金翻倍或是文件被彻底删除。全球 100 多个国家数十万用户中招，国内的教育、医疗、电力、能源、金融、交通等多个行业均遭受不同程度的影响。安全漏洞的发掘和利用已经形成了大规模的全球性黑色产业链。美国国家安全局网络武器库的泄露更是加剧了黑客利用众多未知零日漏洞发起攻击的现象。2017 年 3 月，Microsoft 就已经发布此次黑客攻击所利用的漏洞的修复补丁，但全球有太多用户没有及时修复更新，再加上众多教育系统、医院等还在使用微软早已停止安全更新的 Windows XP 系统，网络安全意识的缺乏击溃了网络安全的第一道防线。

2. 京东用户数据遭窃

2017 年 3 月，京东与腾讯的安全团队联手协助公安部破获一起特大窃取贩卖公民个人信息案，其主要犯罪嫌疑人乃京东内部员工。该员工 2016 年 6 月底才入职，尚处于试用期，即盗取涉及交通、物流、医疗、社交、银行等个人信息 50 亿条，通过各种方式在网络黑市贩卖。

为防止数据盗窃，企业每年花费巨额资金保护信息系统不受黑客攻击，然而因内部人员盗窃数据而导致损失的风险也不容小觑。地下数据交易的暴利及企业内部管理的失序诱使企业内部人员铤而走险、监守自盗，盗取贩卖用户数据的案例屡见不鲜。管理咨询公司埃森哲等研究机构 2016 年发布的一项调查研究结果显示，其调查的 208 家企业中，69% 的企业曾在过去一年内"遭公司内部人员窃取数据或试图盗取"。未采取有效的数据访问权限管理、身份认证管理、数据利用控制等措施是大多数企业内部人员数据盗窃的主要原因。

3. 智能汽车风险

2018 年 4 月 3 日，工业和信息化部、公安部、交通运输部印发了《智能网联汽车道路测试管理规范（试行）》，这意味着智能汽车已经开始进入我们的生活。2016 年 1 月 20 日，京港澳高速河北邯郸段发生一起严重的追尾事故。一辆白色轿车在左侧第一车道行驶时，撞上了一辆正在前方实施作业的道路清扫车。经过一年多的审理，鉴定结果最终确认车祸发生时，车辆是处于"自动驾驶"状态。

无人驾驶汽车的发展大致可以分为五个阶段，当下我们处在第二或第三阶段，以智能辅助驾驶为主，第五个阶段才可以完全实现"自主驾驶"。也就是短时间内，自主汽车以环境感知为主，而后实现复杂情况下的半自动驾驶，最终达到具备高度或完全自动驾驶功能的智能化技术水平。智能汽车的发展依赖于互联网，易受到外界环境的干扰与控制。

此外，网络攻击、病毒入侵也将加大事故的发生概率，而在意外、紧急避险等多情形下，责任主体的认定及法律责任的实现也十分困难。自主驾驶汽车可以远程遥控驾驶，意味着犯罪人不在现场也可能利用自主驾驶汽车故意杀人、故意伤害、故意毁坏财物或以危险方法危害公共安全。自主驾驶汽车也将步入租赁或二手买卖的流通中，对电子信息的更改或删除使车辆的监控难度提升进而也会使犯罪率提升。芯片是智能自主驾驶汽车的核心，芯片鉴定技术是推进司法改革进程的关键。芯片的恶意研发或是芯片研发漏洞被恶意操纵控制则会导致智能汽车对人身财产的损害进入难以控制的状态。

课程思政扩展阅读

2019 年 10 月，习近平总书记明确表示，区块链技术是重要的自主创新核心技术，要加快区块链技术和产业创新发展。2021 年 10 月，习总书记在中共中央政治局第三十四次集体学习时再次强调要加强大数据、人工智能、区块链等关键核心技术攻关。这一表态为区块链技术的研究、应用和监管提供了指导，各地区相继提出了《区块链技术创新和应用发展行动计划》等政策。政府鼓励企事业单位、高校等机构开展区块链技术的研究和应用，推动区块链技术在各行业的创新和应用。这种支持意味着政府认可区块链技术的创新价值，鼓励各方积极探索区块链技术在金融、物流、供应链管理等领域的应用。政府在鼓励创新的同时，也将加强对区块链行业的监管，确保其合法合规经营。通过加强监管，政府能够防范不法分子利用区块链技术进行非法活动，维护金融市场的健康秩序，保障投资者权益。这也强调了党的领导对于法治社会建设的重要性，以及政府在确保金融系统稳定、保障人民财产安全方面的努力。

■ 本 章 小 结

区块链、大数据、人工智能等技术发展迅速，它们是社会发展与金融创新的重要推动力量，也会带来人类安全权、隐私权、数据所有权受侵害等风险。因此，在不断推进各项金融科技关键技术进步的同时，必须关注高科技的风险，才能避免金融科技发展的负面效应。在区块链、云计算、大数据和移动互联网的融合推动下，金融科技在很多方面都有了突破性进展。信息化浪潮的不断发展，使得区块链、大数据、人工智能技术得到广泛关注。只要人类能合理利用和控制区块链、大数据、人工智能各项技术，在技术安全保障下开发各项金融服务，共同促进社会经济健康发展，"智能经济"时代就会更好、更快地到来。

思考与练习

1. 区块链风险的内涵是什么？区块链风险有什么特征？
2. 区块链风险是如何形成的？区块链风险造成了什么影响？
3. 大数据风险有哪些？大数据风险在技术和应用上的形成原因是什么？
4. 人工智能的风险有哪些？人工智能风险的形成原因有哪些？

第六篇 市 场 篇

金融科技的市场与监管

【学习目标】

了解金融科技的市场表现

掌握金融科技监管的主要模式与特征

理解沙盒监管的应用

第17章

金融科技市场均衡分析

【本章提要】

金融科技是技术驱动的金融创新，为金融发展注入了新的活力，也给金融安全带来了新挑战。中国科技金融发展迅速的原因在于：供给端，数字化渗透率高，但金融普惠程度低；需求端，"中产"比例上升，需求推动金融科技。本章介绍了金融创新与金融稳定的关系，分析了实现金融科技下的市场均衡，选择了三种金融科技的典型应用，分别分析了共享经济、电子商务以及移动支付下的市场均衡状况。

■ 17.1 金融科技市场均衡

党的十九大报告提出："深化金融体制改革，增强金融服务实体经济能力，提高直接融资比重，促进多层次资本市场健康发展。"[①]要深化金融体制改革，提高金融服务实体经济能力，就要促进金融与科技的结合，积极利用大数据、人工智能、云计算等技术丰富金融服务实体经济的手段。在金融科技所覆盖的范围与领域方面，巴塞尔银行监管委员会区分出四个核心应用领域：存贷款与融资服务、支付与清结算服务、投资管理服务以及市场基础设施服务。存贷款与融资服务领域包括网贷、征信、众筹等产品；支付与清结算服务包括移动支付、区块链认证等内容；投资管理服务典型代表是智能投顾与智能投研等；市场基础设施服务的内容则最为广泛，意指人工智能、区块链、云计算、大数据、安全等技术所带来的金融产品的创新。

17.1.1 金融创新和金融稳定的均衡规制

在中国的金融监管体系中，金融创新和金融稳定是政府监管的两个基本目标，前者属于发展目标，后者属于监管目标。这两个目标在价值确定和目标属性方面存在差异。

---

① 《习近平：决胜全面建成小康社会 夺取新时代中国特色社会主义伟大胜利——在中国共产党第十九次全国代表大会上的报告》，http://www.gov.cn/zhuanti/2017-10/27/content_5234876.htm[2022-05-12]。

在当前金融业"强监督"和"普遍监管"的背景下，金融稳定是监管主体选择的目标，在制定监管政策时也要考虑金融创新。政策目标中的这些矛盾使监管机构处于周期性两难境地。稳健管理金融市场，及时制定合理政策，消除风险，以确保通过互联网实现金融创新的可持续发展。同时，有必要认真考虑互联网规则和金融机构的监管负担，以防止对市场公平竞争造成损害。这种多重矛盾的困境已经成为规范互联网金融发展的难点。监管机构针对金融稳定目标的监管政策往往可能阻碍互联网金融创新。如何在"保证金融市场稳定"和"促进金融创新"的困境下，从监管目的、内容和工具的角度提高互联网金融监管的有效性，我们正在寻求在市场稳定性和科技创新之间取得平衡的渠道及技术监管手段。

金融科技监管中金融创新与金融稳定的关系不能简单地应用从监管到金融创新或监管到金融稳定的分析框架，也不能在"保证金融市场稳定"和"促进金融创新"之间轻率地做出选择。为了做出价值选择，我们需要考虑复杂现实约束下的整体监管。具体而言，互联网金融的金融创新和金融稳定受到监管目标设定的科学性和监管安排的完善程度及监管工具的合理性的影响。这实际上涉及互联网金融监管的三种均衡：第一，监管的目标是均衡的，属于监管的概念层面，需要监管本身的目标之间的协调。第二，监管的内容是平衡的，属于监管的协调。这一层面涉及中央监督与地方监督之间的协调关系。第三，监管工具的平衡属于监管水平，并考察了不同监管工具的综合影响。鉴于此，本章提出了金融科技"目标—内容—工具"的规制框架（图 17-1），并讨论了监管目标、监管内容和监管工具的不同安排对金融创新与金融稳定关系的影响。这种分析框架的引入是基于供需平衡模式理论、要素理论和经济学博弈论，以及等效平衡理论作为公共政策的主要分析工具。

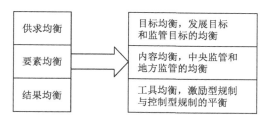

图 17-1　金融科技"目标—内容—工具"的规制框架

17.1.2　金融科技"目标—内容—工具"的规制框架

1. 供求均衡——目标均衡

目标均衡是平衡金融创新与金融稳定之间关系的基本条件。发展目标和监管目标是两大类目标。发展目标主要包括重要物质性价值，如经济增长和金融创新带来的市场繁荣，而监管目标更多地关注社会福利价值，如确保金融市场稳定和保护金融消费者权利。事实上，同样的监管行动可能包含多个监管目标。如果这些不同的监管目标的价值水平不同并且相互矛盾，那么目标定位的混淆将导致互联网金融监管政策失败，抑或因偏颇某一目标而导致对其他目标的抑制。

2. 要素均衡——内容均衡

内容均衡与监管体系安排中的中央和地方政府之间的关系有关。当中央金融监管机构和地方金融监管机构对互联网金融有不同的标准和方法时,会阻碍互联网金融业创新的积极性。

3. 结果均衡——工具均衡

监管工具是实施互联网金融监管的基本手段。激励型规制与控制型规制之间的平衡是实现互联网金融工具均衡的主要形式,它涉及监管工具选择的合理强度。激励型规制通常会促进互联网的金融创新,而受控制的监管往往会限制创新。在这个过程中,有必要对激励型规制的应用强度有一个合理的把握,并要注意过度刺激造成的"形式创新"的泛滥。另外,虽然控制型规制是对互联网金融创新的制约,但它也引导企业实现金融稳定的目标,并有助于根据监管目标刺激金融创新行为。

从内部功能的角度看,不仅金融科技监管会改变企业的金融创新战略,金融创新本身也会对金融监管产生负面影响。监管与创新之间的互动过程也是实现互联网金融监管自我均衡的过程。具体而言,互联网金融监管对金融创新的激励或约束主要通过标准控制来实现。此时,互联网金融公司通过比较适应性成本和市场收益预期来选择相应的创新战略。这里的适应性成本是指互联网金融公司满足政府监管要求的成本。当市场收益预期大于适应性成本时,企业倾向于采用积极的金融创新战略,反之倾向于采用消极的创新战略。金融创新对金融监管的反应主要通过影响和改变监管标准(工具)来实现,并根据其上演阶段而有所不同。在初始阶段,它主要通过影响政策变化来塑造监管。从中期来看,它主要通过影响监管程序来调整监管。然后,通过调整和改变监管的标准和工具,形成规则。最终,"监管—创新"和"创新—监管"的双向改进实现了监管均衡,同时实现了监管机构和创新主体的主动或被动改进。

■ 17.2　共享经济下的市场均衡分析

在传统租赁市场,一方是物品的所有者(一般为厂商或租赁公司),一方是消费者,所有者将持有的物品出租给消费者。但在金融科技发展助力下产生的新兴共享消费市场,所有者不再是厂商或租赁公司,而是消费者,消费者拥有的闲置耐用消费品或者闲置资金除自己使用外,还可以通过共享消费平台出借出去,这种市场被称为点对点共享消费市场或共享经济市场。这样的点对点共享消费市场是一个开放的市场,物品使用权的"交换"通过共享平台达成,并且这一"交换"过程中需要支付一定的费用(也称为"租金"),即使用者通过共享平台支付租金给物品的拥有者以获取使用权。

共享经济用互联网或者移动互联网的方式,把闲置资源匹配到需求方。共享经济通过互联网打破空间地域限制,连接碎片化资源,有效整合,提升互动和交易的效率,重塑人与人之间的关系,让资产、资源、技术、服务的所有者,能够通过第三方平台分享给有需求的人，从而获得利益；被分享者可以用更低的成本、更便捷的方式获得更有品质的服务。

因此，共享经济很快成为社会服务行业内的一股重要力量。在住宿、交通、教育服务以及生活服务等领域，优秀的共享经济公司不断涌现：共享 WiFi 的代表必虎 WiFi，共享出行的代表 Uber、滴滴出行，共享车位的代表丁丁停车，共享空间的代表 Airbnb、小猪短租，共享度假的代表 VaShare，共享游戏的代表 steam、AUV 共享游戏，面向全球的在线工作平台 AAwork，共享资金价值的代表网贷之家，共享饮食的代表 Eatwith 等。新模式层出不穷，在供给端整合线下资源，在需求端不断为用户提供更优质体验。共享经济的模式深深影响着人们的观念和生活。

这些共享消费平台的出现和消费者的参与，推动了耐用消费品和资金共享消费市场的迅速发展。与此同时，市场上也存在着许多伪共享消费，它们其实只是打着共享旗帜的租赁项目，这种租赁项目与传统租赁项目的区别仅仅是建立在互联网技术的基础之上。伪共享消费主要以营利为目的，缺乏广泛的社交性，且不能达到互惠互利的目的，因此被认为是一种虚假的分享。另外，有时因为有以营利为目的的公司参与，使得共享消费市场也不是真正意义上的点对点分享，只是公司对个人（company to peer），即耐用消费品的所有权由公司或企业提供，而不是由消费者个人提供，如目前市场上广泛存在的共享单车、共享汽车、共享雨伞、共享充电宝等。

根据目前市场上广泛存在的共享消费现象，探讨共享消费市场的均衡问题：在共享消费短期、长期均衡市场上，是什么因素决定了共享消费市场的租金和交换数量？共享消费均衡租金和交换均衡数量是多少？当考虑存在共享消费市场带来的 BTM（bringing-to-market，推向市场）成本时，即存在物品因共享产生的折旧成本、劳务成本或交易费用等，这些成本是如何影响市场的短期和长期均衡的？比较共享消费市场出现前后，市场需求曲线的变化、物品拥有量的变化、消费者效用的变化、社会资源配置的变化等。

17.2.1 共享经济市场的短期均衡分析

在共享消费短期均衡市场下，短期均衡租金与承租者的总使用时间成正比，与拥有者的总闲置时间成反比。目前，国内外大多耐用消费品都处于一种低利用率的状态，我国存在大量拥有产权的闲置车位而同时又有许多汽车无处可停的现象。耐用消费品低利用率无疑是一种资源浪费，针对许多耐用消费品需求高而利用率低的现状，共享消费是一种行之有效的解决办法，将耐用消费品的闲置时间进行出租，不仅给拥有者带来收入，也给承租者带来方便，使其能以较低价格获得产品的使用权。共享消费市场的出现，快速提升了市场商品的总供给能力，提高了社会资源的利用率。

引入 BTM 成本，对共享消费市场的短期均衡进行扩展分析。一般而言，BTM 成本由拥有者支付。比如，滴滴出行需要投入一定的劳动力驾驶汽车，同时小汽车也有一定的折旧，甚至可能存在一定的社会成本等；托管在 Airbnb 或小猪短租的民宿，也需要服务人员清扫。可见，BTM 成本必然会提高均衡租金和降低均衡交易数量。共享消费市场中的 BTM 成本大部分是劳务成本，虽然 BTM 成本会提高均衡租金和降低均衡交易数量，但共享消费市场的出现创造了大量的就业机会，如滴滴出行需要更多兼职司机，丁丁停车需要更多的车位管理人员，Airbnb 对清扫保洁人员的大量需求等。因此，共享消费市场的出现为缓解社会失业问题起到了积极的推动作用。

17.2.2　共享消费市场的长期均衡分析

由于共享消费市场具有良好的流动性，耐用消费品的拥有者可以很容易地将它们的未被利用的时间提供给愿意承租使用的人，未来租金的预期可能会使部分消费者更愿意投资于耐用消费品的所有权，而承租者因平均利用水平低或收入水平低则没有自己的耐用消费品。

现考虑长期共享消费市场的情况，耐用消费品的拥有者和承租者可以根据自己的使用情况和财富、收入水平修改是否拥有所有权的决定。也就是在长期均衡中，当存在共享消费市场时，消费者有足够的时间调整自己的策略，不仅可以选择是否参与共享消费，也可以选择是否购入或卖出耐用消费品。

研究发现，在长期均衡市场上，耐用消费品长期均衡租金等于单位购买价格，与是否拥有耐用消费品的所有权无关，与具体是拥有模式还是租赁模式也无关。共享消费市场使得耐用消费品这一资源在拥有者和承租者之间重新配置。尤其是对于那些受经济条件约束的使用型消费者来说，之前因没有购买而无法使用产品，但共享消费市场出现后，因使用产品所支付的租金远远低于产品的总价格，这一类消费者可以选择通过支付租金来获得产品的使用权，从而大大提高了产品的效用水平，明显改善了消费者的生活质量。

当存在 BTM 成本时，拥有耐用消费品的所有权对高频使用型消费者来说更具吸引力。因为高频使用型消费者使用时间长，相比租用耐用消费品的使用权，消费者更愿意使用自己拥有所有权的耐用消费品。

17.2.3　共享消费市场出现前后对比

共享消费市场出现之前，耐用消费品的市场需求曲线是固定不变的，但在长期的共享消费市场均衡中，产品需求却不断变化，即随着两种类型消费者参与情况、耐用消费品的购买价格的变化而变化。当短期均衡租金高于购买耐用消费品的单位价格时，耐用消费品的拥有量不减反增。因此，共享消费市场的出现并不一定会使耐用消费品的拥有量减少，也不会对产品制造厂商形成巨大冲击，厂商可以根据共享消费市场情况适度扩大生产规模。

将共享消费市场出现前后进行对比，发现无论是共享消费市场的短期均衡还是长期均衡，参与市场的消费者效用变化均为正。从社会总效用来考虑，无论是短期均衡还是长期均衡，共享消费通过资源重新配置，使参与市场的所有消费者的效用都得到了提升。当然从整个社会角度考虑，共享消费可能导致社会其他部分人员利益受损，或许不参与者有轻度的受损，如共享车位造成车位管理人员工作任务加重，但相对于增加的效用而言，这些受损效应很小，有些可以通过 BTM 成本进行补偿。共享消费市场不仅优化了资源配置，也使得社会总福利得以改善。

17.3　电子商务下的市场均衡分析

B2C 是电子商务按交易对象分类中的一种，即表示企业对消费者的电子商务形式。这种形式的电子商务一般以网络零售业为主，主要借助于互联网和独立网店系统软件开展在线销售活动，同时也是企业或品牌推广的一种新形式。B2C 模式是我国最早产生的电子商务模式。

随着互联网发展与普及，B2C 电子商务的需求在人们日常生活中扮演的角色日益重要，网上购物越来越受到青睐，提供相关服务的 B2C 网站呈现出蓬勃发展的趋势。除了市场规模，我国 B2C 电子商务的用户规模也在迅速增长。根据艾瑞咨询发布的 2011 年中国网络购物数据报告，我国 B2C 市场 2011 年网购用户规模为 1.87 亿人，网络购物市场中，B2C 市场增长迅猛，B2C 市场将继续成为网络购物行业的主要推动力。2020 年第四季度我国互联网 B2C 网站市场规模达 21 832.4 亿元，同比增长 18.9%。

目前营运的 B2C 网站，可以按存在形态分成四类。第一类是综合商城：其买方和卖方呈现一种多对多的关系，典型代表如淘宝；第二类是百货商店：其卖方与买方呈现一种一对多的关系，典型代表如亚马逊中国、京东和当当等；第三类是垂直商店：服务于某些特定的人群或者特定的需求，提供有关这个领域或需求的全部产品及更专业的服务，如红孩子、京东、国美等；第四类是复合品牌店：典型代表如李宁。

17.3.1　我国电子商务的商业模式

B2C 网站的营利商业模式在很大程度上取决于公司商家选择的 B2C 网站的运营商业模式。也就是说，不同的 B2C 电子商务网站运营商业模式，其营利的商业模式也不同。以下是七种商业模式。

第一种是产品销售。B2C 网站的商品和服务交易收入是大多数公司 B2C 网站的主要利润来源，是现阶段最重要的 B2C 电子商务盈利商业模式之一。营销型 B2C 电子商务网站是公司销售类 B2C 商城或 B2C 网站，公司在网站出售产品，以在网站上销售产品为主要营利方式，需要自行开拓采购供应商渠道，并构建完整的仓储和物流配送系统或者发展第三方物流入驻商，还要满足消费者购买产品后的物流配送服务。

第二种是广告。在线广告盈利不仅是互联网经济的常规收入业务模式，也是几乎所有电子商务公司的主要利润来源。B2C 网站提供弹出广告、横幅广告、浮动广告和文本广告。广告是 B2C 电子商务网站最重要的营利商业模式之一。其主要作用是通过广告吸引客户的注意力并进入公司的 B2C 电子商务网站。与传统媒体相比，B2C 网站广告的独特优势在于：一是投放效率高，投资投入与实际点击效果直接相关；二是 B2C 网站可以充分利用网站本身提供的产品或服务对销售团体进行分类，这对广告商也很有吸引力。

第三种是会员费。B2C 网站根据不同的运营方式及提供的服务收取会员价格，B2C 网站提供的服务有在线注册程序、跟踪购买行为记录、在线销售统计和完善的信息保障证明等。会员数量在一定程度上决定了网站通过会员最终获得的收益。网站收入的大小主要取决于其自身的推广工作。它可以举办一些优惠活动，给会员一个更优惠的会员价格，与免费会员形成差异，吸引更多的长期客户。

第四种是网站的间接收益商业模式。除了公司 B2C 网站产生的利润外，公司还可以通过价值链中的其他环节获利。①网上支付收益商业模式，当 B2C 网上支付拥有足够的用户，就可以开始考虑通过其他渠道来获取收入的问题。以淘宝为例，有近 90% 的淘宝用户通过支付宝支付，这带给淘宝巨大的利润空间。淘宝不仅可以通过支付宝收取一定的交易服务价格，还可以充分利用用户存款和支付时间差产生的巨额资金进行其他投资营利。②网站物流收益商业模式，中国 B2C 电子商务的交易规模已达数百亿元，由此产生的物流市场也非常庞大。将物流融入自己的服务、网站的服务，不仅可以占用物流的利润，还可以增加用户创造的价值。但是，物流业和互联网信息服务之间存在很大差异。B2C 网站将物流纳为自身服务的投入非常高，需要建立实体配送软件，需要大量资金储备，而大多数网站很难做到。

第五种是订单中介费。一些 B2C 网站通过接收客户在线订单和收取交易中介费获利。

第六种是拍卖。B2C 网站还可以从拍卖产品中收取中间价格，为收藏者提供拍卖服务。

第七种是产品租赁。B2C 网站还能够提供租赁服务，收取租金。

目前，我国的 B2C 规模稳居全球第一。我国 2020 年 B2C 市场的交易额超过 1.4 万亿美元。

17.3.2　电子商务市场模型分析

在经济分析中，根据不同的市场结构的特征，将市场划分为完全竞争市场、垄断竞争市场、寡头市场和垄断市场。目前，我国电子商务市场具有如下特征：电子商务企业数目很多，产品有差别，企业对商品的价格有一些控制程度，同时电子商务进入一个行业是比较容易的。因此，电子商务市场模型比较接近于垄断竞争市场或者寡头市场。

对于垄断竞争模型的电子商务市场，电子商务企业可以在一定程度上控制自己产品的价格，即通过改变自己所生产的有差别产品的销售量来影响商品的价格。如同垄断企业一样，电子商务企业所面临的需求曲线也是向右下方倾斜的。不同的是，由于各电子商务企业产品或服务相互之间都是很接近的替代品，市场中的竞争因素又使得电子商务企业需求曲线具有较大的弹性。电子商务企业向右下方倾斜的需求曲线是比较平坦的，相对接近完全竞争市场的需求曲线。同时，随着电子商务市场中企业的不断进入，而产品或服务类别渐趋于完全竞争市场的无差异性。

垄断竞争市场面临的需求曲线（图 17-2）有两种：d 需求曲线和 D 需求曲线。d 需求曲线表示

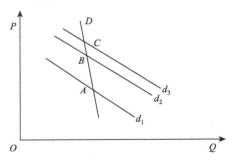

图 17-2　垄断竞争市场面临的需求曲线

在垄断竞争模型的电子商务市场中的某个企业改变产品（或服务）价格，而其他企业的产品价格都保持不变时，该企业的产品价格和销售量之间的关系。D 曲线表示在垄断竞争生产集团的某个企业改变产品价格，而且集团内的其他所有企业也使产品价格发生相同变化时，该企业的产品价格和销售量之间的关系。

d 需求曲线和 D 需求曲线的一般关系是当垄断竞争生产集团内的所有厂商都以相同方式改变产品价格时，整个市场价格的变化会使得单个垄断竞争厂商的 d 需求曲线的位置沿着 D 曲线发生平移；由于 d 需求曲线表示单个垄断竞争厂商单独改变价格时所预期的产品销售量，D 需求曲线表示每个垄断竞争厂商在每一市场价格水平实际所面临的市场需求量，所以，d 需求曲线和 D 需求曲线相交意味着垄断竞争市场的供求相等状态。

垄断竞争电子商务市场，一方面表现为电子商务企业的实际产量是大于理想的产量的，反映在现实网络交易生活中就是生产出售某些相似商品的小规模的电子商务企业过于拥挤，如过分稠密的家具、服装等零售商。而在垄断竞争电子商务市场中多余生产能力表明该种电子商务市场生产集团内的企业数量过多。前些年，电子商务企业的平均生产成本还是较小的，但如今由于电子商务厂商的泛滥和进入退出电子商务市场的壁垒增大，电子商务企业的平均生产成本升高，再加上一些网络交易平台抬价，电子商务企业的生产与经营也处在一定的进退两难的处境中。而这又使得在网络交易中的资源配置呈现一种不均匀现象，对于实现资源配置高效率还是会形成一些阻碍。

具有垄断性的电子商务市场中的电子商务企业会阻碍信息完全化，垄断企业只要依靠自己的垄断力量就可以长期获得利润，并且这样的企业使消费者对市场信息的了解与掌握逐渐局限于这些垄断性企业。电子商务市场组织结构的扁平化与企业稠密化也使得市场资源"一边倒"，会对合理有效配置资源产生一定的阻挠因素。而寡头垄断电子商务市场在一定程度上还是能带动技术革新的，大型电子商务企业会积极进行互联网技术创新。

17.3.3　电子商务市场均衡的对策措施

社会客观因素、电子商务企业以及消费者习惯等会影响电子商务市场的均衡发展，可从社会、企业和消费者三个方面具体分析影响我国 B2C 发展的因素。

第一，政府应加大力度投资于电子商务的信息基础建设，B2C 的发展需要一个良好的互联网基础平台，政府应完善全国网络经济的基础建设。第二，健全和完善的电子商务平台，具体包括网络在全国范围内的大面积覆盖、计算机和网络知识的全民普及和应用、统一的行业标准和技术标准的制定等。政府有责任、有能力进行电子商务基础建设的投资以改善我国电子商务运营环境，从根本上减轻由网络规模小、消费者计算机和网络知识缺乏、技术落后等对 B2C 的发展所造成的负面影响。第三，构建完善的社会信用体系，社会信用体系能增加交易双方的信任，降低由网上商店的虚拟性、B2C 中网上支付的独特性带来的问题，进一步促进电子商务市场均衡发展。

■ 17.4　移动支付下的市场均衡分析

近年来，中国移动互联网发展非常迅速，金融科技也迅猛发展，智能手机也得到了广泛普及，使得移动支付日益走进大众的生活。数据显示，2020 年 12 月我国网民规模达9.89 亿人，手机网民规模达 9.86 亿人，互联网普及率达 70.4%。2021 年网民规模突破了10 亿人。这为移动支付发展提供了用户和技术支持。同时，中国信用体系建设相对落后，支付宝等支付工具能解决购物支付信用问题，极大地满足了用户需求，因此发展迅速，从而带动了移动支付发展。

移动支付就是允许用户使用移动终端对所消费的商品或服务进行账务支付的一种服务方式。通常移动支付的终端是手机，所以移动支付也被称作手机支付。用户通过移动设备、互联网或者近距离传感直接或间接向银行金融机构发送支付指令，产生货币支付与资金转移行为，从而实现移动支付功能。移动支付将终端设备、互联网、应用提供商以及机构相融合，为用户提供货币支付、缴费等金融功能。

17.4.1　移动支付市场均衡的影响因素

移动支付主要影响包括改变货币流通速度、改变货币乘数、改变货币需求（或供给）。而改变货币需求（或供给）又包括直接金融对货币信用创造的改变及移动支付对信息不对称问题的缓解，带来的信用创造改变与对市场出清机制的影响。

移动支付的货币基金属性对货币发行的改变体现在两个方面。第一，货币乘数效应。因为银行有存款准备金率，所以货币乘数可以使得货币发行总量呈现几何级数形式，最终会收敛为一个固定值。而我们可以把直接信用市场看作没有存款准备金率的银行，那么就不会有几何级数出现，这个时候，这种信用扩张就只能由信用创造的收益（利率、各种基本面预期）等来直接制约信用创造的行为。但是显而易见，当不受存准限制的直接信用创造比例升高，货币乘数就会发生改变。第二，货币的信用本质。现代货币是国家信用属性，或者叫国家信用本位。现代货币的本质就是一种信用扩张。

因此，任何一种信用，都具有现代货币的属性，它们自然会影响现代货币的发行量与流通。这也是为什么国家信用的货币只能由中国人民银行创造，并且对机构电子货币有严格的限制措施。如果所有的大型机构都采用自己发行的电子货币，那金融监管就会产生困难。比如，以后去超市，不用刷银行卡了，要刷超市会员卡，如果所有人都要去超市购物，那么跟你做生意的人，跟你谈项目的人，也都愿意以超市会员币来进行交易清算，这跟外币的性质差不多。因为外币就是不同的国家信用。

由以上可知，基于移动支付的货币基金，对货币发行有着显著的双重影响。一是改变流通速度；二是改变信用创造，直接影响货币需求（也可以叫供给，取决于货币市场内生性的程度）。因此，货币基金等直接金融可以看作没有存款准备金率的影子银行，那么货币扩张理论上就可以不具有收敛结果。

17.4.2 移动支付市场均衡的理论核心

移动支付可能会带来一个新改变，即缓解信息不对称问题，而这种改变会影响信用创造，影响市场出清机制。移动支付能获得更丰富的个人资本活动数据，降低信息不对称，有助于间接与直接金融体系扩大信用创造。但更重要的影响是，影响市场出清机制。

在信息不对称的情况下，利率选择与银行风险偏好都围绕着一个核心问题——"逆向选择"。现实中，银行的贷款利率是依据正向选择效应（银行收益随着利率水平的提高而增加）与逆向选择效应（银行收益随着利率水平的提高而减少）的均衡来选择的，从而使银行收益最大化。这也直接影响了银行在风险偏好上的表现。不同风险偏好的银行在决定信贷规模和贷款利率时都会采取不同的选择，这使得货币扩张实际情况并非如同引入货币乘数的小学计算那样简单。因而，银行的利率选择往往不等于市场出清的均衡利率，同时存在信贷效应（低息贷款）与配给效应（本来发放高息贷款却发放了低息贷款），这使得实际具有高风险偏好且有能力支付高息的贷款者无法获得信贷。

因而，即便没有货币基金作为移动支付的支撑，移动支付平台也可以获得大量的个人消费数据，从而在消费金融（如消费信贷、汽车金融）等领域发挥出显著作用，缓解信息不对称性，改变市场出清机制，影响货币流通与供需，进而影响到货币发行量。

17.4.3 移动支付市场均衡的措施

要使移动支付市场均衡，在推动金融科技市场进步的同时，更应加强对移动支付市场的监管。

在充分发挥移动支付便捷性的同时，应最大限度地做到维护移动支付的安全，两者要实现高度统一。一要提升支付软件系统的安全水平，完善支付软件系统，减少安全漏洞，加强软件的抗攻击能力。二要加大力度严厉打击制造木马病毒攻击手机支付软件牟取利益的行为，维护安全干净的支付环境。三要加大力度打击售卖移动支付用户个人信息的行为，为用户群提供诚信的支付环境。四要完善移动支付用户权益保护措施，健全维权渠道，维护移动支付用户的合法权益。

因此，为实现市场均衡发展，我国应迅速建立健全移动支付的法律法规，建立移动支付的行业标准与规则；协调产业链参与者的利益，促进参与者间的合作，实现利益共享和责任共担；积极采取措施，切实提高移动支付安全性；加强国际合作，建立国际统一的法律规则，开拓国际市场，积极支持支付宝、微信等行业巨头走出去战略，加快其全球化进程。

综合来看，虽然中国的金融科技行业发展很快，但也要避免在快速发展中出现市场不均衡。因为金融科技创新的监管制度框架和充分竞争的市场环境还在发展过程中，有可能会影响优质公司的可持续发展，因此要促进金融科技和监管科技的同步发展，制定完整的技术标准，有效规范市场准入和退出，为金融科技行业创造一个公平竞争的市场。此外，也要注重协调好金融消费发展和金融消费者保护的关系，让金融科技的发展真正做到服务于人民，服务于实体经济。

案例阅读

2018 年全球金融科技投资行业热情高涨，投资规模显著提升，据毕马威统计数据，当年全球金融科技行业投资金额达 1118 亿美元，较 2017 年同比增长 120%，是 2013 年的近 6 倍，且中国金融科技呈现后来居上趋势。行业布局现状方面，越来越多的商业银行开始通过设立金融科技子公司来进行金融科技领域布局，而布局金融科技业务的企业也因此迎来新的业务增长点。

根据国际权威机构金融稳定理事会定义，金融科技是指技术带来的金融创新，它能创造新的模式、业务、流程与产品，且落脚点在于科技。毕马威调查数据显示，2018 年全球金融科技投资行业发展景气高，行业投资规模显著提升。具体来看，在投资规模上，2013~2018 年，全球金融科技行业投资规模波动上升。在毕马威公布的"2018 金融科技100 强"榜单排名前十的公司中，中国有 4 家：蚂蚁金服位居榜首，京东金融位居第二，度小满金融排名第四，陆金所排名第十。"2018 年度金融科技 50 强"榜单中有 9 家中国公司入选，体现了中国金融科技行业在全球范围内的迅猛发展态势。

金融科技为金融 IT 企业带来新的增长点，银行业开始布局该领域。目前，我国金融IT 企业在通过新兴技术为金融机构提供创新服务的同时，也积极与金融机构合作，获取金融牌照，利用自身 IT 技术直接为最终用户提供金融服务，开展如金融产品销售、智能投顾、大数据征信等金融科技业务，实现销售分成或业务分成。根据分析，金融 IT 企业在为金融机构提供服务的第一阶段，市场容量仅千亿规模。而直接为最终用户提供金融服务的市场容量可达万亿规模。以智能投顾为例，截至 2018 年底，我国资产管理规模达50.4 万亿元，若智能投顾渗透率达到 10%，仅智能投顾的市场容量就达 5 万亿元规模。由此可见，金融科技为我国金融 IT 企业带来巨大的增长空间。除此之外，传统金融服务的覆盖面尚窄（普惠金融供给不足）、互联网基础设施的超前发展以及政策支持为中国金融科技的发展创造了条件，使得中国金融科技发展后来居上。

■ 本 章 小 结

金融科技创新对金融市场产生了巨大影响，从"破坏式创新"到新的市场均衡形成有其规律。本章选择了三个市场进行分析：在共享经济领域，探讨了点对点共享消费市场的短期均衡、长期均衡并进一步研究共享消费市场出现前后社会福利的变化。在电子商务领域，首先介绍了 B2C 的概念及分类，其次分析了 B2C 的七种商业模式，以及社会、企业和消费者三方面的均衡问题。在移动支付领域，介绍了现阶段移动支付市场对金融货币的影响及利率均衡形成。同时指出网络信息技术的不完善与金融市场监管的不到位致使其存在许多的风险，需完善相关监管措施。

思考与练习

1. 金融科技市场均衡的内涵是什么？
2. 各细分市场均衡是如何形成和变化的？
3. 试构建模型分析金融科技市场均衡的动态调整。

课程思政小思考

坚持新发展理念，发展是解决我国一切问题的基础和关键，发展必须是科学发展，必须坚定不移贯彻创新、协调、绿色、开放、共享的发展观。金融科技作为经济发展的重要引擎之一，应服务于实体经济，推动经济结构优化，从而实现创新、协调、绿色、开放、共享的整体目标。市场均衡是市场经济运行的核心。在金融市场上，要坚持公平竞争，消除垄断和非法活动，保护消费者权益，实现金融市场的均衡与稳定。

请结合党的二十大精神和习近平新时代中国特色社会主义思想，思考以下几个问题：

（1）在金融科技快速发展的背景下，如何坚持创新、协调、绿色、开放、共享的发展观，促进金融市场的均衡与稳定？

（2）如何在金融科技创新发展的过程中，践行习近平新时代中国特色社会主义思想，坚持科学发展，实现金融、科技与经济的和谐发展？

第18章

金融科技的监管模式与方法

【本章提要】

本章针对沙盒监管这一新模式进行探讨，先分析了我国金融风险的现状，然后分析了当前金融风险监管体制的漏洞，接着分析了沙盒监管的产生背景和定义，整理了世界主要国家在沙盒监管上的做法，最后对于沙盒模式在我国的应用，从适用性和构建思路方面给出了分析，从其实际在我国的推行和注意点方面归纳了一些建议。

■ 18.1 金融监管的概述

18.1.1 金融监管的内涵

金融风险是客观存在的，并且在相当大的程度上反映了微观经济主体的经营风险和宏观经济的运行风险。金融风险积累到一定程度，会使金融体系遭受破坏，金融危机是金融风险放大后的一种极端情况。要保证市场经济的有效发展，对市场实行宏观调控和监督是必要的。金融监管是指金融监管当局依据国家法律法规的授权，对整个金融业实施的监督管理。从金融的发展来看，金融在经济体系中的地位显著增强。随着金融创新的不断涌现，金融业务之间的界限被不断打破，金融的发展日趋国际化，金融资本不断扩张，与此同时，金融领域的风险也在急剧加大，因此通过监管来保证金融业的稳健运行是十分有必要的。各国无论采用哪一种监管组织体制，监管的具体目标基本是一致的：确保金融稳定安全，防范金融风险；保护金融消费者的权益；增进金融体系的效率；规范金融机构的行为，促进公平竞争。

18.1.2 金融风险监管的体系

1. 金融风险监管的原则

（1）依法管理原则。各国金融管理体制不同，但依法管理是一致的。依法管理包含两个方面：一金融机构必须接受国家金融管理当局监督管理。二是实施监管也必须依法。这样才能保证管理的权威性、严肃性、强制性、一贯性、有效性。

（2）合理适度竞争原则。竞争和优胜劣汰是一种有效机制。金融管理的重心应该在创造适度竞争上，既要避免金融高度垄断，排斥竞争，丧失效率和活力，又要防止过度竞争、恶性竞争波及金融业的安全稳定，引起经常性的银行破产及剧烈的社会动荡。

（3）自我约束和外部强制相结合原则。既不能完全依靠外部强制管理，如果金融机构不配合，难以收到预期效果，也不能寄希望于金融机构自我约束来避免冒险经营和大的风险，必须两个方面结合。

（4）安全稳健与经济效益结合的原则。这历来是金融监管的中心目的，一系列金融法规和指标体系都是着眼于金融业的安全稳健和风险防范。但是金融业的发展毕竟在于满足社会经济的需要，要讲求效益，所以金融监管要切实把风险防范和促进效益协调起来。

2. 金融风险监管的主要目标

（1）一般目标：①防范和化解金融风险，维护金融体系的稳定与安全。②保护公平竞争和金融效率的提高，保证中国金融业的稳健运行和货币政策的有效实施。

（2）具体目标：经营的安全性、竞争的公平性和政策的一致性。①经营的安全性包括两个方面：保护存款人和其他债权人的合法权益；规范金融机构的行为，提高信贷资产质量。②竞争的公平性是指通过中国人民银行的监管，创造一个平等合作、有序竞争的金融环境，保证金融机构之间的适度竞争。③政策的一致性是指通过监管，使金融机构的经营行为与中国人民银行的货币政策目标保持一致。通过金融监管促进和保证整个金融业和社会主义市场经济的健康发展。

3. 金融风险监管的措施

（1）坚持守法经营，依法防范风险。国家立法机关、行政机关和金融监管部门为维护国家金融安全，防范各类金融风险，出台了大量法律法规和规章，这是防范金融风险的法律武器，必须用好用足。

（2）恪守社会责任，有效防范风险。防范金融风险，需要金融企业恪守自己的职责定位和社会责任。金融业要履行储户资金保险箱的责任，把维护储户资金财产安全放在第一位，在确保资金安全的底线内开展经营活动，有效防范风险。

（3）重视科技运用，切实防范风险。金融企业应当坚持防范风险、科技为先，不断加大对科技防范的投入，密切关注、适时跟踪金融违法犯罪的最新动态，不断总结经验教训，及时根据违法犯罪手段的最新变化进行周密应对，牢牢把握控制风险的主动权和先机权。

（4）建立健全制度，努力防范风险。切实做到对各类风险早发现、早预警、早处置、早补救。

（5）发挥体制优势，共同防范风险。通过分工负责，明确责任，各司其职，共享信息，形成多道金融风险防线。

（6）加强分析研判，科学防范风险。金融风险尽管无处不在，多变突发，但如果深入研究，通过解析具体个案、互通风险信息、全面总结经验、加强交流合作，就能认识和把握形形色色的金融风险发生的特点和规律。

（7）针对突出问题，重点防范风险。金融风险形式多样，种类纷繁，不断翻新，防不胜防，必须分轻重缓急，重点防范。

（8）坚持能动司法，支持防范风险。最高人民法院通过总结司法审判经验，相继出台了一系列司法解释、指导性文件、会议纪要以及指导性案例等，为正确处理相关案件，支持、帮助、协助金融监管部门、金融企业和执法部门防范金融风险提供了司法保障。

18.1.3　现行监管体制的局限性

互联网金融历时十余年发展，在此期间我国对于互联网金融的监管政策不断推陈出新，其目的是引导互联网金融长足发展，发挥普惠制金融的优势，服务社会经济。这些监管政策取得了一定成效，但对于互联网金融这个创新行业而言仍显乏力。

1. 互联网金融监管的范围界定困难

互联网金融业务数据都是在互联网线上进行传输、交换和保存的，其业务范围不断发生着动态变化。监管部门的业务范围被界定后，新出现的业务会迫使监管部门不得不继续更新法律。若法律更新步伐与互联网金融发展创新步伐相差较大，就会为互联网金融发展埋下隐患，可能威胁互联网金融体系的稳定。与此同时，要监管一个业务或交易行为是否非法是比较困难的。因为要判断其合法性，就要对交易数据进行收集、审查以及公示，而交易数据是可能被篡改、编造的，这加大了监管机构判断的难度。

2. 分业监管与互联网金融混业经营的脱轨

我国对金融业的监管构架为"一行三会，分业经营，分业监管"。2018 年进行国务院大部制改革，将中国银行业监督管理委员会和中国保险监督管理委员会合并为中国银行保险监督管理委员会，原有的三会合并为两会。虽然此次国务院的机构改革合并了原来的中国银行业监督管理委员会和中国保险监督管理委员会，中国人民银行负责拟定银行、保险的法律法规草案、审慎监管基本制度。但是传统的一行三会、分业监管机制仍然没有实质性变化，互联网金融的监管方式沿用传统的金融监管模式，混业经营的互联网金融监管困局并没有得到改善。

互联网金融企业普遍采取混业经营模式，即同时涉及银行、证券、保险等业务，且相互渗透、相互交叉，没有明确的边界。然而，我国对于互联网金融企业混业经营的监管通常采用联合颁布部门规章或规范性文件的方式，这种监管方式的效率、质量和水平非常有限，会导致金融监管重叠和真空现象并存。对于互联网金融企业，我国也缺乏从总体上进行监管的机制，只是按照其主营业务归属相应的机构监管。对于其具体的各项业务，则按照其业务性质实施分业监管。这种分业监管标准的不统一不仅会让监管主体之间产生矛盾，还会增加互联网金融企业的守法成本。

3. 监管过度影响创新，过分松弛引发风险的两难境地

从互联网金融发展历程来看，其快速发展得益于宽松的监管环境。而互联网金融的审慎监管理念是以约束机制监管金融机构，强调的是"强干预"抑制金融。在审慎监管理念下，近几年大量颁布有关互联网金融的法律法规，但监管结果却不尽如人意。互联网金融在我国发展不过十余年，虽然存在一些风险问题，但对于这个新生行业，还是应该给予更多的包容和鼓励，避免进入"一管就死，一松就乱"的怪圈。因此，对互联网金融应该由审慎监管转向谦抑干预。谦抑干预主张的是市场优于政府，国家干预以一种克制和谦逊的方式嵌入市场失灵的边界划定中。对互联网金融业的监管应结合互联网金融的规律和属性，充分尊重市场调节机制，发挥金融创新在市场经济发展中的引领作用，明确监管部门的权力边界，实现创新激励和风险防范的协同发展。而沙盒监管这一新型监管模式，具有多元优势，结合国际经验给予的启示可以解决中国"监管过度则影响创新，松弛则容易造成市场系统性风险"的两难问题。

■ 18.2 沙盒监管的内涵

新一轮科技革命和产业变革正在全球蓬勃兴起。随着中国互联网金融异军突起，区块链技术、数字货币在 2017 年底风靡全球，2018 年继续成为热点爆点。有人说"2017 年是金融科技元年"，大量金融科技理论和创新在 2017 年爆发，并引发了全球范围内的联动和实践。金融科技的发展推动了互联网金融向 3.0 阶段迈进，更辐射到金融监管领域，"后监管时代"、监管科技应运而生。伴随着新一轮底层技术创新和技术板块的轮动，科技与金融的场景结合越来越紧密，传统金融监管已难以跟上金融科技的发展，分业监管和机构监管难以适应跨界融合的金融科技创新。金融监管理念中事后监管和"事件主导型"监管模式难以为继，逼迫金融监管发生转变，监管科技与沙盒等概念逐渐进入人们的视野。

"沙盒监管"由英国金融行为监管局（Financial Conduct Authority，FCA）于 2016 年 5 月正式使用，是一种新的监管工具，旨在以确保消费者权益为前提，允许符合条件的金融创新机构对新产品进行测试，而不引发常规的监管结果。按照英国金融行为监管局的定义，监管沙盒是一个"安全空间"，指的是从事金融创新的机构在确保消费者权益的前提下，按照英国金融行为监管局特定简化的审批程序提交申请并取得有限授权后，在适用范围内进行测试，英国金融行为监管局会对测试过程进行监控，并对测试情况进行评估，以判定是否给予正式的监管授权，使其在监管沙盒之外予以推广。英国金融行为监管局对测试过程进行监控，并对情况进行评估。沙盒监管机制得到世界多个国家和地区的认可，英国、新加坡、澳大利亚等多个国家引入该机制。

沙盒，又称为沙箱，它取自计算机用语，属于一种虚拟的技术。2015 年 3 月，英国金融行为监管局首次提出"沙盒监管"的概念。概念指出：沙盒监管以消费者权益受到保障为前提，放宽了当今监管机制的约束，提供给金融科技创新企业一个较为安全的"空间"。总体看来，沙盒监管是以自己的原则为基础检测产品的准确性与安全性，进而达

到金融科技创新与金融监管的双赢。一般而言，申请沙盒测试的机构通过沙盒测试，一方面可以在监管机构的控制下实现小范围内的真实环境测试，另一方面可以及时发现因限制创新而有损消费者长远利益的监管规定并第一时间调整。

从本质上看，监管沙盒是监管机构为履行其促进金融创新、保护金融消费者权益的职能而制定的一项具有创新性的监管工具。这种监管工具的特别之处在于，金融机构或者为金融服务提供技术支持的非金融机构能够在真实的场景中对其创新性产品和服务进行测试，而无须担心创新与监管规则发生矛盾时，可能遭遇的监管障碍。概括起来就是，监管机构可以在保护消费者权益、严防风险外溢的前提下，通过主动合理地放松监管标准，减少金融科技创新所面临的规则障碍，鼓励更多的创新方案积极主动地由想法变成现实。在这一过程中，能够实现促进金融创新与有效管控风险之间的平衡，最终实现监管机构、金融机构或科技企业、消费者共赢的局面。

■ 18.3　沙盒监管的现状分析

18.3.1　首次试水沙盒监管的英国

英国沙盒监管测试从 2016 年正式开始，截至 2017 年 12 月已经进行了三轮测试。其中一、二轮测试已经基本完成，共收到 146 份申请，50 个公司被接受，其中 41 个公司已经完成测试或正在沙盒中测试；第三轮测试从 2017 年 11 月开始。2018 年 6 月开始第四轮测试。到 2020 年 7 月英国金融行为监管局进行了六批监管沙盒测试。在经历了 2017 年的两轮测试之后，英国金融行为监管局回顾了测试成果：①75% 的第一批企业已成功完成测试。②在第一批完成测试的公司中，约有 90% 的公司在测试后继续向更广泛的市场进军。③获得测试机会时限制授权的大多数公司，在完成测试后已获得完全授权。④第二批 77% 被接受的公司在测试方面取得了进展。⑤通过沙盒测试并获得授权的公司更容易在资本市场上获得投资，相当于获得英国金融行为监管局的监管信用背书。

从行业和范围来看，沙盒欢迎来自全球不同细分行业的测试者。在第一、二轮测试中，参与测试的企业大部分来自零售银行业，其次是保险业和社会保障业，再次是批发业。在企业规模中，初创企业对沙盒监管的期待和参与程度比大企业和中小企业高。一、二轮测试还表明，分布式账本技术是最受金融科技初创公司欢迎的技术，通过测试的公司有 17 家（主要是电子货币和移动支付机构）在一定程度上使用了分布式账本技术。

另外，在一、二轮测试中还发现，沙盒在优化企业价格、提升产品质量和共同推进消费者保护等方面发挥了积极的作用。测试后大约有三分之一的企业会基于沙盒中获得的经验对自身商业模式、服务模式、产品价格、消费者定位进行修正，以更好地适应市场环境和竞争需求，促进有效的市场竞争，并加大对下一代技术的投资，以更好地为消费者服务。

18.3.2　紧随其后模仿沙盒的新加坡

随着英国沙盒监管的发展，其他国家也陆陆续续推出相应的沙盒监管，比较典型的国家是新加坡，新加坡金融管理局（Monetary Authority of Singapore，MAS）于 2016 年 11 月发布了《金融科技沙盒监管指引》，新加坡的沙盒监管受英国监管的影响，它的很多监管方式均与英国相似。

新加坡金融管理局下新设立金融科技和创新团队及金融科技署来管理金融科技业务，为创新企业提供一站式服务。设立专门的部门管理金融科技，这在一定程度上加强了对整个金融市场的管理，允许传统金融机构和初创企业在既定的"安全区域"内试验新产品、新服务和新模式。

新加坡的沙盒监管分为三个阶段。第一阶段是申请阶段，由相关部门在 21 天内对申请公司进行审核，判断是否存在进行沙盒测试的适用性，如符合标准，新加坡金融管理局会下发通知，进入第二阶段，进行评估。第三阶段是实施阶段，开展测试，并且告知风险的种类。

18.3.3　企业备案"沙盒申请"的澳大利亚

除了英国和新加坡，还有一个国家——澳大利亚，也在施行沙盒监管，澳大利亚证券投资委员会（Australian Securities and Investment Commission，ASIC）2017 年 2 月发布了《金融科技产品及服务测试》监管指引文件，对部分未获得澳大利亚金融服务许可证或澳大利亚信用许可证（credit licence）的金融科技企业，开放产品和服务测试环境，使处于试验阶段的金融科技公司也能够应对监管风险，从而降低上市的成本和时间。

与英国模式最大的不同是，符合条件的金融科技公司在向澳大利亚证券投资委员会备案后，不需要持有金融服务许可证或信用许可证即可测试特定业务，对一些特殊项目，允许有关企业申请延期，最长可申请 12 个月的延期。各国金融科技监管对比具体如表 18-1 所示。

表 18-1　各国金融科技监管对比

国家	监管主体	监管对象	监管方式	监管结果	参与用户权益保护
英国	英国金融行为监管局	与金融创新有关的任何企业或机构（包括传统金融企业、金融科技创新企业）	企业需要向英国金融行为监管局申请；英国金融行为监管局通过审核后派专员与企业沟通，共同拟定具体测试方案；测试过程中由专人跟进；英国金融行为监管局评估企业的总结报告	企业决定是否推广	享受英国金融服务补偿计划和金融申诉服务的保护；企业制定经英国金融行为监管局审核的详细的金融消费者保护及补偿方案
新加坡	新加坡金融管理局	金融创新有关的任何企业或机构	企业者要向新加坡金融管理局申请；新加坡金融管理局对测试结果进行评估并通知企业	测试合格的项目可以在更大范围内推广	企业要告知参与客户此项目接受沙盒监管；及时处理客户查询信、信息反馈和投诉，并制定风险化解析计划和客户退出计划
澳大利亚	澳大利亚证券投资委员会	金融科技公司，不包括网络贷款等公司	向澳大利亚证券投资委员会备案之后，无须持有金融服务许可证或信用许可证即可测试特定业务		

注：表格内容参见张景智《"监管沙盒"的国际模式和中国内地的发展路径》一文，载于《金融监管研究》，2017 年第 5 期

18.4　沙盒监管模式应用

18.4.1　应用条件

沙盒监管是金融严监管背景下的监管创新模式，也是监管科技的重要组成部分。中国引入沙盒监管有其合理性。第一，能有效鼓励创新，降低创新成本，缩短创新变现进入市场的时间；第二，有利于保护消费者的利益，完善消费者保护机制；第三，有助于监管机构认识现行监管法规相对于金融创新的落后不符部分，及时加以调整，构建动态的合规监管制度并引导参与企业实现合规。

1. 具备实施沙盒监管基础条件

当前，中国已经初步具备实施沙盒监管的基础条件。一方面，现有监管机制并不排斥沙盒监管，其弥补了现有金融监管在应对金融科技创新方面的不足。另一方面，互联网金融监管规则及与之配套的第三方支付、网络借贷监管规则都已经出台，为实施沙盒监管积累了有益经验。而中国的金融科技监管的研究已经起步，尤其是对数字普惠金融监管问题的研究正在深入推进。与此同时，我们也清醒地看到，中国实施金融沙盒监管面临操作层面的挑战。首先，沙盒监管对监管资源配备的要求较高。创新标准的审定、消费者保护措施的设立、对创新企业的沟通指引以及对创新成效的评估等都需要监管者加强在机构设置、人员配备、技术储备和管理机制等方面的建设。其次，沙盒监管作为监管方式的一次大胆创新，还需要面对现行监管规则与法律框架对监管责权的束缚，积极协调暂时性宽松与法律法规等的不一致。因此，沙盒监管作为一项全新的金融监管机制，在未来的架构设计方面需要重点考虑以下几个方面。

第一，明确监管职责，确立沙盒监管工作机制。鉴于金融科技创新具有多样性、混业性、颠覆性等特征，与分业监管存在不匹配的地方，沙盒监管的实施应该明确主体职责，把沙盒监管的设立主体与当前正在进行的金融监管框架改革相配套。在未来的金融监管协调部门下设立沙盒监管的操作主体，确立相应的工作机制，负责沙盒监管的实施、管理和改进。

第二，转变金融科技监管理念，为沙盒监管整合资源。规则也是创新的一部分，树立主动引导的观念才能更好把握沙盒监管的标准，将沙盒监管的效果最大化发挥。而要践行这种理念，满足沙盒监管对资源配备的要求，尤其是对信息科技专业知识的要求，金融监管部门应借助信息科技部门力量，将金融监管与科技创新治理结合起来，发挥各自比较优势，充分利用现有的政府管理资源。

第三，从具体措施开始逐步实施。沙盒监管将企业、消费者和监管者有机结合在一起，其构建具有一定的复杂性，且沙盒监管的具体实施效果尚无实际验证。对于这一全新的管理机制，沙盒监管的管理主体可以先吸收借鉴沙盒监管的限制性授权、监管豁免、免强制执行函等措施，就个别金融科技创新，先行试用，再逐步实现企业、消费者和监管者的良性互动，逐步构建起完整的沙盒体系。

第四，协调沙盒监管与现有法律法规。一方面，沙盒监管在授权、监管豁免等方面的宽松条件需要得到现有法律法规的认可，避免监管者与企业间的权责不清。另一方面，沙盒监管需要在法律框架下展开，沙盒监管中管理者的行为、创新企业的行为以及监管机构和企业间的相互合作等都应该得到规范。

2. 沙盒监管与金融改革试点之间存在逻辑和理念的一致性

改革试点和沙盒监管模式都有良好的兼容性和承继性。兼容性在于，沙盒监管和改革试点都具有适用领域广、可自主设计、灵活试错、风险可控的特点，可与不同场景、不同概念相结合分化出不同试点场景、沙盒场景，如规制沙盒、合规沙盒、风控沙盒等。未来，可能不仅仅在金融监管领域设计沙盒监管模式，各行各业都可推出与沙盒监管理念相似的制度设计。承继性在于，改革试点和沙盒监管都不是一次性的制度设计，而是可以循环使用和迭代升级的，能在多个领域、多个地区甚至多个国家多线程使用。若测试失败，可进入反馈调整，对测试方案和监管政策调试修改。兼容性和承继性蕴含的"柔性"促使改革试点和沙盒监管内部自成生态，是催化制度内生创造革新的动力和生命力。这既是改革试点在中国多年不衰并呈燎原之势的原因，又是沙盒监管没有在实践中被淘汰，而是迅速蔓延全球，被数个国家吸纳移植的原因。

对比改革试点和沙盒监管的运行逻辑可以发现：①顶层设计是可变的，可根据监管政策及时做出调整。②法律法规和监管政策也需要在保持定力和稳定可预期的前提下，提供一定的敞口和变通通道。③改革试点和沙盒监管都是在特定空间和持续时间内对特定数量的参与者进行试验的制度，都具有良好的容错机制、灵活的调整机制和容忍期；试点/测试完成之后，二者也都有配套的过渡推广和反馈评估机制。此外，沙盒监管中蕴含的兼容的"柔性"与动态承继的合规性等监管理念，与金融改革试点的理念也具有一致性。

3. 沙盒监管应用的必要性

沙盒监管的实质是监管与创新协调共进，把监管主体和创新企业都装到一个盒子里，同时在线、同频共振。在沙盒中，监管者通过沙盒接口接入创新链，利用云计算、大数据、人工智能、区块链等技术支持提供监管指导，及时获取数据和信息反馈，为企业"画像"，并进行风险和可行性评估。在新技术驱动场景嵌套的创新链式发展和新板块轮动过程中，由于金融科技创新的多维度、宽领域和技术性强等特性，监管往往"看不懂""跟不上"，不能在早期进行及时有效地引导规制，等风险累积到一定程度或者事故发生时再来"一刀切"，不但会打击市场创新，也不利于监管效能的充分发挥。而沙盒监管的制度设计能改变监管"慢半拍"的情形，实现监管与创新的协调共振，监管机构与创新者同时在线，可以通过"聊天室"、研讨会、行业论坛沙龙等方式了解创新企业最新动态、学习金融科技企业的新技术和产品理念、升级监管理念、改造监管技术手段、收集创新企业提供的信息和数据。监管与创新协调共进的沙盒监管能有效避免"摆钟式"监管，为科技初创企业提供较稳定可预期的动态监管指引。

18.4.2　沙盒监管制度的构建思路

沙盒监管可以为监管机构和被监管对象提供良性互动的机会，使金融创新进一步被监管对象和金融消费者所认可。由于现有的法律框架和机构设置影响金融监管政策目标的实现程度，探讨建立我国的沙盒监管制度，应在尊重我国金融监管体制框架的前提下进行，实现与现有金融监管法律与金融监管体制的衔接。具体而言，沙盒监管法律制度可包括申请测试主体、实施主体、运作流程及消费者保护措施等。

1. 沙盒监管的申请测试主体

结合目前我国金融科技的发展现状和金融监管能力，可申请沙盒监管测试的主体应包括正规金融机构，以及小额贷款公司、融资性担保公司、网络借贷平台等"准金融机构"。待将来沙盒监管制度运作较为成熟时，也可考虑将申请测试主体放宽至其他企业。在大多数已建立沙盒监管制度的国家和地区，可申请沙盒监管测试的主体包括银行等正规金融机构、金融科技企业等。

2. 沙盒监管的实施主体

我国沙盒监管的实施主体应确立为二元制结构：一方面，中国银行保险监督管理委员会、中国证券监督管理委员会及其派出机构可分别对各自监管的正规金融机构实施沙盒监管；另一方面，省级地方金融管理部门可对行政区域内的准金融机构实施沙盒监管。同时，如某申请测试主体的产品或服务涉及其他金融领域，实施沙盒测试的监管机构可接受该领域监管机构的指导或协助。为保障沙盒监管测试的有序实施，国务院金融稳定发展委员会可对"两会"和省级地方金融管理部门实施沙盒监管进行监督。采取上述沙盒监管实施主体的分工，是由我国现行的监管体制，结合各个监管主体的监管能力与监管成本所决定的。

3. 沙盒监管的运作流程

沙盒监管的具体实施过程应强调底线监管思维。沙盒监管的具体实施以申请条件、测试程序等内容作为制度基础。

在具体实施过程中，均应体现底线监管的原则，给予企业充分的自主权，防止沙盒监管实施主体对企业的过度干预。

在申请条件方面，可参照英国沙盒监管的适用标准。此外，结合我国实际，可加入"有利于提升服务实体经济的效率""降低相关金融市场的金融风险"等要件。

4. 沙盒监管的消费者保护措施

沙盒监管的具体实施应强调金融消费者保护，监管机构的核心利益是金融安全，金融机构的核心利益是金融效率，而消费者的核心利益是自身合法权益的保护。

应强调的是，"监管规则"仅指由监管机构制定的监管规则，如涉及法律、行政法规的调整适用，必须获得全国人民代表大会及其常务委员会或国务院的批准，测试成本过于高昂。从根本上说,让消费者受益就是为了更好地维护消费者的合法权益。实际上,我国在推进普惠金融、消费者教育等方面已经体现了"消费者受益"。在沙盒监管实施过程中,也须体现消费者保护原则,消费者保护原则不仅体现在消费者的选择与数量,即事前阶段,也体现在风险补偿,即事后阶段。在消费者的选择与数量方面,如果将测试消费者的选择权赋予企业,企业可能会为了减少沙盒监管测试过程中出现的风险,提高通过测试的可能性,人为地选择对自身较为有利的消费者作为测试对象。为了提高测试的准确程度,中国银行保险监督管理委员会、中国证券监督管理委员会以及各省级地方金融管理部门可设立沙盒监管的金融消费者"测试库",通过经济奖励等方式鼓励符合一定经济标准、能够承担相应风险的消费者参加测试。

案例阅读

2020 年 1 月 14 日,中国人民银行营业管理部披露 2020 年第一批金融科技创新监管试点应用(表 18-2),六个应用拟纳入金融科技创新监管试点。首批金融科技创新监管试点应用涉及物联网、小微信贷、智能银行和手机 POS 等创新,来自中国银联、中国工商银行、中国农业银行、中信银行、宁波银行、百信银行等机构,以及小米数科(天星数科科技有限公司)、度小满(北京度小满支付科技有限公司)、京东数科(京东科技控股股份有限公司)等金融科技公司,携程等互联网公司。

表 18-2　各大银行的金融科技创新监管试点应用

序号	应用名称	试点单位
1	基于物联网的物品溯源认证管理与供应链金融	中国工商银行
2	微捷贷产品	中国农业银行
3	中信银行智令产品	中信银行/中国银联/度小满/携程
4	AIBank Inside 产品	百信银行
5	快审快贷产品	宁波银行
6	手机 POS 创新应用	中国银联/小米数科/京东数科

中国工商银行的基于物联网的物品溯源认证管理与供应链金融项目基于物联网技术采集产品的生产制造、质检、库存、物流、销售等全生命周期特征数据,将其不可篡改地记录在区块链上,并接入中国工商银行物联网服务平台及企业智能管理系统,实现产品全链条质量管控与信息透明。运用"物联网 + 区块链"技术提供物品溯源认证服务,将传统的支付、融资等银行金融服务与企业上下游、商品产销全链条结合起来,将金融服务融合到商品产销场景中,提供随时、随身、有温度的金融服务,打造产业生态圈。采集物品流转全生命周期数据,为政府提供产品质量安全的追溯管理,满足监管部门对企业产品质量的监督管理要求;为对公企业提供一站式品控溯源增信的解决方案和配套金融服务,逐步推动形成产业生态体系,培养产业能力,提升产业影响力;为消费者提供可信溯源信息检索,让消费者买得放心。预计全面推广后,涉及个人客户数超过 30 万人,年交易笔数超过 100 万笔,年交易金额超过 5000 万元。

　　中国农业银行的微捷贷产品则是利用行内外数据对企业进行多维度画像，科学设计授信模型，精准洞察融资需求，有效管控信用风险。实现信贷业务与金融科技融合，以移动化、智能化的经营方式，重塑业务模式和运作流程，改变小微信贷业务运作模式，提高客户体验，拓展小微企业长尾市场，有效缓解小微企业融资难、融资贵等问题。实现信贷业务申请和交易的实时监控和精准拦截，提供涵盖事前防控、事中控制和事后分析与处置为一体的全流程信用风险解决方案，为产品"纯线上、自动化、全自助"运营保驾护航。以行内开户的小微企业金融资产、房贷或小微企业纳税行为为依据，借助大数据分析技术打造微捷贷产品，助力纾解小微民营企业融资难、融资贵问题。微捷贷产品通过构建云评级、云授信和云监控模型，实现对客户的精准画像，打造全流程线上运作的贷款模式，有效实现小微企业融资的快申、快审和快贷。微捷贷产品上线后，有力支持了中小企业发展，有效缓解了供应链长尾端小微企业融资难、融资贵问题，提升了小微企业融资获得率，扩大了普惠金融服务覆盖面。

　　中信银行智令产品是利用支付标记化等技术打造新型金融服务模式，使 Token[①]成为商业银行、收单机构、电商企业等交互的"智慧令牌"。①在风险可控前提下，优化服务流程，拓展应用场景，创新合作模式，提升金融服务质量。用户无须在第三方 App进行绑卡，仅需在中信银行 App 即可便捷生成不同金融服务场景的 Token。②集中管理。用户通过中信银行 App 可一站式管理不同 Token，灵活设置不同金融服务场景的交易时间、交易限额等业务控制要素。③场景共享。用户可基于生成的 Token 在多个场景享受金融服务，实现"一次绑卡、处处使用"。④建立涵盖商业银行、收单机构、电商企业等的新型数字化金融服务模式，为人民群众提供安全便捷的金融服务。

　　中国银联、小米数科、京东数科三家共同开发的手机 POS 是面向小微企业、"三农"领域等商户，以移动小额收单为重点应用场景，自主研发的新型 POS 产品，可受理手机闪付、二维码支付、银行卡闪付等多种支付方式，具有部署成本低廉、易用性好、适应性强等特点。其将低门槛的手机设备升级为安全可靠的 POS 终端，提供银行卡收单、条码支付收单、商户管理等服务。手机 POS 有助于大幅降低收单机构终端采购和维护成本，可加快推动小微和农村收银市场发展，有望激活 40 亿张银行 IC 卡的使用。手机 POS 的业务发展将与手机支付业务发展相匹配，未来支持手机 POS 终端将达十亿级，可助力商业银行及支付机构快速开展收单业务，惠及广大小微和"三农"商户。手机 POS 主要以控件形式为商业银行及支付机构的收单 App 赋能，并可通过银联开放平台获取。

■ 本 章 小 结

　　科技驱动金融监管已是大势所趋，金融科技和监管科技是第四次工业革命中诞生的创新成果，沙盒监管作为金融监管与科技结合的产物，具有鲜明的时代色彩，也有重大的现实意义。目前世界各国/地区的沙盒监管都处在试验阶段，沙盒监管概念自英国首创，至今尚没有形成国际上固定的模式，而已有的沙盒监管在实践中也不断暴露出一些问题

---

① Token 在计算机身份认证中是令牌（临时）的意思，在词法分析中是标记的意思。

和不足。这表明，从生命周期的角度看，作为一种制度的沙盒监管正处于诞生成长阶段，未来还有很大的提升和发展的空间，其蕴含的生命力和革新的动力与我国的改革试点有相通之处。沙盒监管进入中国不会一蹴而就，需要按照中国的实际情况先行试点，在借鉴国外沙盒监管先进经验的基础上，根据国内试点情况进行调整优化，不断复盘反思，创新出中国特色的沙盒监管制度与理论。

思考与练习

1. 金融监管的内涵是什么？与传统金融监管之间的区别与联系？
2. 金融监管的历史发展如何？前景如何？
3. 如何评价作为金融科技监管方法的沙盒监管及其未来趋势？

课程思政小思考

中国共产党领导是中国特色社会主义最本质的特征，是中国特色社会主义制度的最大优势。在新时代，建设中国特色社会主义现代化强国、实现中华民族伟大复兴，必须坚持和加强党的全面领导。党的全面领导体现为党对经济建设、政治建设、文化建设、社会建设、生态文明建设等各个领域和各项事业的领导。要把党的领导贯彻到改革发展稳定、内政外交国防、治党治国治军等全部活动和全部过程。

请结合党的领导地位和党的二十大精神，思考以下几个问题：

（1）如何发挥党在金融监管中的领导作用，推动金融监管体系和机制不断适应金融科技发展的新要求？

（2）在金融监管中，如何贯彻党的基本理论、基本路线、基本方略，坚定"四个自信"，确保金融监管工作顺利推进？

第七篇　展　望　篇

金融科技的未来

【学习目标】
了解金融科技的未来趋势
掌握金融科技的主要技术发展动态
理解金融科技的未来发展方向和机遇

第19章

金融科技的未来

【本章提要】

在数字经济时代下，未来全球金融增长点在金融科技，竞争点也在金融科技。在数字经济与平台经济等经济模式下，数字货币、区块链、大数据、人工智能等技术将在其中发挥巨大促进作用，改变金融行业的运营模式，促进金融行业的战略转型。金融科技的新技术、新模式、新业态在未来大有可为，能更好地发挥金融科技优势，更好地构建金融科技支持实体经济，防范新技术下带来的风险，推动我国经济高质量发展。

■ 19.1 数 字 经 济

近年来，数字经济活力不断释放。2019年，我国数字经济增加值规模达35.8万亿元，占国内生产总值比重达36.2%。市场研究机构IDC指出，到2021年，中国数字经济规模将达到8.5万亿美元，占国内生产总值比重将达55%以上。数字经济正在以前所未有的速度冲击着世界固有格局，并成为撬动后疫情时代全球经济复苏和快速增长的新杠杆。《中华人民共和国国民经济和社会发展第十四个五年规划和2035年远景目标纲要》明确提出要加快数字化发展，建设数字中国，培育壮大人工智能、大数据、区块链、云计算、网络安全等新兴数字产业，加快推动数字产业化。这为金融业以金融科技驱动数字化转型指明了方向。

2021年12月，国务院印发《"十四五"数字经济发展规划》明确了"十四五"时期推动数字经济健康发展的指导思想、基本原则、发展目标、重点任务和保障措施。中国经济发展正经历从资源驱动向创新驱动的转变，以全要素数字化转型为重要推动力的数字经济蓬勃发展。数字经济时代，金融信息呈现指数级增长，呼应着金融数字化的时代需求，信息技术、数字技术开始渗透到人类金融经济生活的各个方面，改变了人们储蓄、理财、投资、金融消费的方式，全面推动了全球金融科技创新的发展。金融行业实质上就是信息产业，通过生产、汇集、处理数据和信息构建金融信息体系，维持金融风险可控，保障金融市场的正常运转。新的经济模式呼唤新的金融形式。作为新金融的重要生产力，金融科技基于现代科技手段能够提升金融产品定价的时效性和精确性，使投融资更好匹配新经济结构，助推实体经济与数字经济融合发展。

落实网络强国和数字中国建设，金融行业在数字化转型中一马当先，通过将人工智能、大数据、云计算、区块链、移动互联、生物特征识别等一系列前沿技术与金融深度融合，推进支付清算、网络融资、网络资管、电子货币、智能投顾、大数据征信、中间业务、智能合约等各个业务领域迭代创新，推动商业银行步入 Bank 4.0 的数字化时代。商业银行所构建的智慧银行将以数字技术为驱动，打造金融与科技的"双动力"，聚焦自主研发云平台及生态培育与构建，充分发挥新核心系统的科技赋能，在 5G 时代形成强大的人工智能和数据能力，以市场需求为导向，以金融科技为引擎，为人们的消费生活提供更高质量、更有效率、更具个性化和更加安全的金融服务，为新时代业务高质量发展注入澎湃动力。可以预见，金融科技将成为衡量金融业竞争力的重要指标，由此带来的金融转型升级将成为中国经济发展的重要增长点。

数字经济的发展开始遭遇算力、数据处理、信息安全等多方面的瓶颈，给全方位、多维度的金融创新发展趋势带来了技术革新的客观需求。量子技术可能是数字经济发展到一定规模后的应然产物，其能够满足数据成为生产要素后日益增长的运算工具需求。一方面，大数据、云计算、人工智能、区块链等新兴科技拓宽了传统的金融信息体系，而新体系构建导致新的金融信息安全风险出现，包括各类金融信息系统、数据库的安全性问题。另一方面，随着金融业务的电商化、平台化，金融信息数据体量更加庞大、复杂，在摩尔定律可能趋于失效的背景下，经典计算的能力在未来将遭遇瓶颈。而量子技术的发展将为金融信息体系、数字金融体系的进一步完善提供有力技术支撑。信息金融的便捷性、准确性、多功能性和高效率在对金融业产生革命性影响的同时，也对金融信息化、金融信息体系提出了更高的要求。所以量子技术作为未来可期的金融科技，被用来改造金融市场进而消除金融市场中的顽疾，如同当前使用区块链构建金融市场基础设施、改造金融市场一样具备合理性与应然性。

■ 19.2 平台经济

随着"互联网＋"由消费向生产、制造、政务等领域全方位推进，互联网平台经济快速崛起，不断孕育出新的市场空间。平台经济是传统产业价值链在"互联网＋"时代的重塑，已成为实体产业互联网转型发展的主流商业模式，规模日益壮大。互联网与产业融合不断加深，在新一轮科技革命的助力下，互联网平台企业快速成长，并成为最具创新精神的群体代表。互联网平台经济是经济发展新动能，对优化资源配置，促进跨界融通发展和大众创业、万众创新，推动产业升级，拓展消费市场尤其是增加就业，都有重要作用。

平台经济的兴起提高了现有金融资产及闲置金融资产的利用效率，并增加了整体金融资产的市场价值。将有限的金融资源投入到风险高但具有高附加值的企业，从而创造新的经济效益，此部分新增的经济效益还包括从代替投入低附加价值获得的投资收益中实现的效益，有助于提高整体投资收益率。此外，随着平台的出现，金融资产的概念由拥有权向获得使用权转变，拥有有限金融资产的传统金融机构的利益会减少，但资金需求者（企业）更倾向于通过技术创新使获得的利益价值增大，这有助于促进创新，从而促进国民经济的可持续发展。

平台商业模式具备交易担保化、管理线上化、数据集约化等特点，决定了其对账户、支付、融资等方面的金融创新服务模式有着强烈诉求。一是货物在途期间的资金安全诉求，要求商业银行在传统结算服务的基础上，引入担保模式以确保交易资金安全；二是互联网平台"一点对全国"管理模式，要求商业银行提供便捷的支付结算、电子账户、子商户线上入驻审批等金融服务；三是平台聚集了丰富完整的信息流、资金流、物流等数据，有利于商业银行借助大数据技术实现客户画像、完善风险防控，为买卖双方提供场景融资等多元服务。B 端和 G 端①市场呈现出更显著的行业特性、客户个性与业务复杂性，商业银行更具相对优势。

当前，金融科技赋能的平台经济模式已逐步成形，实际应用范围除涵盖金融行业自身的产品服务外，更拓展至产业升级和服务等各个方面，开启了"金融＋科技＋产业服务"的深层次融合。金融科技赋能平台经济繁荣发展，在服务内容上，由账户金融、交易金融等传统金融功能向场景金融、生态金融方向拓展；在服务模式上，从向客户提供标准化的产品向以模块化、组件化的方式为客户灵活组合嵌入转变；在服务对象上，由服务单一的客户向纵深至服务客户所处的产业生态转变。金融科技为商业银行利用新科技改造服务模式和经营方式提供了有力支撑。

平台经济在金融领域的实践中，银行输出内容多为电子账户、支付、理财等底层产品服务，同质化较为严重，开放路径尚未清晰，场景选择与融合方面尚有较大提升空间。平台经济的核心是资源的共享，是产业跨界的融合，通过彼此赋能改变以产品为中心的经营模式，利用金融科技，以客户为中心，打破内外部壁垒与隔阂，通过标准化、快速化、一站式的对外输出，以场景与生态为触点，构建新产品、新服务，延伸银行的获客渠道，将银行服务隐身于场景之中，并与生态内的合作伙伴共生共荣，因此场景的选择与生态的构建显得尤为重要。

金融企业必须紧随潮流，着力于打造数据核心，实现金融科技赋能。在完成平台搭建和资源连接的进程后，多方商业伙伴在平台上进行数据信息的集成与共享，此阶段平台企业需要进行数据的统筹管理与科学应用，打造基于平台的数据核心生态，开发数据驱动的创新产品服务，反哺平台经济参与各方。利用数据这一基础土壤，金融科技可以更有力地帮助传统金融企业进行业务流程变革和优化，着力推动金融全链条数字化，进而实现效率提高、成本降低、收入增加等目标。充分利用云计算、大数据、人工智能、区块链等技术手段并构建"大中台"系统架构，加快数字化转型，以客户为中心，科技赋能金融，推动企业持续发展。

在金融与科技结合的趋势下，鼓励相关金融科技发展及创新将是未来各国金融发展的重点。尤其在金融与科技两大产业的结合上，如何持续提供一个对话平台，拉近两个

---

① G 端指的是 to government（面向政府客户），各地政府在社会管理和服务工作中也需要引入先进的科学技术，提高管理成效，优化服务流程。

产业在科技的供给面与需求面的距离相当重要。将传统银行和以科技驱动的金融科技公司的力量相加，是我国推动金融科技产业发展的关键。通过跨产业领域合作机制，进一步搭配法规松绑及租税减免等相关措施，可鼓励新创办的企业聚焦金融科技生态系统，整合金融机构、新创公司、数据拥有者与 IT 服务业者等的优势。应加速启动金融科技在金融服务、创新研发、人才培育、风险管理与基础建设等发展，从而增加未来发展的机会。

■ 19.3　数字货币

近年来，随着移动互联网、区块链、云计算、大数据、人工智能等新一代信息技术的发展进步，作为金融科技最基础或者最重要的组成部分之一，现代信息科技对货币形态演化、货币流通模式的影响日益深入，货币形态日趋走向数字化，货币流通日趋走向网络化，数字货币是历史发展的必然产物，它正在向人类社会大踏步走来。

数字货币对金融产业链、金融组织边界进行重构，未来影响深远。智能编码的中国人民银行数字货币构成数字经济发展的支付基础设施，将提高金融经济中的资金、资本流通效率，数字技术、金融科技以及数字货币等的新兴技术和产品的融合发展，能推动数字资产交易市场和数字普惠金融发展，发掘数字经济增长的新空间，进一步促进数字经济和数字化社会的发展。与此同时，商业银行是我国货币发行和运营中的关键，在数字化发展冲击下金融产业链出现重构、金融组织的边界扩大，由此产生了新的金融服务分工模式及新兴金融主体，未来会对商业银行经营产生一定的影响。但目前我国数字货币采用双层运营模式，保留现有货币体系的制度和利益格局，减轻了对现有货币体系的冲击，在此模式下仍以商业银行为"货币分销商"，商业银行仍处于数字货币发行的主要环节，在此情况下，商业银行的短期利益能够得到有效维护，有助于商业银行加速对接和发展金融科技的前沿技术，驱使银行加大对最前沿金融科技的研究和投入，大力发展数字货币等金融科技力量，进一步促进商业银行的科技转型，提升商业银行服务质量和效率，以适应全新的经营环境，推动金融行业整体科技水平的进步。

我国除中国人民银行外，多家银行也开始在跨境支付、供应链金融领域布局，同时蚂蚁金服、京东数科等金融科技公司也正在快速推动区块链在金融领域的落地。数字货币的发行、流通、存储、投资、跨境流动等所有环节都可以变成"数据"，金融科技公司可以利用大数据、区块链、人工智能、云计算、物联网等来链接和处理这些数据，这使商业银行面临来自金融科技公司更大的竞争压力。未来应结合中国人民银行数字货币研究所的成果，鼓励企业参与数字货币科研与应用，不断探索完善数字货币生态系统，通过数字货币衍生的金融业务和应用场景，以全方位的数字货币生态链吸引客户资源，抢占市场份额，促进数字货币持续流通。

区块链技术的发展将促使货币从当前的信用货币向电子化、数字化货币转化，从而在根本上改变当代货币形态、货币系统和全球货币格局。当前基于区块链技术的数字货币的发展未来将从根本上改变金融交易的性质，从而对传统金融中心的金融集聚产生重大冲击。厘清金融科技与数字货币之间的关系，有助于显著提升金融业服务实体经济的能力，尤其是区块链技术与物联网、人工智能、云计算等信息技术的融合创新，能够有效促进我国普惠金融的发展。

在未来的金融应用场景中，支付结算与跨境支付、数字货币、供应链金融、股权登记、证券交易、电子商务都可能迎来区块链的大规模应用。考虑到区块链技术逐步被大量应用及区块链技术的潜在弊端，基于金融稳定与风险管理的需要，量子计算技术等变得极为重要。在信息技术不断进步的背景下，人类对算力的需求日益扩展，必定会促使人类研发出一种更加强大的运算工具，量子运算就是可能性之一。若依靠量子运算提供算力成为主流，当前加密货币的诸多安全性前提都会被颠覆，金融市场或许会拥抱一种更为先进的货币形态，最终导致人类社会从数字货币时代过渡到量子货币时代。而作为未来的金融科技，虽然量子技术在发展前期必将对金融行业产生冲击和变革，但量子技术的进步会为数字经济时代带来新的生产工具，而金融行业应当是新生产工具广泛应用的极大受益者之一。

■ 19.4　区　块　链

区块链作为分布式基础架构、共识机制以及加密计算等多种技术的集成者，将首先应用于供应链金融中。区块链本身便与供应链金融有着相互匹配的特性，可以弥补部分供应链金融模式的缺陷，两者的结合将为供应链金融的发展夯实金融基础设施技术支持，破解传统供应链金融信息不对称、不真实以及信用创造难以传递扩展的困境，更好地解决供应链金融中数据共享、数据存证、信用传递和风险控制等问题。

首先，区块链的加入将解决供应链金融核心要素"痛点"——信用问题，金融机构依托整个供应链运行过程中动态、真实、完整、实时的信息，针对金融服务对象进行精准画像，判断金融服务对象的信用强弱，确定投资风险，从而做出是否支持的决策。供应链金融包含的链条上，既涉及供应链上产品的原材料供应、生产、流通、分配、交换和消费的所有环节，又涵盖应付账款方、增信机构、保理机构等多个参与方，各类信息被分割在各个环节和参与方中，容易形成信息不对称、不及时、不完整、不准确，没有信息的有效沟通和真实传递，将导致信任缺乏的"痛点"，资金流和物流将变得支离破碎、效率低下，区块链所具备的特性使其具备解决供应链金融核心要素"痛点"的潜力。

其次，区块链将增强供应链参与主体信用的可获得性。区块链对供应链上参与主体之间的物流、资金流、商流的智能化记录与可追溯，形成参与主体的信用闭环，金融机构得以获取各参与主体自证的信用资质真实性，基于信用资质就可以对供应链上多个企业包括中小企业进行授信，特别能够缓释中小企业的信用风险。并且，区块链可以提升供应链上信用的流动性。供应链上的票据、仓单或存货在区块链技术支持下实现数字化确权、分拆，依附其中的信用可以进行传递，并形成智能合约交易，链下资产得以链上流通，盘活信用的流动性，从而提高整个供应链的资金配置使用效率。

最后，区块链将解决孤岛难题。孤岛难题即在传统供应链融资中由于受制于成本收益比约束，各参与者之间信息传递存在阻碍，不能实现信息共享而存在的信息难获取和信息不对称问题。一般要获得处于链中边缘地带的小微企业的信息会耗费大量的时间等，信息的难以获取使得供应链中较多的小微企业的融资需求得不到满足。而随着区块链、物联网等新技术应用，新型金融产业蓬勃兴起，保障了供应链中融资业务交易、数据的真实性和共享性，扩大了服务对象范围，使得链上末端小微企业融资需求得到进一步满足。上述孤岛问题解决方案的理论支撑是基于区块链分布式账本和加密算法的技术优势，通过将供应链企业纳入区块链底层平台上，并利用平台集体维护分布式共享账本的方式，在保证企业商业机密数据的前提下，实现所有节点数据存储、共享、不可篡改和可追溯，让数据可信流转、业务真实准确，实现供应链上的企业信息可追溯。

综上，区块链对于金融科技未来发展最主要的贡献在于其密码学解决方案能够在不泄露数据隐私的情况下，分享使用数据的价值，从而丰富金融机构用于风险控制的数据，帮助企业和金融机构更好地建立风险画像，进行风险评估，促进企业融资的发展。此外，区块链的技术特性，还有助于人们探索金融创新，开拓全新的金融服务模式。例如，在跨境贸易融资方面，通过整合资金流、物流、信息流，实现"三流合一"，帮助金融机构识别融资风险，帮助优质的小微企业实现"良币驱逐劣币"，获得银行贷款，从而提高小微企业融资的效率和便利性。

■ 19.5 大 数 据

随着大数据技术的广泛普及和发展，国内大数据在金融领域的应用已经成为行业趋势。通过大数据可以将全社会，甚至范围更广的数据信息进行归纳整理，并且根据人们的思想、行为以及需求之间存在的差异进行详细分析，进而对人们的整体信息展开精细化分析研究，从而让每一位消费者都能获得更加精准的服务。因此未来基于大数据的金融科技将在精准营销、动态风险控制以及智能财富管理中得到广泛应用。

第一，精准营销。利用计算机技术、互联网平台去收集和整理消费者及大众的消费意向、消费行为、网络行为等全方位数据信息，进而对广大消费者的日常生活、实际工作或者学习情况有全面的了解，甚至还可以通过这些数据信息了解到消费者心理状况与真实想法，然后借助现代智能技术对这些数据信息进行种类划分，而后通过这些精准的分类在开展营销活动时，对不同的消费群体精准地推荐所需产品及进行品牌营销宣传，使得营销活动更有针对性、更有效，从而增加成交机会，减少企业在营销推广方面的资金投入。

第二，动态风险控制。基于大数据的金融科技将会于风险控制中大放异彩。大数据的介入将使得数据的溯源更加容易。大数据可以较容易地打破以往信息孤岛的局面，通过聚类分析、关联分析等方法建立多维度的风险监测系统，针对每个借款人建立风险评估档案，多渠道收集其互联网社交记录、网络购物记录、移动支付记录、线上消费记录等数据，形成数据仓库，当监测到借款人发生异常的资金往来行为、活动行为等情况时，可以及时进行数据溯源，分析其异常行为的风险程度，再作进一步决策。以上应用对于金融行业进行反欺诈有重要参考意义，利用大数据技术进行数据溯源，还可以及时辨别借款申请人所提交的材料是否属实，是否存在冒用他人信息情况，既保障了金融企业的利益不受侵害，也保护了被冒充者的合法权益。并且，大数据的实时监控不同于传统数据分析需要对数据进行抓取、清洗、过滤、分析等步骤才能应用于决策上，大数据可以做到实时监测、快速预警，时刻监测所涉组织的经营状态，对碎片信息通过技术手段进行有机整合，及时分析预测企业或用户的信用风险指数。针对交易事件进行中的风险监控，运用风险模型、云计算等技术手段，结合用户的交易行为习惯和历史，对每笔交易进行实时的风险判断、分析风险等级，及时实施相应的干预措施，在很大程度上避免以往风险决策的滞后性。

第三，智能财富管理。首先，大数据的加入可以显著减少金融信息的不对称，大数据将帮助大众客户直观地获取资产信息，协助金融企业了解客户需求。运用大数据技术就相当于为金融交易双方搭建一个中介平台，用户可以快速获取自身资产分布情况，企业可以快速掌握用户特点，并提供符合用户资产情况与需求的产品与服务，满足其财富管理的实际需求。例如，低净值用户可能偏向流动性强的产品，高净值用户则可能注重收益高与具备长远发展潜质的产品，利用大数据技术就可以在很大程度上消除金融信息不对称情况，促进金融产品、服务的创新。其次，大数据环境下，群众将不容易出现投资过程中的盲目跟从现象，专业机构将通过大数据分析向不同类型用户推荐不同的资产匹配方案，实现专属型资产匹配模式，降低投资风险，这也对金融企业提高客户忠诚度有一定积极作用。通过组合算法、风险模型分析等技术，结合资产组合理论等组建投资模型，利用用户输入的投资期望、财务状况、投资年限等条件，运算生成个性化的投资建议方案，再以降低风险为目标，为用户实施分散型、组合型的资产配置方案，根据用户后续的资产处置习惯，分析其投资偏好，并结合用户当时资产、财务实时情况，动态调整各资产配置比例，有效整合闲置资源，保持收益率与资产流动性的最优配比。

■ 19.6　人工智能

未来的人工智能不再囿于传统的"对人的行为进行模拟"的范围，而是延伸到"泛智能"方向的应用。人工智能将从以下三个维度更好地服务于金融科技：一是更好地、更具创造性地解决更复杂的问题；二是人工智能将致力于解决企业所面临的应用成本逐步上升、消费者需求和行为模式转变、商业模式被颠覆等问题；三是从商业视角来看，人工智能作为一种全新的生产要素和方法论，将促进商业模式和管理模式的创新，提升管理效率、消费效率和市场效率，进而促进社会整体发展。当下及未来，人工智能将主要发展金融服务、金融分析和金融监管这三个具体方面，以便更好地解决上述三个维度所急需解决的问题。

第一，金融服务。预计在不久的将来，基于人工智能的金融服务将会在各组织全面普及，现阶段其多存在于金融机构等组织。智能服务的引入将会从前后端改变金融服务业，金融服务业的前端是指面向客户的服务，而后端是金融机构的决策和管理服务。无论是前端还是后端，都将会因为人工智能的介入而发生改变，如在金融服务业前端，智能客服、智能支付等将极大地便利客户，智能系统根据客户的浏览、购买记录智能地给出客户可能需要了解的问题，再根据客户的具体选择和回答给出准确的解答；金融服务业的后端将会被智能营销、智能征信、智能定价、智能核保、智能理赔等改变，人工智能将对历史数据进行分析和学习，并且比对现有客户数据，自动判别风险或提供服务，如此将解放劳动力，节省成本。此外，智能系统将自动录入并保存用户数据使得金融企业精准了解客户需求，开展相关业务。

第二，金融分析。人工智能技术在金融分析方面的主要应用形式是以数据为基础、算法为核心，基于人工智能技术让机器来进行投资信息获取、数据整理、量化分析、撰写研究报告以及风险提示，辅助金融分析师、基金经理等投资人员进行投资研究。人工智能通过对海量的财经事件信息进行快速智能分析，实现从信息获取到完成报告的全过程投资组合管理，利用更加高效的算法模型与更加专业的行业认知，形成跨领域的分析能力，缩短对投资者提出的复杂金融问题进行数据处理的时间，以前金融分析师在一天、一周完成的报告，人工智能可能现场就会答复。未来人工智能将有可能取代专业分析师和投资顾问，单独地运用智能算法，对客户的风险偏好、财务状况、收益目标等进行数据分析和模型构建，以制订个性化的资产配置方案。

第三，金融监管。人工智能运用于金融监管是未来发展的重点，与以统计分析为基础的传统监管相比，智能化监管具有明显的比较优势。统计分析强调的是假设检验，人工智能强调的是数据预测。人工智能起源于计算机科学，主要解决的是高维数据预测问题。统计分析一般是从理论中得出经验性假设，并利用实证得到的统计数据进行检验。人工智能侧重于解决预测问题，且经常采用非理论的方法进行分析。人工智能化监管通过利用实时数据功能、高级自动化算法流程将分析模型和人工智能组合起来，同时包含了与法规遵循相关的必要工具，为降低监管成本、缩短决策时间提供了新的机会，大大提高了合规功能的价值。智能化监管的市场应用潜力，表现在为审计、财务和其他风险控制领域提供持续、不间断的分析报告，强化对市场新趋势和新风险的监测。

■ 本 章 小 结

金融科技被界定为金融与科技的融合创新，未来大有可为。在数字经济和平台经济的经济模式冲击下，数字化转型是新发展阶段深化金融供给侧结构性改革、增强金融服务实体经济能力、培育业务新增长极的必然选择。要加快数字化发展，实现科技自立自强，加速数字化转型步伐，尤其是在数字货币、区块链、大数据、人工智能等技术越来越受到业界重视的情况下，让金融科技推动我国经济稳定高质量发展，促进金融科技全球化发展。

思考与练习

1. 金融科技有哪些技术发展前景？
2. 金融科技的前景如何？
3. 金融科技对金融业有何影响？经济价值如何？

课程思政小思考

创新是引领发展的第一动力，创新发展注重的是解决发展动力问题，必须把创新摆在国家发展全局的核心位置，让创新贯穿党和国家一切工作。同时，习近平总书记指出："发展必须是科学发展，必须坚定不移贯彻创新、协调、绿色、开放、共享的发展理念。"

金融科技创新对于推动国家经济社会发展具有重要意义，在学习、了解金融科技众多创新领域及未来展望后，结合党的二十大精神和习近平新时代中国特色社会主义思想，思考以下几个问题：

（1）如何在金融科技创新中贯彻习近平新时代中国特色社会主义思想，坚持创新、协调、绿色、开放、共享的发展观？

（2）如何在金融科技创新中充分发挥人的主体地位，让金融科技更好地造福人民群众？

（3）如何发挥金融科技创新在优化金融资源配置、提高金融普惠性等方面的积极作用，推动实体经济高质量发展？

参 考 文 献

陈辉. 2018. 金融科技：框架与实践. 北京：中国经济出版社.

董昀, 李鑫. 2019. 中国金融科技思想的发展脉络与前沿动态：文献述评. 金融经济学研究, 34（5）：38-52.

冯昀. 2017. 大数据的安全风险及防范策略分析. 互联网天地, （2）：52-57.

高洪民, 李刚. 2020. 金融科技、数字货币与全球金融体系重构. 学术论坛, 43（2）：102-108.

宫晓林, 杨望, 曲双石. 2017. 区块链的技术原理及其在金融领域的应用. 国际金融, （2）：46-54.

郭树行, 宋子琦. 2018. 面向征信的区块链模式设计与应用研究. 网络与信息安全学报, 4（4）：63-71.

胡俏, 齐佳音. 2021. 基于 SD 演化博弈模型的数字货币扩散演化仿真研究. 系统工程理论与实践, 41（5）：1211-1228.

黎志成, 曹凝蓉. 2005. 建设中国金融信用制度的路径选择思考. 金融研究, （10）：88-96.

林钧跃. 2012. 社会信用体系理论的传承脉络与创新. 征信, 30（1）：1-12.

刘骅, 王璨. 2020. 区块链信息服务监管的博弈仿真分析. 科技管理研究, 40（1）：175-183.

陆岷峰, 汪祖刚. 2017. 大数据本源风险治理研究. 西南金融, （7）：3-8.

戚聿东, 褚席. 2019. 数字经济视阈下法定数字货币的经济效益与风险防范. 改革, （11）：52-62.

乔宇锋. 2021. 智能化金融监管：模型框架、边缘约束和实践策略. 南方金融, （4）：71-80.

邱晗, 黄益平, 纪洋. 2018. 金融科技对传统银行行为的影响——基于互联网理财的视角. 金融研究, （11）：17-29.

任仲文. 2018. 区块链——领导干部读本. 北京：人民日报出版社.

邵奇峰, 金澈清, 张召, 等. 2018. 区块链技术：架构及进展. 计算机学报, 41（5）：969-988.

宋梅. 2019. 金融科技演化发展与未来趋势. 贵州社会科学, （10）：138-148.

唐松, 赖晓冰, 黄锐. 2019. 金融科技创新如何影响全要素生产率：促进还是抑制？——理论分析框架与区域实践. 中国软科学, （7）：134-144.

田婧倩, 刘晓星. 2019. 金融科技的社交网络关注：理论模型及其实证分析. 金融论坛, 24（1）：67-80.

王达. 2018. 论全球金融科技创新的竞争格局与中国创新战略. 国际金融研究, （12）：10-20.

谢平, 石午光. 2015. 数字加密货币研究：一个文献综述. 金融研究, （1）：1-15.

谢平, 邹传伟. 2012. 互联网金融模式研究. 金融研究, （12）：11-22.

谢平, 邹传伟. 2017. Fintech：解码金融与科技的融合. 北京：中国金融出版社.

谢治春, 赵兴庐, 刘媛. 2018. 金融科技发展与商业银行的数字化战略转型. 中国软科学, （8）：184-192.

徐忠, 孙国峰, 姚前. 2017. 金融科技：发展趋势与监管. 北京：中国金融出版社.

姚前. 2018. 共识规则下的货币演化逻辑与法定数字货币的人工智能发行. 金融研究, （9）：37-55.

姚前, 汤莹玮. 2017. 关于央行法定数字货币的若干思考. 金融研究, （7）：78-85.

易宪容. 2018. 区块链技术、数字货币及金融风险——基于现代金融理论的一般性分析. 南京社会科学, （11）：9-16, 40.

于斌, 陈晓华. 2017. 金融科技概论. 北京：人民邮电出版社.

曾诗钦, 霍如, 黄韬, 等. 2020. 区块链技术研究综述：原理、进展与应用. 通信学报, 41（1）：134-151.

周炜, 刘向东. 2004. 社会信用体系——分层结构及体系构建中的政府职能定位. 中国软科学, （6）：154-158.

庄雷，赵成国. 2017. 区块链技术创新下数字货币的演化研究：理论与框架. 经济学家，（5）：76-83.

庄雷，周函. 2020. 金融科技创新与应用的演化博弈研究. 金融理论与实践，（7）：42-50.

Aste T，Tasca P，Di Matteo T. 2017. Blockchain technologies：the foreseeable impact on society and industry. Computer，50（9）：18-28.

Berg C，Davidson S，Potts J. 2020. Understanding the Blockchain Economy：an Introduction to Institutional Cryptoeconomics. Melbourne：Edward Elgar Publishing.

Biais B，Bisière C，Bouvard M，et al. 2019. The blockchain folk theorem. The Review of Financial Studies，32（5）：1662-1715.

Bourreau M，Lestage R. 2019. Net neutrality and asymmetric platform competition. Journal of Regulatory Economics，55：140-171.

Eyal I. 2017. Blockchain technology：transforming libertarian cryptocurrency dreams to finance and banking realities. Computer，50（9）：38-49.

Fanning K，Centers D P. 2016. Blockchain and its coming impact on financial services. The Journal of Corporate Accounting and Finance，27（5）：53-57.

Fethi M D，Pasiouras F. 2010. Assessing bank efficiency and performance with operational research and artificial intelligence techniques：a survey. European Journal of Operational Research，204（2）：189-198.

Hendler J，Mulvehill A M. 2016. Social Machines：the Coming Collision of Artificial Intelligence，Social Networking，and Humanity. Berkeley：Apress.

Huckle S，Bhattacharya R，White M，et al. 2016. Internet of things, blockchain and shared economy applications. Procedia Computer Science，58：461-466.

Iansiti M，Lakhani K R. 2017. The truth about blockchain. Harvard Business Review，95（1）：118-127.

Issa H，Sun T，Vasarhelyi M A. 2016. Research ideas for artificial intelligence in auditing：the formalization of audit and workforce supplementation. Journal of Emerging Technologies in Accounting，13（2）：1-20.

Karame G，Capkun S. 2018. Blockchain security and privacy. IEEE Security & Privacy，16（4）：11-12.

Kim G B，Kim W J，Kim H U. 2020. Machine learning applications in systems metabolic engineering. Current Opinion in Biotechnology，64：1-9.

Lacity M C. 2018. Addressing key challenges to making enterprise blockchain applications a reality. MIS Quarterly Executive，17（3）：201-222.

Lee D K C，Teo E G S. 2015. Emergence of FinTech and the LASIC principles. Journal of Financial Perspectives，3（3）：1-26.

Lemieux V L. 2016. Trusting records：Is blockchain technology the answer?. Records Management Journal，26（2）：110-139.

Makridakis S. 2017. The forthcoming artificial intelligence（AI）revolution：Its impact on society and firms. Futures，90：46-60.

McClelland J L，Rumelhart D E. 1987. Parallel Distributed Processing：Explorations in the Microstructure of Cognition：Foundations. Cambridge：MIT Press.

Niranjanamurthy M，Nithya B N，Jagannatha S. 2019. Analysis of blockchain technology：pros，cons and SWOT. Cluster Computing，22：14743-14757.

Nowiński W，Kozma M. 2017. How can blockchain technology disrupt the existing business models?. Entrepreneurial Business and Economics Review，5（3）：173-188.

Odom M D，Sharda R. 2012. A neural network model for bankruptcy prediction. San Diego：1990 IJCNN International Joint Conference on Neural Networks.

Risius M，Spohrer K. 2017. A blockchain research framework. Business & Information Systems Engineering，

59：385-409.

Russell S，Dewey D，Tegmark M. 2015. Research priorities for robust and beneficial artificial intelligence. AI Magazine，36（4）：105-114.

Swan M. 2015. Blockchain：Blueprint for a New Economy. Boston：O'Reilly Media.

Swan M，Potts J，Takagi S，et al. 2019. Blockchain Economics：Implications of Distributed Ledgers—Markets，Communications Networks，and Algorithmic Reality. London：World Scientific.

Tapscott A，Tapscott D. 2017. How blockchain is changing finance. Harvard Business Review，1（9）：1-5.

Tapscott D. 1995. The Digital Economy：Promise and Peril in the Age of Networked Intelligence. New York：McGraw-Hill.

Tapscott D，Tapscott A. 2016. Blockchain Revolution：How The Technology Behind Bitcoin is Changing Money，Business，and the World. New York：Penguin.

Ticknor J L. 2013. A Bayesian regularized artificial neural network for stock market forecasting. Expert Systems with Applications，40（14）：5501-5506.

Tirapat S，Nittayagasetwat A. 1999. An investigation of Thai listed firms' financial distress using macro and micro variables. Multinational Finance Journal，3（2）：103-125.

Wright C S. Bitcoin：a peer-to-peer electronic cash system. [2022-08-22]. https://ssrn.com/abstract=3440802.

附　　录

附录 1　区块链实践模拟

1. 实验目的

这一实验旨在通过学习区块链的核心技术、实现区块链项目的设计开发、剖析区块链在金融领域的典型案例，使学生了解区块链的基本原理，具备初步的区块链设计开发能力，紧跟当前金融与信息技术融合方式，充分理解金融科技的重要意义，同时培养学生的去中心化与交叉融合的思维。

2. 实验地址

网址：https://andersbrownworth.com/blockchain/blockchain
操作视频：https://andersbrownworth.com/blockchain/

3. 实验内容

（1）了解哈希值的生成。
操作网址：https://andersbrownworth.com/blockchain/hash
（2）掌握区块的设计。
操作网址：https://andersbrownworth.com/blockchain/block
（3）明白区块链的形成。
操作网址：https://andersbrownworth.com/blockchain/blockchain
（4）理解分布式。
操作网址：https://andersbrownworth.com/blockchain/distributed
（5）理解通证。
操作网址：https://andersbrownworth.com/blockchain/tokens
（6）了解区块链的数字货币交易。
操作网址：https://andersbrownworth.com/blockchain/coinbase

附录 2　金融科技实践模拟

1. 实验目的

依托国家虚拟仿真实验教学课程共享平台，通过金融科技类业务的仿真实验，掌握金融科技应用实践。这一实验旨在通过系统了解金融科技具体业务实际操作过程，丰富金融科技基础知识，包括金融科技的含义、具体行业发展、监管政策、商业模式、风险控制、产品设计等。通过生动的视频提高学习兴趣，基于区块链、大数据、人工智能等经典金融创新案例解析加深知识理解。

2. 实验地址

网址：http://www.ilab-x.com/

3. 实验内容

（1）金融科技虚拟仿真实验。

操作网址：http://www.ilab-x.com/details/2020?id=6751&isView=true

（2）区块链金融虚拟仿真实验。

操作网址：http://www.ilab-x.com/details/v4?id=5329&isView=true

（3）区块链电子发票虚拟仿真实验。

操作网址：http://www.ilab-x.com/details/2020?id=7144&isView=true

（4）基于股票大数据的统计分析虚拟仿真实验。

操作网址：http://www.ilab-x.com/details/2020?id=6550&isView=true

（5）车联网大数据车险定价与风险评估虚拟仿真实验。

操作网址：http://www.ilab-x.com/details/2020?id=6443&isView=true

（6）基于人工智能的计算金融与量化交易虚拟仿真实验。

操作网址：http://www.ilab-x.com/details/v5?id=4978&isView=true